科技创新支撑河南省农业供给侧改革研究

王亚丹　杨蓓蓓　著

湘潭大学出版社
XIANGTAN UNIVERSITY PRESS

序[①]

2015年，在北京召开的中央农村工作会议首次提出“农业供给侧改革”这一概念，目的是通过调整农业供给侧结构，使农产品供给数量和质量符合消费者需求，实现产销对接。农业生产性服务业，是为农业生产提供中间投入，将科技资源、信息资源、资金资源、人力资源等有效植入农业产业链（产前、产中和产后）的服务性产业，属于农业供给侧内容。

国内外农业生产实践和研究都表明，农村一二三产业融合发展是推动农业供给侧结构性改革的重要路径。2015年国务院办公厅印发的《关于推进农村一二三产业融合发展的指导意见》，旨在推进农业供给侧改革。国家发改委产业经济与技术经济研究所研究员姜长云（2016）明确提出，农村一二三产业融合发展是发展现代农业以及加快农业生产方式转变的重要途径，“农业的根本出路在于发展农业生产性服务业”。华中科技大学经济发展研究中心汪小勤教授（2017）用实证分析的方法验证了这一观点，她发现，农业与农业生产性服务业融合不足是我国农村一二三产业融合发展的主要问题，而问题的根源在于农业生产性服务业发展滞后。由此可以认为，发展农业生产性服务业，不仅能解决农村一二三产业融合发展的瓶颈问题，而且还能为农业供给侧改革的短板问题提供解决路径，推动我国农业供给侧改革。2017年8月，农业部、国家发展改革委、财政部三部委联合印发《关于加快发展农业生产性服务业的指导意见》，也是对农业供给侧改革中发展农业生产性服务业作出的重要指示。

2019年1月，科技部下发《创新驱动乡村振兴发展专项规划（2018—2022）》，以贯彻落实创新驱动战略和乡村振兴战略。科技资源本身就属于农业生产性服务业的服务范畴，科技支撑乡村振兴，势必需要在农业生产中加大科技资源的投入，这不仅会影响农业生产性服务业，而且对农业生产方式和农业产业体系也将产生深刻影响。

河南省作为农业大省，加快推进农业供给侧改革和现代化农业发展步伐，对我国农业发展意义尤为深远。而农业生产性服务业，不论是对农村一二三产业融

---

① 本著作为河南省教育厅人文社科一般项目“科技支撑乡村振兴背景下河南省农业科技资源配置效应及提升机制研究”（2022－ZZJH－284）；“供给侧改革下河南省农业和农业生产性服务业的互动融合研究”（2019－ZZJH－337）的研究成果。

合，还是对农业供给侧改革都非常重要。2018年，河南省人民政府为强化科技在乡村振兴中的支撑引领作用，颁布了《河南省科技支撑乡村振兴三年行动计划》。在大力推进农业供给侧改革和科技创新的支撑引领作用下，河南省农业生产性服务业发展现状如何？农业生产性服务业发展效率，以及与农业间的融合程度怎么样？创新驱动战略将会加大河南省农业生产性服务业中的科技含量，如何提升农业科技资源配置效率？如今，科学技术是第一生产力，信息技术日新月异且在各领域广泛应用，河南省农业供给侧和农业生产性服务业的未来出路又在哪里？

本书在广泛参考农业供给侧和农业生产性服务业相关书籍与论文的基础上，重点采用实证分析法，全景展示河南省农业供给侧短板问题（农业生产性服务业）以及农业科技发展现状，并对上述各问题给予解决思路，以期推动河南省农业供给侧改革和现代化农业建设。全书分为四篇共十章内容，第一篇阐述本著作开展研究的社会背景和理论背景，即农业供给侧改革的短板问题和关键问题，引出河南省“农业生产性服务业”和“农业科技”问题，包括第一、二、三章内容；第二篇为河南省农业供给侧短板问题——农业生产性服务业发展现状的实证分析，包括河南省农业生产性服务业发展现状概述、发展效率评价及与农业融合发展研究等，包括第四、五、六章内容；第三篇是研究创新驱动战略实施下农业科技资源配置对农业生产与供给的影响，即探讨科技创新背景下河南省农业生产发展的新趋势，在第七章全面体现；第四篇是研究科技创新背景下河南省农业供给侧改革的未来发展之路，包括“基本方向”产业融合和“必然选择”科技创新，在科技创新道路上，“互联网＋”是目前改革的必然路径，智慧农业是未来发展的高级阶段，包括第八、九、十章内容。各章内容基本都是基于河南省农业生产发展实践和已有研究理论展开，力求解决所提出的上述问题。

本书是由信阳学院商学院王亚丹副教授和杨蓓蓓老师合著，依托河南省教育厅人文社科一般项目“供给侧改革下河南省农业和农业生产性服务业的互动融合研究”（2019－ZZJH－337）和“科技支撑乡村振兴背景下河南省农业科技资源配置效应及提升机制研究”（2022－ZZJH－284），历时2年多完成。王亚丹老师提出全书提纲，完成第一、二章以及第六至十章内容的编撰；杨蓓蓓老师负责第三、四、五章内容的编撰。全书完成后由杨蓓蓓老师统稿，王亚丹老师最终定稿。

本书在编著中参考、借鉴了诸多已有科研成果，在此一并表示感谢。同时，由于本著作编写时间较长，前期实证分析的数据更新不够与时俱进，加上编者学识水平有限，不当之处敬请读者批评指正。

目 录

第一篇

研究背景与提出问题

第一章　农业供给侧改革短板问题：农业生产性服务业发展滞后

供给和需求的错配，是目前我国国民经济发展中的一大问题，不调整供给面，只通过刺激内需解决不了我国目前产能过剩、库存积压等问题。农业领域也如此。实践证明，加快农村一二三产业的融合发展，是我国农业供给侧结构性改革的重要途径。目前，我国农村一二三产业融合发展的瓶颈，主要是农业生产性服务业发展落后导致的我国农业与服务业融合度低。由此可推知：农业生产性服务业发展滞后，制约着我国农村产业融合发展和农业供给侧改革，是二者发展的短板问题。作为农业供给一端，促进农业生产性服务业的发展，对我国农村一二三产业的融合发展以及农业供给侧改革，均有重大意义。

第一节　供给侧改革与农业供给侧改革

一、相关概念

（一）供给

供给（Supply），文学释义是提供物品给需要的一方，经济学中的供给则是指在一定时间和一定价格水平下，生产者愿意且有能力为市场提供商品或服务的数量。产品价格升高，企业愿意提供的商品或服务随之增多；产品价格降低，企业愿意提供的商品或服务则相应减少。所以，从定义来看，供给反映的是供给量 Q_S 与价格 P 之间的一种正向关系。

影响供给的因素很多，包括产品自身因素和外在因素。产品自身因素方面，价格是第一影响因素，表现为价格越高，企业愿意向市场提供的商品或服务数量就会越多，反之则越少，产品自身价格与供给呈正方向变化；除此之外，还有产品自身的生产成本，其与供给的变动呈反方向变化，成本上升、利润减少，企业愿意向市场提供的商品或服务的数量就会随之减少。外在因素方面，如生产技术水平、生产者或销售者的价格预期、相关产品价格、生产要素的价格和国家政策等都会影响供给，以生产技术水平为例，企业采用先进生产技术，生产效率则相应提升，固定成本因此被摊薄，产品的平均生产成本降低。同时，当保持一定的价格水平不变时，企业会提高向市场的产品供给量，利润增加；但是当生产者或销售者预期未来市场价格上涨时，会减少当前对市场的供给量，反之，预期未来市场价格下降时，则增加当前对市场的供给量。

（二）供给侧

侧是“一端”“一方”“一边”的意思，供给侧（Supply Side）则意指供给端、供给方，即指供给方面，其与“需求侧”是相对应的。供给侧要素有劳动力、土地、资本、技术、创新等；需求侧的要素主要包括消费、投资和出口，即国内的消费、政府的消费和国际的消费。国民经济能否保持平稳且有序发展，主要取决于经济活动中需求和供给是否保持平衡状态，需求和供给若失衡，将给经济活动带来困境，阻碍国民经济的顺利发展。

（三）供给侧改革

供给侧改革（Supply－side Reform），即供给侧结构性改革，目的是提高我国供给质量，通过调整与改革我国目前的投资结构、产权结构、产业结构、分配结构、流通结构、消费结构等，能够有效配置和利用各领域生产要素，以使供给更好地适应市场需求的变化，扩大有效供给面，改变过去我国产能过剩、需求却无法得到满足的不正常状况，促进国民经济持续健康发展。

总体来说，供给侧结构性改革的最终目标，就是通过调整我国经济结构，促使资源得到优化配置，促进我国经济持续获得高质量发展。

（四）农业供给侧改革

农业供给侧改革（Agricultural Supply Side Reform），指通过对农业生产各方面进行调整来提高农业经济效益，即从调整农业供给入手，改变以往只追求农业增长的粗放式生产方式，按照市场需求不同对农产品种植结构进行合理调整，实现农业生产与市场消费的无缝对接。事实证明，农业供给侧改革，是改变我国传统农业生产方式、发展现代农业的重要途径。

二、农业供给侧改革的提出

（一）为什么要进行供给侧改革？

现在海淘、海外代购越来越被消费者所追捧，中国消费者海外产品的消费能力有多强？中国电子商务研究中心所监测的数据表明，中国海外代购市场不断扩大，2013 年，交易规模就已经超过 700 亿元；2018 年，中国跨境电商的交易规模达到 9 万亿元，海淘用户数量达 0.88 亿人；于 2014 年 2 月 19 日上线的天猫国际，截至 2019 年 3 月，已经引进 77 个国家和地区，超过 4 000 个品类、超过 20 000 个海外品牌进入到中国市场。

2022 年，中国人民银行进行了 6 次降息降准。根据基建通大数据统计：2022 年开工的 10 亿元以上重大基建项目约 728 项，总计超过 7 万亿元。但是国内投资依然萎靡，刺激内需的效果不如预期。在消费领域，供给和需求错配的现象明显。国内消费增长持续下行，跨境电商交易量却逐年快速攀升。日本的马桶盖、韩国的彩妆、澳大利亚的奶粉被海淘族们哄抢，与外国品牌受追捧的情形相比，许多国产品牌备受冷落，是中国居民消费动力不足吗？显然不是。究其原因，是国内供给的产品难以满足消费者的需求，供需错配才带来了海淘族的不断壮大。一边是国人疯狂代购国外商品，一边是国内产能过剩、商品库存积压，一味刺激需求是解决不了这些问题的。只有立足市场需求，进行供给侧改革，才能改善这种局面。

（二）农业要进行供给侧改革的原因

为什么农业也要进行供给侧改革？作为农业大国，农业始终是我国国民经济的基础，它与第二产业和第三产业之间相互依赖、相互制约，农业供给侧改革是我国供给侧改革浪潮中的基础和重要组成部分。中国农业供给端目前有几个问题值得社会关注。

1. 土壤污染问题和农产品质量安全问题越发严峻

根据 2018 年统计数据显示，中国化肥施用量虽然没有持续上涨，但仍达到 5 900万吨，占全球化肥年施用量的 30%以上，是美国和印度两国 2018 年化肥施用量的总和。除过量施用化肥外，中国在种植过程中还大量使用防病虫害的农药，导致土壤质量不断下降、农作物产品质量安全风险上升。

2. 农产品供需失衡问题严重

以我国的主要农作物玉米为例，2011 年以来，玉米的政策性库存积压比较严重。到 2015 年年底，全国玉米的库存量已经达到消费量的 1.76 倍，供给严重过剩，供需明显失衡。

3. 土地流转制度跟不上农村发展需要

随着城镇化的发展，农业人口大量转向第二、第三产业。截至 2016 年 6 月，我国流转土地农户超过 7 000 万户，占比 30%，在沿海发达地区，农户转移比例更高，达 50%。越来越多农村人口无法经营土地，土地承包权和土地经营权分离的呼声越来越高，完善土地流转制度和放活土地经营权，成为农村发展中必然要解决的问题。

4. 农产品成本不断攀升

受宏观环境的影响，人工成本、农业种子和化肥购置费用提高，农机使用成本上升，农产品成本随之逐渐提高，但农产品价格却一直上不去，这不仅极大降低了农产品的竞争力，更是挫伤了农业种植户的生产积极性。

推进农业供给侧结构性改革，修复农业供给侧存在的诸多问题，是不断调整农业自身以适应新环境、新要求，提高农业综合效益以及农产品获得持续竞争力的过程，同时，也是我国农业在发展中自我修复的过程，这符合农业发展规律。

（三）农业供给侧改革的正式提出

2015 年 11 月 10 日，中央财经领导小组第十一次会议由中共中央总书记习近平在北京主持召开，会议重点研究经济结构性改革和城市工作。习总书记在发表重要讲话时强调，我国要适度扩大总需求，重点落脚于加强供给侧结构性改革，致力于实现我国供给体系质量和效率的提升，给予经济持续增长的动力，从而更大幅度地提高我国整体社会生产力水平。由此，“供给侧结构性改革”在中国正式提出。

在中央财经领导小组会议的影响下，2015 年 12 月 24 日至 25 日，中央农村工作会议在北京召开。作为中国最高级别的“三农”会议，会议上明确强调要集中推动农业供给侧结构性改革，以促使农业供给体系质量和效率的提高，不仅要保障农产品供给数量充足，更要实现农产品品种和质量与消费者需求的对接，形成结构合理、保障有利的农产品供给体系。本次会议上，首次提出的“农业供给侧结构性改革”这一新概念，由此进入公众视野。

三、农业供给侧改革的目标与措施

（一）农业供给侧改革的目标

通过分析我国农业供给端存在的主要问题，农业供给侧结构性改革的目标就比较容易理解：通过转变传统农业生产方式，调整农业种植结构，实现农业“去库存、降成本、补短板”的目的。即通过为发展农产品加工企业提供大量支持，加快高库存农产品的消化；通过加大农产品科技含量、服务外包等途径，降低农产品的生产成本，从而增强农产品市场竞争力；完善农村农业基础设施，逐步解决我国农业供给端的短板问题，提高农业供给质量和供给效率，调节农产品市场的供需状况。

（二）农业供给侧改革的措施

推进和实现我国农业供给侧改革的目标，要着力解决以下几个问题。

1. 调整农业结构

一是调整农作物种植结构。对接国内外市场需求，充分发挥黑龙江、河南、山东等主要粮食种植区的区位优势，在全国打造出以粮食生产功能区、重要农产品生产保护区和特色农产品优势区为基本框架的农业生产力布局模块。

二是调整农村产业结构。以农业为基础，向第二、第三产业延伸，推动农村三产业间的融合发展，充分发挥农业生产性服务业在产业融合中的作用，延长农业生产链条，增加农业效益。以农产品加工为例，加快农业、工业、物流业、农产品营销间的融合发展，拓深农业精深加工；还可以将农业、旅游业、休闲养生、科学研究、科普教育等深度融合，开拓农业更多功能，打造现代农业产业园。

2. 转变农业方式

一是转变农业生产方式。发展绿色农业，稳步减少化肥与农药施用量、实现秸秆综合利用、推进土壤污染治理等，促进农业的可持续发展；加快建设高标准农田，形成良好的农作物生产规范并发挥农业生产示范作用，提高农产品质量和安全；强化品牌意识和市场意识，以品牌促效益；科技兴农，加大农业科技含量，从农业大国向农业强国发展，从追求量的增长向追求质的提高转变，从而提升农业竞争力。

二是转变农业经营方式。依靠小农户发展农业，很难实现农业现代化。培育新型农业经营主体，加快推动家庭经营、农民合作社和产业化龙头企业共同发展，建设农业经营新模式。同时，建立健全农业全产业链的服务体系，为农业生产保驾护航并注入新鲜活力，用现代生产要素和经营模式，推进我国农业生产经营的专业化、集约化和社会化，完善我国农业基本经营制度。

3. 激活生产要素

激活农业生产要素，现代农业的发展才有活力。如何促进农业生产要素发展？政策给农业和农村发展指明了行动方向，激活农业生产要素，首先要对目前与发展现代农业生产不匹配的制度和政策进行改革，包括改革现行的农村土地流转制度、农产品价格形成机制、农村小型和微型企业贷款模式、下乡返乡人员创业就业政策等。通过改革政策，重新整合农村人、财、物等资源，激活农村生产要素，调动农户的生产积极性，才有利于促进农村、农业、农民的发展。

第二节　农业生产性服务业

国际发展农业的经验显示：发展农业生产性服务业是农业未来发展的出路。发展农业生产性服务业，不仅是推进农业现代化的重要途径，也是解决农民非农化、老龄化等痛点的重要措施。

一、农业生产性服务业的提出与研究态势

根据文献统计，我国在1997年开始研究农业生产性服务业，黄佩民、孙振玉最早将其称为农业社会化服务业，它是改造传统农业的一种现代服务业。2006年，苏州大学的韩坚、尹国俊提出，农业生产性服务业，是除增加工业品投入以外的，另一条可以提升农业生产效率的新途径和新方向。

2008年开始，学术界对农业生产性服务业的关注热度开始增加，根据CNKI学术趋势的统计结果（如图1-1），可以看出，学术关注度曲线在2008年开始缓慢上升。2017年，农业部、国家发展改革委、财政部等三部委联合发布了《关于加快发展农业生产性服务业的指导意见》。这一年，农业生产性服务业的学术关注度出现爆发式增长。目前，国内对于农业生产性服务业的研究，以姜长云、郝爱民、庄丽娟等专家学者为代表，他们的研究成果受关注度高。

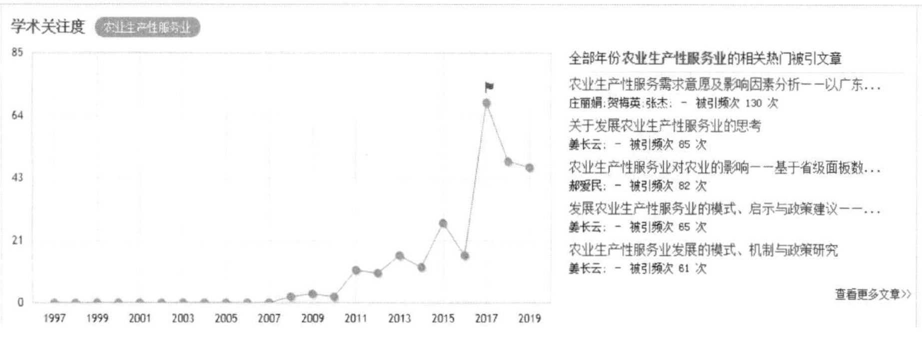

图1-1　农业生产性服务业的学术关注度

二、农业生产性服务业

（一）生产性服务业

1. 概念的界定

学者们对生产性服务业的认识源于制造业，国外将其称为生产者服务，购买者是制造商。在百度百科中，对生产性服务业的释义，甚至直接称为工业生产性服务业。

（1）国外研究

国外在 1966 年就有了生产者服务的概念，提出者是美国的经济学家 H. Greenfield，他认为该项服务是制造商购买来在中间投入环节使用的，是为生产者提供服务的。生产者服务不直接参与生产环节，却是为生产环节服务的。随着制造业的发展壮大，各项生产者服务逐渐与制造业分离，形成了科学技术、保险金融、信息服务等行业，与制造业融合发展。①

（2）国内研究

国内对生产性服务业的关注相对滞后，但在国外相关研究以及国内生产实践的影响下，国内学者们对农业生产性服务业的认知与国外基本保持一致。目前可查到最早的文献，是侯学钢于 1998 年发表在期刊《上海经济研究》上的《上海城市功能转变和生产服务业的软化》，这篇文章也将生产性服务业定义为专门为生产厂商提供社会生产所需服务的产业。

2. 分类范围

随着第二产业的快速发展，国内逐渐认识到生产性服务业对工业的重要性，在其定义和分类上达成共识。

2015 年，在《国务院关于加快发展生产性服务业促进产业结构调整升级的指导意见》指导下，国家统计局确定出了生产性服务业范围，如表 1-1 所示。2019 年，国家统计局在 2015 版的基础上对《生产性服务业分类》进行了修订，将“货物运输仓储和邮政快递服务”分为两大类，即“货物运输”和“仓储和邮政快递”两类；增加了一个新的大类，即通用航空生产；扩充了两个大类，将人力资源管理与培训服务扩充为人力资源管理与职业教育培训服务，将批发经纪代理服务扩充为批发与贸易经纪代理服务。

---

① 郭珊珊．河北省农业生产性服务业发展研究［D］．呼和浩特：内蒙古师范大学，2019.

表 1-1　不同版本《生产性服务业分类》范围

国家统计局《生产性服务业分类》版本	生产性服务业分类范围（大类）
生产性服务业分类（2015）	为生产活动提供的研发设计与其他技术服务、货物运输仓储和邮政快递服务、信息服务、金融服务、节能与环保服务、生产性租赁服务、商务服务、人力资源管理与培训服务、批发经纪代理服务、生产性支持服务
生产性服务业分类（2019）	为生产活动提供的研发设计与其他技术服务、货物运输、通用航空服务、仓储和邮政快递服务、信息服务、金融服务、节能与环保服务、生产性租赁服务、商务服务、人力资源管理与职业教育培训服务、批发与贸易经纪代理服务、生产性支持服务

（二）农业生产性服务业

1. 概念

国内外学者在界定农业生产性服务业的概念时虽然表述不同，但都认同其是贯穿农业作业链条的服务。在本著作中，采用农经发〔2017〕6 号文件，农业部、国家发展改革委、财政部三部委联合发布的《关于加快发展农业生产性服务业的指导意见》中关于农业生产性服务业的界定，即“是指贯穿农业生产作业链条，直接完成或协助完成农业产前、产中、产后等各环节作业的社会化服务”。加快推动农业生产性服务业的发展，有利于构建现代农业体系以及培育农业经济新业态。

2. 产业性质

国内外学者对生产性服务业的概念存在分歧，对于农业生产性服务业服务主体的性质是公益性还是市场性也没有达成统一观点，存在认知差异。国外学者在提出农业生产性服务业的时候，将其称之为农业生产者服务，偏重服务主体的市场性。国内学者一开始研究农业生产性服务业时，将其称之为农业社会化服务或者农业服务业。随着现代农业的发展，我国农业生产性服务业也逐步表现出外部化和市场化的形态。

但在 2017 年农业部发布的《关于加快发展农业生产性服务业的指导意见》中，仍是将其定义为社会化服务，偏重服务主体的公益性，这主要是因为国内农业生产性服务多数是由政府性质的一些机构或者在政府扶持下的一些厂商所提供，出于扶持农业发展的公益性远大于市场性。

由此，就目前国内农业生产性服务业的发展情况来看，公益性大于市场性，政府扶持农业发展的成分较多。

3. 分类范围

（1）国外代表性的分类

Kenneth A R Einer（1998）从农业生产性服务业的具体服务范围出发，认为其包括农资配送服务、农业信息服务、农技推广服务、农机作业服务、农产品营销服务、农产品质量与安全服务、农作物疫病防控服务、农业金融保险服务、农业基础设施建设与管理服务等。Kenneth A R Einer 关于农业生产性服务业服务范围的分类划分，对人们认知该产业的影响较大。农业部发布的《关于加快发展农业生产性服务业的指导意见》中指明要重点发展农业生产性服务业的领域，与 Kenneth A R Einer 关于农业生产性服务业的分类重合度高。

根据 OECD（经济合作与发展组织）数据库统计指标分类情况看，OECD 数据库将服务业分为农业生产性服务业和非农业生产性服务业。其中，将为农业生产经营提供服务的八类行业归类到农业生产性服务业，具体包括：交通运输与仓储业、批发零售业、邮政通讯业、租赁与商务服务业、金融保险业、计算机软件与服务业、研究与试验发展业以及教育服务业，如图 1-2 所示。

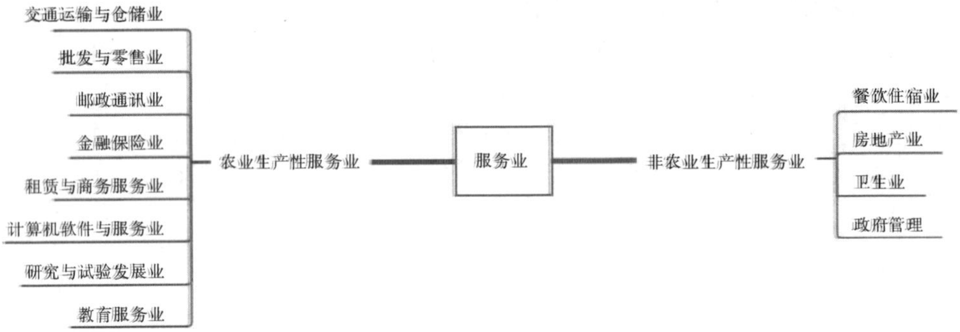

图 1-2　OECD 数据库对服务业的分类

（2）国内代表性的分类

关凤利（2010）从服务的归属视角出发，将农业生产性服务业划分为不同体系，具体有农技发明与推广服务体系、农产品供求信息服务体系、农产品质量评估服务体系、农产品加工运输销售服务体系、农业风险防控体系等。[①]

姜长云（2016）则从产业链的视角出发，将农业生产性服务业界定为，向农业产前、产中和产后提供生产性服务的产业（如图 1-3 所示），具体包括：面向

① 关凤利，裴瑱．我国农业生产性服务业的发展对策［J］．经济纵横，2010（04）：76－78＋66.

农业作业环节的服务，如农机服务、植物保护服务、农资供应服务等；面向农业生产过程的服务，如农业金融保险服务、农业科学研究服务、农业人力资源服务等；面向农业产业链的服务，如食品质量与安全服务、农业供应链管理服务等。[①]

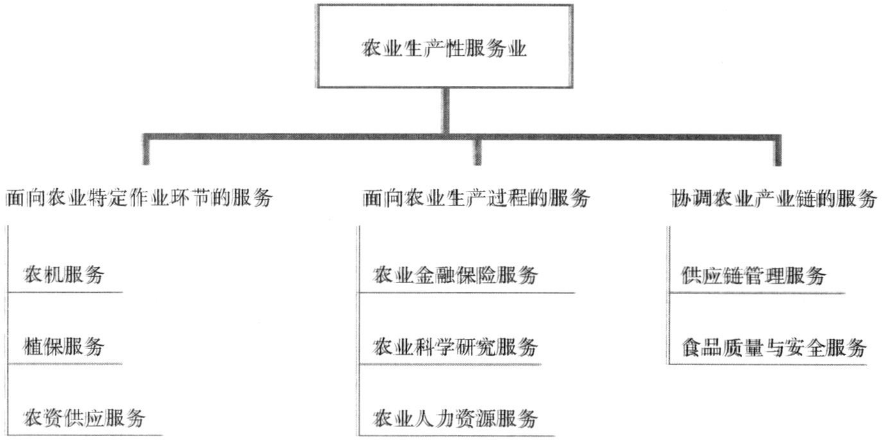

图 1-3　农业生产性服务业的分类（姜长云）

三、发展农业生产性服务业需要重点处理的两组关系

（一）公益性和市场性

1. 公益性与市场性的解读

农业生产性服务业的发展侧重公益性还是市场性，与经济所有制结构没有太大关系，重点是要结合本国农业生产性服务业的发展阶段和社会需求考虑。

就我国来说，中国尽管是农业大国，但还不能算是农业强国，农业现代化水平还较低。随着农业发展中对农业生产性服务业的需求不断扩张，2017 年，国家在市场需求的影响下提出加快发展农业生产性服务业的号召，在该政策和市场需求的推动下，农业生产性服务业得到了长足发展，但服务主体小而散、产业体系不完善等问题依然突出。这样的背景下，仅靠经营性企业提供农业生产性服务，是难以满足农业发展需求的，还需要政府部门提供一定的公益性服务。

因此，我国的农业生产性服务业发展，要兼具公益性和市场性，形成公益性服务和市场性服务分工协作、联动发展的格局。

---

① 姜长云．关于发展农业生产性服务业的思考［J］．农业经济问题，2016，37（05）：8－15＋110.

2. 公益性服务与市场性服务的划分

农业生产所需要的基础性和普遍性的服务，应该由政府部门或政府扶持下的行业协会、农民合作社等组织向社会公益性提供。由于农户对基础性生产服务的需求也是分层次、分类型的，所以政府应该安排不同下属机构来提供不同服务，如农业基础设施建设、农技培训服务、动植物防疫服务等，应由不同社会公益组织来提供。此外，政府应该合理构建农业生产性服务业的发展体系，完善农业生产性服务业发展的信息机制、政策机制、市场机制等，为经营性组织的发展提供良好的市场环境。

农业生产所需要的个性化和特色化的服务，如农业生产所需的种子化肥等营销服务、农产品耕种所需的农机服务、农产品营销过程中的物流服务等，应该由农业生产服务的经营性组织来提供。由于农业经营主体对这些服务的需求差异性大，所以这些服务应属于市场性服务。

即使是农业发达国家，农业生产性服务业也不是完全市场化。国内外的经验证明，农业生产性服务业的公益性服务与市场性服务有机结合，才更有利于推动农业的发展，因此，我国农业生产性服务业的发展要兼顾其公益性和市场性，共同推动农业发展。

（二）专业性服务和综合性服务

1. 综合性服务

综合性的农业生产性服务，是指服务主体为农业生产提供多层次、多类型的服务内容，服务范围较为广泛。

在我国，农业生产经营主要以家庭小农户为主，并且在未来很长一段时间内都会保持这种状态。小农户对农业生产性服务的需求往往呈现单个需求规模小但需求面广且种类繁多的特点，因此，若是每个需求逐一对接供给的话，小农户在满足农业生产性服务时的交易成本就会比较高，若是服务主体能向小农户提供综合性农业生产性服务，将会极大降低他们的交易成本和交易风险。

因此，从我国农业发展现状来看，专业水平不高但服务全面的这种综合性农业生产性服务组织，尚具有较大的市场需求和发展空间。

2. 专业性服务

专业性的农业生产性服务，是指服务主体具有农业生产某方面的专业知识和专业技能，能够为农业生产需求者在某一领域提供技术含量和专业水准都高水平的专业化服务。

随着现代农业的推进，小农户的数量会减少，随之家庭农场、农业大户、农业合作社等新型农业经营主体会不断增多。新型农业经营主体出于经营的需求，会对农业生产性服务业表现出专业化和规模化的需求特点，需求的变化将推动农业生产性服务组织朝向专业化和规模化发展。另外，专业性的服务会提高组织的市场竞争力，随着农业生产服务主体的发展壮大，根据企业不断做大做强的规律，专业化经营必定成为企业的发展目标。所以，可以预料，加快专业性服务组织的发展，将会成为未来农业生产性服务业的发展重点。

3. 综合性服务业与专业性服务相辅相成

专业性服务和综合性服务并不是对立的，专业化的农业生产性服务组织竞争力强，企业在做强的过程中会逐渐增强竞争力，同时基于农业产业链的发展，为加强与产业链上各节点农业经营户的合作，农业生产性服务组织的服务内容和服务范围将扩大，形成综合性的、集成性的服务主体。当然，这个阶段的综合性服务，不再是向小农户所提供的综合性服务，而是知识含量和技术含量都较高的专业性服务。

第三节　供给侧改革背景下发展农业生产性服务业的理论线索

自 2015 年国务院办公厅印发《关于推进农村一二三产业融合发展的指导意见》，各省市为贯彻落实中央的重大方针、推进农业供给侧结构性改革，积极探索我国农村一二三产业融合发展的道路。如何将“农村一二三产业融合发展”与“农业供给侧结构性改革”进行有机结合，成为时下经济研究热点。本课题组通过对目前研究进行梳理和分析，得出这样的结论：一二三产业融合发展是推动农业供给侧结构性改革的重要路径，其中，我国第一产业和第二产业对农业的投入产出水平与国际发达经济体差距不明显，但第三产业对农业的投入产出水平低，即农业和服务业融合不足，尤其是与农业生产性服务业融合不足。

一、农业供给侧改革研究热点：农村一二三产业融合

综合国内外的研究及实践经验均证明：农村一二三产业融合发展，是转变农业发展方式和实现农业现代化发展的重要路径，也是农业供给侧结构性改革的科学选择。通过搜集和整理相关文献，发现目前学者们对“农村一二三产业融合发展”的研究集中在以下几个方面。

(一) 农村一二三产业融合的内涵研究

对农村一二三产业融合的内涵认识，学者们观点不一，如表 1-2 所示。综合来看，有“结果论”“过程论”“目的论”和“性质论”，但对其“内核”基本形成共识，基本都认同“农村一二三产业融合是农业产业横向拓宽或纵向延伸的结果”。如姜长云（2015）[①] 认为“以一二三产业间的融合渗透和交叉重组为路径，以产业链延伸、产业范围拓展和产业功能转型为表征，以产业发展和发展方式转变为结果”。

表 1-2　农村一二三产业内涵的不同界定

观点类型	农村一二三产业融合的内涵
结果论	孙中叶（2005）提出，一二三产业融合是农业与第二、第三产业在技术、产品、服务、市场等方面进行了相互融合，从而合成或发展出的新产业；赵海（2015）认为产业融合最终会形成各个环节融会贯通、各类主体和谐共生的产业生态。
过程论	王昕坤（2007）将产业融合界定为是原来各自独立的产品或服务，通过整合重组成为一体的过程；梁伟军（2011）认为产业融合是产业不断创新的过程。
目的论	马晓河（2015）提出一二三产业融合是为达成实现农业现代化、多主体共赢的目的，而以农业为基本依托，通过跨界整合各种与农业相关的要素实现资源优化配置，达到农业产业链的延伸与拓展。
性质论	宗锦耀（2015）将农村一二三产业融合界定为一种新的经营方式。

(二) 农村一二三产业的融合类型或路径

农村一二三产业融合类型，与采用的划分标准紧密相关，如图 1-4 所示。

按融合方向不同，可划分为从农业生产向农产品加工、农业服务业合成发展的“顺向融合”，以及从农产品加工、农业服务业向农业生产合成发展的“逆向融合”。

按产业跨度不同，划分为“1＋1”“1＋2”“1＋3”“1＋2＋3”模式（1、2、3 分别代表第一、第二、第三产业）。

按融合业态不同，划分为观光农业、数字农业、综合农业、生态农业等。

按融合主体不同，划分为“内源性融合”和“外源性融合”，内源性融合指

① 姜长云．推进农村一二三产业融合发展新题应有新解法［J］．中国发展观察，2015（02）：18—22.

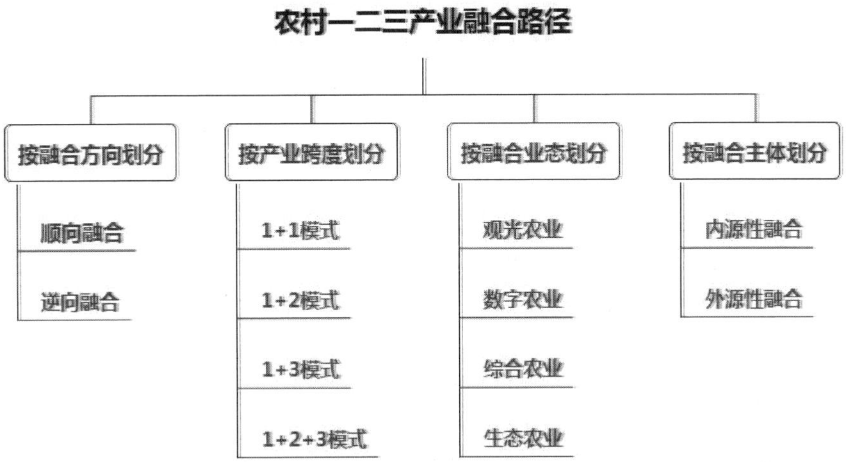

图 1-4　农村一二三产业融合路径

的是以农业经营者，即以农户、家庭农场或农民合作社为基础的融合；外源性融合则是指以农业服务经营者，即以为农业提供服务的农产品加工企业或流通企业为基础的融合。

（三）农村一二三产业融合发展的机制

对于产业融合的产生，学者们普遍认为技术融合是一二三产业融合的先决条件，即产业之间出现了共同的技术基础，这导致了产品特征和市场需求的变化，原有的产业链条被打破，企业间的竞争合作关系也随之发生变化，在新市场格局的竞争压力下，转型升级成为产业发展的突破口，不同产业间企业的合作成为常态，新产业链应运而生。[①]

王昕坤（2007）认为，基于行业多功能性和联合生产、外部经济、公共产品等的特殊性使产业化实体从单一企业拓展到整个产业。[②] 梁伟军（2010）根据交易成本理论，从纵向和横向两个视角分析了产业融合机制。纵向融合机制，是基于节约交易成本的目的，建立多种利益联结关系，使农业成为跨产业经营部门；横向融合机制分为拓宽型、整合型两种机制。[③]

综合来看，一二三产业融合的发展具有内生性特征，它是科学技术进步、市

① 王亚丹，杨蓓蓓．产业融合背景下小微企业与区域经济协调发展研究［J］．桂林航天工业学院学报，2019（01）：95－100.

② 王昕坤．产业融合——农业产业化的新内涵［J］．农业现代化研究，2007（3）：303－306＋321.

③ 梁伟军．交易成本理论视角的现代农业产业融合发展机制研究［J］．改革与战略，2010（10）：87－90.

场需求变化、农业供给推动、行业发展压力以及多维效益驱动共同作用的结果。

（四）农村一二三产业融合发展中的问题与对策

我国农村一二三产业融合处于初级发展阶段，处于“幼树期”或“初果期”（姜长云，2015），制约产业融合的因素还很多，如融合程度低、融合主体发育迟缓、技术要素渗透力不强、高素质的复合型人才匮乏、制度环境有待改善等。学者们提出如下几个方面的对策：明确融合发展策略、大力培育融合主体、构建政策支持体系、强化政府服务职能等。

二、农业供给侧结构性改革的短板

通过数据表明，与发达国家相比，第三产业是三次产业中对农业的投入总差距最明显的，2011 年，中国农业对第三产业的完全消耗系数仅为 7.92%，而 OECD 国家均值已达 16%，是中国的两倍还多。

各种服务业中，与农业生产经营活动相关的主要是农业生产性服务业，即交通运输与仓储业、批发与零售业、邮政通讯业、金融服务业、租赁与商务服务业、计算机服务与软件业、研究与试验发展业、教育服务业等。而目前我国一二三产业融合面临的主要困境是农业和农业生产性服务业融合度较低，挖掘问题的根源，在于我国农业生产性服务业发展滞后。

换句话说，农业生产性服务业发展较晚，不仅阻碍中国农业与其他产业的有效融合，而且成为中国转变传统农业生产方式的薄弱环节（汪小勤，2017），同时，汪小勤用实证分析验证了这一观点。姜长云（2016）也明确指出，农村一二三产业融合发展是发展现代农业，以及加快转变农业生产方式的重要途径，农业生产性服务业作为农村一二三产业融合发展的短板，对农业和农村三产业融合发展至关重要。

三、发展农业生产性服务业可有效推动农业供给侧改革

姜长云（2016）在《关于发展农业生产性服务业的思考》一文中，明确提出“农业的根本出路在于发展农业生产性服务业”，这是因为，发展农业生产性服务业可以为农业供给侧问题提供解决路径，诸如“谁来种地”和“如何种地”的问题；还可以在农业生产性服务业发展中，实现其与第一产业中的“农业”、第二产业中的“农产品加工业”等的融合，推进农村一二三产业的融合发展，带动农业发展方式的转变，促进农业供给侧改革。

张海涛（2016）在其论作中，对于“农业生产性服务业对农业供给侧改革的作用”展开了更为全面的分析与研究，指出发展农机服务，可带来农业机械化水

平的提升，有利于提高农业生产效率和生产效益；发展农业教育培训服务，可改善农业从业人员的受教育水平和从业素质；发展农业生产性服务业，可以绕开敏感的土地政策，为社会资本进入农业领域开辟新渠道；同时，它也创新了农业经营主体，扩大了现代农业的发展范围①。

四、研究结论

从以上研究线索可以直观发现，一二三产业融合发展是中国发展现代农业以及农业供给侧结构性改革的重要路径，而一二三产业融合发展中的瓶颈问题之一，就是农业与第三产业融合度低，而第三产业中与农业生产相关的是农业生产性服务业，因此，农业与第三产业融合度低的主要表现为农业与农业生产性服务业融合不足，而究其原因，是中国农业生产性服务业发展相对落后。服务业中与农业生产经营活动相关的主要是农业生产性服务业，因此，当前中国一二三产业融合的主要问题集中于农业与农业生产性服务业融合不足。

发展农业生产性服务业是农业供给侧的问题，这样看来，在农业供给侧结构性改革进程中，大力发展农业生产性服务业，显得非常重要。同时，发展农业生产性服务业，可以为农业供给侧较多问题提供解决路径，如提升农业机械化水平、提高农业从业人员素质、促进农业生产方式转变等，有利于推动农业供给侧改革，从而促进我国现代农业的发展。

第四节　供给侧改革背景下发展农业生产性服务业的政策线索

一、供给侧改革的提出

早在20世纪七八十年代，美国、英国相继陷入经济停滞且伴有通货膨胀的局面，两国分别采取减少税收和改革国有企业等措施走出经济困境，这是国际上供给侧改革的先例。2015年，“供给侧改革”在中国首次提出，并很快成为经济领域中的研究热点和高频词汇。

2015年10月8—10日，中央财经领导小组办公室主任刘鹤到广东考察，考

① 张海涛．供给侧改革视角下农业生产性服务业发展研究［J］．哈尔滨职业技术学院学报，2016（06）：82—84.

察中他强调，要重视供给侧调整，加快淘汰僵尸企业，有效化解过剩产能，提升产业核心竞争力。

2015 年 11 月 10 日，国家主席习近平在中央财经领导小组第 11 次会议上发表重要讲话，他提出，在适度扩大总需求的同时，要着力加强供给侧结构性改革，着力提高供给体系的质量和效率，增强经济持续增长的动力。至此，供给侧改革在我国正式提出。

2015 年 11 月 14 日，时任国家发改委规划司司长的徐林在北大经济观察报告会上对供给侧结构性改革的重点做出论述，他指出，改革着力点为逐步构建有利于创新的体制机制，充分发挥市场对资源配置的决定性作用。

2015 年 11 月 17 日，时任国务院总理的李克强在“十三五”规划纲要编制工作会议上强调，要促进供给侧和需求侧两端共同发力，促进我国产业向中高端发展。

2015 年 11 月 18 日，国家主席习近平在菲律宾召开的 APEC 工商领导人峰会上再次对供给侧改革作出论述，并强调，解决世界经济深层次问题就要付出更大努力来加快经济结构改革步伐，促使供给体系不断满足需求结构变化的需要。

2015 年 11 月 22 日，国务院办公厅印发《关于加快发展生活性服务业对促进消费结构升级的指导意见》。紧接着，11 月 23 日，国务院印发《关于积极发挥新消费引领作用加快培育形成新供给新动力的指导意见》。两大文件部署消费升级，为供给侧改革培育新动力，我国供给侧改革的大幕拉开。

二、农业对供给侧改革的响应

供给侧改革的大幕拉开以后，国家对供给侧结构性改革的方向和任务作出了一系列指示，随之，农业领域对供给侧改革作出积极响应。

2015 年 12 月 18—21 日，在北京举行的中央经济工作会议中，国家领导人习近平和李克强部署 2016 年经济工作，强调 2016 年是供给侧结构性改革的攻坚之年，主要工作是抓好“去产能”“去库存”“去杠杆”“降成本”“补短板”五大任务。

2015 年 12 月 23 日，时任国务院总理的李克强主持召开国务院常务会议，部署推进农村一二三产业融合发展，鼓励各地各业探索多种融合发展途径，促进农业与其他产业的深度融合，培育农村电商等“互联网＋”模式；引导返乡下乡人员经营农业，支持龙头企业带动农民，发展多种形式的规模经营，能够商业化运作农村服务业。通过农业供给侧结构性改革，促进农业发展、农民增收。

2015 年 12 月 24—25 日，中共中央农村工作会议在北京召开。会议强调，要着力加强农业供给侧结构性改革，以市场为导向优化农业生产结构，提高农业供给体系的质量和效率。农业发展中要重视“去库存、降成本、补短缺”，发展农产品加工，以加快消化农产品库存；通过规模经营、逐步减少农药化肥施用量、促进农业服务社会化等措施，以有效降低农业生产成本；加大农业基础设施建设，弥补农业生产短板。

2016年1月4日，国务院办公厅印发《关于推进农村一二三产业融合发展的指导意见》，通过发展多种农村产业融合方式、多元化的产业融合主体、多渠道的产业融合服务等，推动农村产业融合发展，促进农业供给侧改革。

2016年1月27日，中共中央国务院颁布《关于落实发展新理念加快农业现代化实现全面小康目标的若干意见》。时任中央农村工作领导小组办公室副主任的韩俊解读《若干意见》时指出，农业供给侧改革的6个方面，即“调结构”“提品质”“促融合”“去库存”“降成本”“补短缺”。

三、农业供给侧改革到农业生产性服务业

为更好推进农业供给侧改革，2017年8月16日，农业部、国家发展改革委、财政部三部委联合印发《关于加快发展农业生产性服务业的指导意见》，提出以推进农业供给侧改革为主线，大力发展多元化、多层次、多类型的农业生产性服务业，并提出重点发展的7个领域，即农业信息服务、农资供应服务、农业绿色生产技术服务、农业废弃物资源化利用服务、农机服务、农产品加工服务和农产品营销服务。《意见》中对农业生产性服务业的未来发展提出要求，力争在5年内，形成专业水平高并覆盖全产业链的农业生产性服务业。

为宣传落实《关于加快发展农业生产性服务业的指导意见》，2018年5月15日，农业农村部办公厅发布《关于认真做好〈指导意见〉宣传和贯彻工作的通知》，要求通过宣传和培训工作，营造发展农业生产性服务业的氛围，推动各地工作的开展。在《指导意见》和《通知》的推动下，各地区加快发展农业生产性服务业，并不断取得扎实成效，推动了农业供给侧改革。

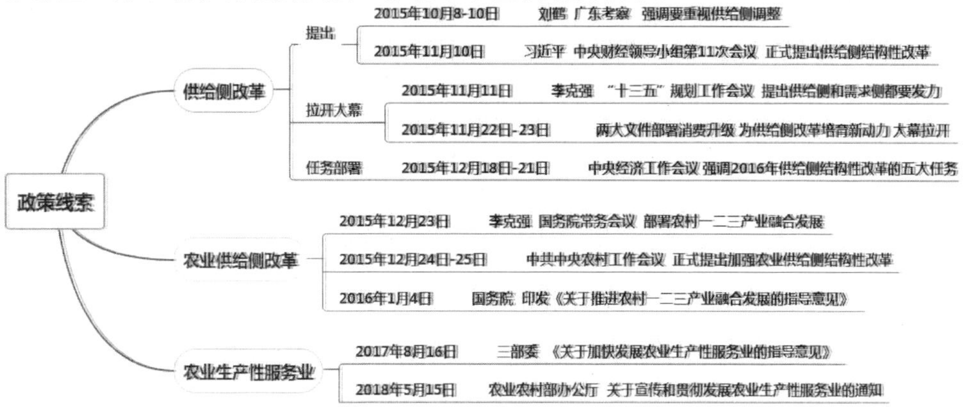

图1-5　供给侧改革背景下发展农业生产性服务业的政策线索

第五节 供给侧改革背景下发展农业生产性服务业的重要意义

在“农业供给侧结构性改革”这一宏观背景下，全国大力发展农业生产性服务业，对发展“三农”意义重大。

一、可有效推动农村一二三产业融合发展

如前所述，姜长云（2016）和汪小勤（2017）在剖析我国农业发展问题的基础上，一致认为：“农业与服务业中农业生产性服务业融合不足”是目前农村一二三产业融合发展的主要问题，究其原因，主要是我国农业生产性服务业发展滞后，水平较低。因此，农业生产性服务业发展滞后以及农业与农业生产性服务业融合度较低，是我国一二三产业融合发展以及现代农业发展中共存的短板问题。

在这种背景下，国家出台相关政策，大力发展为农业生产提供服务的农业生产性服务业，旨在提高我国农业生产性服务业发展水平，有效推动农业与服务业的融合发展，解决农村一二三产业融合发展中的短板问题，推动我国农业发展。

二、可进一步推动农业供给侧结构性改革

农村一二三产业融合发展是农业供给侧结构性改革的重要途径。在国务院办公厅印发的《关于推进农村一二三产业融合发展的指导意见》中，已经把“推进农业供给侧结构性改革，构建农业与二三产业融合发展的现代产业体系”作为推动农村一二三产业融合发展的指导思想。2017 年 8 月，农业部在《关于加快发展农业生产性服务业的指导意见》中，也明确提出“以农业供给侧改革为主线，大力发展多元化、多层次、多类型的农业生产性服务”。

农业生产性服务业，隶属农业供给侧范围，大力发展农业生产性服务业，如农业科学技术服务、农业信息服务、农业金融保险服务、农产品营销服务、农业配送服务、农业教育服务等，本身就是对农业供给侧结构的调整，同时又能通过与农业的深度融合发展，有效解决农村一二三产业融合中“农业与服务业融合不足”这一短板问题，进一步推动农业供给侧结构性改革。

三、可有效推动农村经济发展

根据国际农业生产经验，农业的根本出路是加快农业生产性服务业的发展。

国内外学者们也在各种研究实证的基础上，得出一致结论：发展农业生产性服务业可以明显推动农业经济增长，作用主要表现在推动农业产业结构调整、农业生产效率提升以及农民收入的增加等方面。

（一）有助于农业产业结构调整

1. 农业金融保险服务能显著推动农业产业结构调整

近几年，在支持返乡下乡人员创新创业政策的引导下，参与农业生产的劳动力结构发生了较大变化，许多年轻人开始回乡创业，为农业生产增添了活力。同时，在农村产业链发展的带动下，农业由原来的单一种植结构逐渐向多元化产业结构发展，农村小额贷款的需求不断增多。农村金融服务可以帮助农民抓住更多的投资机会，保险服务则能降低农业经营中的风险，为农业产业结构的多元化发展提供保障。

2. 农业科学技术服务能促进农业产业结构调整与升级

大力发展农业科学技术，可以推动优质农作物品种的培育、现代农产品加工技术的应用、农业耕种作业效率的提升、农业废弃物的循环再利用、农药化肥的减量化施用等，尤其为发展特色农业产业发挥强有力的支撑作用。因此，农业科技的推广与应用，能促进农业产业结构优化升级，从而推动现代农业的加快发展。

3. 发展农业生产性服务业是对农业产业结构的调整

发展农业生产性服务业，扩大了农业生产经营范围，本身就是对农业产业结构的扩充与调整。在统计年鉴中，农林牧渔服务业产值隶属于农、林、牧、渔业产值，河南省农林牧渔服务业 2010 年的产值是 200.96 亿元，占农、林、牧、渔业产值比重 3.50%，到了 2017 年，农林牧渔服务业产值上涨到 404.26 亿元，占农、林、牧、渔业产值比重也上升到 5.35%。从这一组数据可以看出，对农林牧渔服务业的重视和发展，不仅在农业产值增长方面作出了贡献，还调整了农业产业结构。

（二）有助于提升农业生产效率

通过查阅不同学者对辽宁省（兰晓红 2015）、黑龙江省（乔瑞中 2019）、山东省（刘明 2018）和河南省（李慧 2016）农业生产性服务业对农业生产影响的实证研究，发现他们不约而同得出相似结论：农业生产性服务业对农业生产效率的提升有积极影响，尤其是农业科学技术服务，比如，农作物新品种以及新种植技术的推广应用、农业机械总动力（农田灌溉、农耕等机械使用）的增加、农作物病虫害防治新方法的应用等，在提升农业生产效率和农作物产量方面，比其他农业生产性服务业发挥着更显著的作用。

不同省份的实证研究也提到，与农业发达国家相比，由于我国发展农业生产性服务业起步晚，其对农业生产的促进作用还有很大发展空间。另外，由于各地区农业生产性服务业各细分行业发展水平有高有低，各细分行业对农业生产的促进作用也有强弱之分。根据李慧（2016）的研究结论，在河南省，农业科学技术行业和农业信息行业在提升农业生产效率方面表现最明显，农业营销服务与农业配送服务表现不够显著，农业金融保险服务则为负，这是由于当地农业金融发展滞后，无法很好满足农户生产投资和抵御风险的需要，限制了农业生产效率的提升。① 对于农业金融保险服务的实证结果，辽宁省、黑龙江省和山东省的实证研究也有相似结论。

未来农业的发展，要进一步完善农业生产性服务业发展体系，实现农业与农业生产性服务业融合发展、共同升级，不断提升农业生产效率。

（三）有助于增加农民收入

1. 多种途径实现农民增收

一方面，发展农业生产性服务业，可直接实现农民增收。随着科学技术在农业生产经营中的应用，各种优质的农业企业和农业产业园数量大幅增加，农业科技的应用提高了农业作业效率、提升了农作物产量、推动了现代农业发展，实现农民稳步增收；农业配送服务和农业营销服务水平的提高，有利于建立畅通的农产品销售渠道；另外，农业信息服务水平的提高，不仅让更多农户及时获取农产品供给和需求信息，找到商机并能根据市场需求种植适销对路的农产品，同时互联网在农村的普及也让农户拓宽了网络营销渠道，有了合理的种植规划、畅通的销售渠道，农民收入逐步提高；农业金融保险服务的发展，为农户经营投资提供了资金支持和风险管理，有利于农户收入增加。

另一方面，农业生产性服务业的快速发展提高了农业现代化水平，催生了富余劳动力，更多的农村劳动力涌向城市就业，收入大大提高；即使是农村留守劳动力，也不再从事单一的种植业，农闲时期兼职副业成为普遍现象，农民收入有相应改善，在一定程度上缩小了城乡收入差距。②

---

① 李慧，阴朋莉．基于 DEA－Tobit 模型的生产性服务业对农业生产效率的影响［J］．技术与创新管理，2016（06）：678－683．

② 鲁钊阳．农业生产性服务业发展对城乡收入差距的影响［J］．南京社会科学，2013（02）：23－29．

2. 多种细分行业不同程度影响农民增收

从国内外农业发达地区的农业生产经验可知，发展农业生产性服务业有利于提升农民收入水平，由于每个地区农业生产性服务业各细分行业的发展程度不一，其对农业生产效率及农民收入的影响也不同。以辽宁省为例，农业营销服务、农业配送服务、农业科技服务、农业金融保险服务和农业信息服务对农民收入的影响依次由强到弱排列，由于农村信息化水平低且发展参差不齐，农业信息服务影响农民收入的实证结果不具代表性。

要在短期内实现农民增收，可大力发展农村物流与农产品营销。但是，如农业科技、农业金融及农业信息，这些需要长期投资但后劲十足的农业生产性服务业，我们更应重视它们的发展，才能实现农民收入的持续上涨。

第二章　农业供给侧改革和现代农业发展的关键：科技创新

农业科技创新是确保国家粮食安全的支撑力量和加快现代农业建设的中坚力量，农业科技又是农业生产性服务业的重要组成部分，在推动农业供给侧改革和现代农业发展中发挥着至关重要的作用。2018 年，科技部提出了创新驱动乡村振兴发展道路的举措，河南省也随之颁布了《河南省科技支撑乡村振兴三年行动计划》，在行动上强调农业科技创新对农业农村发展的重要引领作用。

第一节　科技创新支撑农业发展的政策引领

科技作为社会发展的第一生产力，要想发挥和实现其社会价值，离不开政府在战略性政策上的支持。从欧美国家及日韩等发达国家社会发展路径来看，有效的科技创新政策，有力地促进了这些国家的经济和社会发展，先进的科学技术，同样推动了这些国家的农业现代化进程。本节内容，将梳理我国以及河南省在科技支撑农业发展方面的政策变迁。

一、中央农业科技政策

农业生产经验表明，农业的持续发展，一是靠农业政策的推动，二是靠科学技术的应用及农业资源的投入。但农业生产要想取得质的发展，科学技术的作用不可或缺。1989 年 11 月，国务院颁布法规《关于依靠科技进步振兴农业加强农业科技成果推广工作的决定》，在国家法规政策方面对“科技兴农”战略给予高度支持。在该法规中，国务院围绕如何进行农业科技成果推广工作为广大群众指出了方向，首要的是把加大农业科技成果推广工作放在重要位置；其次要围绕农技推广工作健全农技推广服务组织和推广队伍，以广泛开展农技培训；最后要加大农业科技资源投入，做好农业科学研究，才能提供更多农业科技成果。

（一）中央农业科技政策的数量走势

1. 2000 年至 2018 年中央农业科技政策发文的数量变化

从 20 世纪 90 年代开始，我国在科教兴国战略的影响下，逐步增强了对科学技术是第一生产力的理解，但是，这一时期科技兴农相关政策的颁布还不太多。如图 2-1 所示，本课题组在研究过程中，主要梳理了 2000 年到 2018 年间我国中央农业科技相关政策的颁布情况。

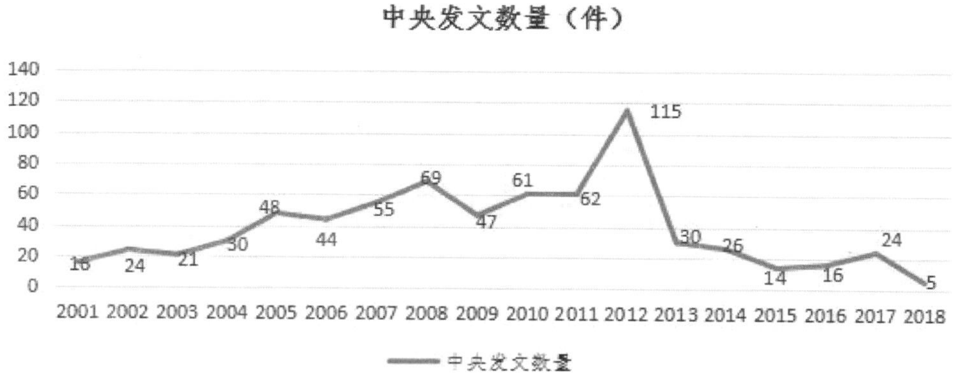

图 2-1　中央发布农业科技政策数量变化情况

从中央发文数量看，2001—2004 年、2013—2018 年间，中央关于农业科技政策发文数量差异不大，维持在 30 件以下，从 2005 年开始到 2012 年，中央相关政策颁布数量逐步上升，每年颁布数量均在 44 件以上，且 2008 年和 2012 年出现了两个小高峰，其中 2012 年的 115 件是农业科技政策的数量顶峰。

2. 中央农业科技政策发文数量变化的主要原因

究其背后原因，从 2008 年到 2012 年，全球受天气干旱、国际资本炒作粮食、美国实施清洁能源战略等多种因素的共同影响，引发了全球粮食危机问题。虽然相对来说，我国粮食储备充裕，但在全球大环境影响下，我国粮食在这一时期处于紧平衡状态。从 2010 年开始，我国玉米开始出现净进口，到 2012 年，玉米净进口数量明显增多。粮食安全问题出现异常，这激发了我国通过科学技术挖掘粮食的自给需求，解决粮食安全保障问题。

从中央农业科技相关政策文件看，2004 年到 2010 年，每一年中央一号文件中都有专门段落甚至章节涉及农业科技问题。并且在 2011 年 12 月 26 日，也就是中央农村工作会议召开的前一天，农业部颁发了《农业科技发展“十二五”规划》，可以看出该文件意义重大。紧接着，2012 年颁布了中央一号文件《关于加快推进农业科技创新持续增强农产品供给保障能力的若干意见》，专门以农业科技为主题，从农业科技创新、农业技术推广、农技教育培训等 3 个方面强调了农业科技对农业现代化发展的重要性。一系列农业科技中央政策的出台，推动了我国农业科学技术的研究和推广，促进了农业现代化的发展。

（二）中央农业科技政策类别

农业科技工作，主要是围绕农业科技研发和农业科技成果推广展开，因此，我国颁布的农业科技政策，主要就是为推进这两项工作而颁布，除此，还有为立法监管而设立的政策法规。

1. 法律法规

主要表现为国家的顶层设计、立法及国务院行政规章，目的是要从法律层面规范农业科技工作。从 20 世纪 90 年代开始，我国逐步加强农业科技立法进程，如 1993 年颁布了《中华人民共和国农业技术推广法》，1997 年 10 月开始施行《植物新品种保护条例》，2013 年上海市率先形成《上海市农业科技进步若干规定》等。[①]

2. 农业科技研发政策

一般由农业部、科技部等国务院组成部门或各级人民政府发布，主要对农业科技创新中的农业技术引进、农业技术研发财税支持政策、农业科技创新体系建设工作等方面进行宏观层面的引导。比如，2007 年，农业部联合科技部启动实施《现代农业产业技术体系建设实施方案（试行）》；2013 年，农业农村部修订《全国农业科技创新能力条件建设规划（2016—2020 年）》，完善和优化农业科学工程、观测实验基地及试验基地的建设布局。

3. 农业科技成果推广政策

农业科技成果推广指通过试验、培训、示范、指导等方式，使农业科研成果应用于农业生产全过程的活动，是提高农业科技含量和促进农业现代化发展的重要步骤。1989 年，国务院颁布了《关于依靠科技进步振兴农业，加强农业科技成果推广工作的决定》；2012 年，农业部提出加快农业科技创新与推广的实施意见，提出深化农技推广体系建设、鼓励社会人员积极参与农技推广工作、通过振兴农业教育和培育农业科技队伍加强农技推广等措施；2017 年，农业部颁布《关于国家农业科技创新与集成示范基地建设的意见》，旨在推进农业科技成果在我国农业生产中的快速转化应用。

---

① 李平等 . 1985—2019 年农业科技政策的动态演进回顾［J］. 科技中国，2021（11）：40—45.

（三）中央农业科技政策变迁

以 2001—2019 年我国科技部公布的农业科技相关政策纵向变化情况，来观测我国农业科技政策指导思想的变迁。

2001 年，科技部在 7 月份印发《农业科技园区指南》与《农业科技园区管理办法（试行）》，旨在将农业科技园作为农业技术组装集成、科技成果转化及现代农业生产的示范载体，推进我国现代农业的发展。紧接着 8 月份，颁布《农业科技成果转化资金项目管理暂行办法》，通过监理和规范资金转化项目，推动农业科技成果转化为现实生产力。

2003 年，农业部审议通过《农作物种质资源管理办法》，通过立法保护农作物种质资源。

2006 年 8 月，国务院提出深化改革加强基层农业技术推广体系建设的意见，以合理布局国家基层农业技术推广机构，加快农业科技成果转化。

2007 年 3 月，科技部印发《国家可持续发展实验区管理办法》和《国家可持续发展先进示范区管理办法》，规范实验区和示范区的审批、组织管理与检查验收工作。

2009 年，为发挥科技特派员在发展现代农业中的作用，科技部联合农业部等多部门印发《关于深入开展科技特派员农村科技创业行动意见》，以有效推动我国农业科技成果的转化和应用。

2017 年 6 月，多部门联合编制和印发《“十三五”农业农村科技创新专项规划》，统筹布局我国农业科技创新重大工程和重大项目，布局基地建设和研发团队建设，为农业高新技术领域发展指引方向。

2018 年 1 月，国务院办公厅发布《关于推进农业高新技术产业示范区建设发展的指导意见》，2 月，科技部联合农业部等多部门印发《国家农业科技园区发展规划（2018—2025 年）》，大力推进农业科技服务和科技成果应用，推动我国农业产业结构升级。

2018 年 12 月，国务院发布《关于加快推进农业机械化和农业装备产业转型升级的指导意见》，对农业机械化技术和农机装备产业发展指明了方向，并提出加强农业机械化技术推广能力以及农机社会化服务的支持政策。

2019 年，科技部组织编制并印发《创新驱动乡村振兴发展专项规划（2018—2022 年）》，对我国农业科技创新和科技成果应用进行了专项规划，如对农业技术创新工程、农业农村科技创新基地建设、农业农村科技人才队伍建设、农业高新技术产业发展，以及农业成果转化、科技助力脱贫攻坚等作出了明确指示。

从以上政策来看，我国目前在农业科技研发方面更加注重体系建设及农业高新技术领域的研发，并且越来越重视农业科技成果的转化和应用，加强农业科技和现代农业发展的黏合。

二、河南省农业科技政策

从河南省农业科技政策发文情况看，地方政府相关政策发文内容与中央部门基本保持一致，并且发文内容一般有两大情况：一是转发或下达中央文件；二是在中央文件的基础上，结合省情编制适合本省的相关政策。观测 2006—2020 年，河南省人民政府、河南省科技局和农业农村局政策发文情况，从时间上看，河南省政府发文比中央文件稍显滞后，这也说明我国农业科技政策的设计是遵循从上到下的原则；从内容上看，河南省农业科技政策有如下特点。

（一）重视农业科技成果推广

一是加强农业科技下乡活动。在我国农业科技下乡和入户活动影响下，2006 年以来，河南省分会场在响应农业部活动和政策的情况下，在全省范围内举行了持续性较长的农业科技下乡活动，促进农业科技成果转化为生产力。

二是加强各地市农业示范园区建设。在中央关于建设国家农业示范区和科技园区等政策的激励下，河南省各地市从 2010 年左右开始大力建设各类农业科技示范园区。到 2013 年，许昌、南阳、鹤壁和濮阳农业科技示范园区顺利获批国家农业示范园区；2014 年，濮阳市建成“万米农业科技示范长廊”；2015 年，济源市建成“国家农业科技创新和集成示范基地”，郑州、新乡、兰考 3 家农业科技示范园区获评国家农业科技园区；2016 年，漯河市也获批国家农业科技示范园区。

三是在财政资金上支持农业科技成果推广。2013 年，河南省争取中央资金 1.2 亿元，支持河南省农业科技推广项目建设。

（二）重视农业科技研发体系建设

农业科技创新不是一个部门、一个区域能完成的，为响应中央一号文件，推进农业科技创新，河南省积极探索符合河南省农业发展情况和农业科技创新规律的现代农业科技研发体系，围绕农业产业链进行公关，摒弃了条块化的研究模式，形成了“研发－试验－推广”农业科研一条线，实现了跨学科、跨部门、跨区域的农业科技创新机制和组织模式。

2010 年 10 月，河南省开始在全国范围内启动省级现代农业产业技术体系建设，先后吸纳了 120 名农业专家成员，以 12 类农产品为单元（如玉米、小麦、花生、肉牛、蔬菜等），围绕农业产业发展中的重大项目、共性问题和关键技术，全面开展系列化的试验研究、技术集成和示范推广活动。自农业产业技术体系实施以来，先后研发出了一批高质高产高抗的作物新品种，并且作物栽培技术更加绿色安全、节约高效和智能化。

目前，该农业产业技术研发体系科研成果和科研水平突出，为农业生产作出较大贡献。专家们累计登记农作物新品种 247 种，占据全省同期农作物新品种总数的 1/3 左右，体系在玉米、小麦、花生等品种上选育水平遥遥领先，全国累计推广应用面积超过 6.2 亿亩；该体系科研成果显著，获国家科技进步一等奖 1 项、二等奖 3 项，省级科技奖励达 110 项。并且该体系在农业科技推广方面发挥着重要作用，2018 年，12 个农产品单位研发体系开展技术服务宣讲活动 800 余次，受益群众达 9.7 万人次，将农业科技研发与农业技术推广紧密衔接，推动了河南省农业现代化进程。

第二节　改革开放以来我国农业科技的发展成就

随着科技兴国战略的实施，我国科技投入与产出量也非常大，农业科技成果既多又广。这里从统计年鉴中我国农业科技数据资料入手，先通过年鉴大致了解我国农业科技方面的主要投入产出，再介绍我国农业科技取得的主要发展成果，从而对农业科技有较为全面的了解。

一、我国农业科技方面的投入产出统计情况

农业科技投入产出是动态变化的，该部分以《中国科技统计年鉴 2020》中的数据，介绍 2019 年我国农业科技投入产出情况，以观测我国农业科技在近期的投入产出情况。

（一）人力投入

从毕业生学历构成看，2019 年全国毕业的农学博硕士研究生总数为 26 238 人，毕业的农学本科生总数为 67 365 人，其中博士生人数 2 884 人，农学学科高学历人员占比仅 3%左右，高层次人才数量不足。

从机构人员看，按学科分组，2019 年我国农业科学机构数有 1 121 个，R&D（科学研究与试验发展）人员数为 63 806 人，其中：博士 11 586 人、硕士 20 337 人、本科 21 223 人；按服务行业分组，2019 年农、林、牧、渔业机构数总计 1 014 个，R&D 人员数 58 286 人，其中：博士 10 859 人、硕士 19 011 人、本科 44 718 人。若仅看农业行业，机构数 487 个，R&D 人员合计 33 671 人，其中：博士 5 606 人、硕士 11 329 人、本科 11 075 人。从科研机构人员学历构成看，博硕士研究生占比超过 50%，人员学历构成基本合理。

从院士人数看，2019 年中国工程院院士农业学部为 83 人，当年院士少于

100人的还有环境与轻纺工程学部60人、工程管理学部39人，其他学部均在100人以上。但从历年人数变化看，农业学部院士人数基本还算稳定，2016年为71人、2017年为77人、2018年为77人，2019年83人为目前历史最多。

（二）财力投入

1. 农业科学投入

按门类学科划分，2019年，我国在农业科学方面R&D经费内部支出2 282 516万元，其中：基础研究309 029万元、应用研究594 721万元、试验发展1 379 360万元；2019年，农业科学方面R&D经费外部支出58 723万元，其中：对境内研究机构支出29 420万元、对境内高等学校支出10 159万元、对境内企业支出15 807万元。

2. 农、林、牧、渔业投入

按服务的国民经济行业划分，2019年，我国农、林、牧、渔业R&D经费内部支出2 108 534万元，其中：基础研究307 850万元、应用研究540 329万元、试验发展1 260 356万元；细分来看，农业R&D经费内部支出1 192 526万元、林业R&D经费内部支出176 240万元、畜牧业R&D经费内部支出1 621 160万元、渔业R&D经费内部支出158 105万元、农林牧渔业辅助性活动419 504万元。

3. R&D课题投入

从R&D课题投入看，按学科划分，2019年，我国农业科学R&D课题数26 913项、全年投入人员数44 062人、投入经费33 021万元；按服务的国民经济行业划分，2019年农、林、牧、渔业R&D课题数24 978项、全年投入人员41 801人、投入经费963 626万元，其中：农业R&D课题数14 953项、全年投入人员25 912人、投入经费558 679万元，农林牧渔辅助性活动R&D课题数5 023项、全年投入人员7 640人、投入经费184 213万元，其他如林业、畜牧业和渔业R&D课题数及各项投入都明显少于农业。

（三）产出情况

1. 按学科划分

按学科划分，2019年，农业科学领域发表科技论文34 180篇，其中国外发表8 157篇，出版科技著作1 067种、专利申请9 620件、有效发明专利23 190件、形成国家或行业标准数1 009项。

2. 按服务的国民经济行业划分

按服务的国民经济行业划分，2019 年，农、林、牧、渔业发表科技论文总量 31 884 篇，其中国外发表 7 728 篇，出版科技著作 1 025 种、专利申请数 8 768 件、有效发明专利 21 221 件、形成国家或行业标准数 930 项；细分行业看，农业领域发表科技论文 16 967 篇（国外发表 3 717 篇）、出版科技著作 540 种、专利申请数4 817件、有效发明专利 10 138 件、形成国家或行业标准数 661 项，农林牧渔辅助性活动发表科技论文 7 035 篇（国外发表 1 851 篇）、出版科技著作 263 种、专利申请数 2 017 件、有效发明专利 5 183 件、形成国家或行业标准数 117 项，其他细分行业产出较低。

3. 从重大科技成果看

从重大科技成果看，2019 年，农、林、牧、渔业取得重大科技成果 7 754 项，占当年全国重大科技成果的 11.3%。这一数量相比于 2016—2018 年均有所下滑，2016—2018 年农、林、牧、渔业重大科技成果在稳步上升，分别是7 831 项、7 974 项和 8 510 项，到 2019 年下滑至 7 754 项，很明显该年在农、林、牧、渔业取得的重大科技成果下降幅度较大。

4. 从国家级科技奖励看

从国家级科技奖励看，2019 年，农、林、牧、渔业取得的重大科技成果虽有明显下降，但国家科技进步奖比 2016—2018 年有所增加，2016—2019 年农、林、牧、渔业获得国家科技进步奖数量分别是 19 项、19 项、22 项和 26 项；国家技术发明奖也还算稳定，2019 年，农、林、牧、渔业获得 4 项，基本与 2016—2018 年持平。但也应该看到的是，2010—2015 年间农、林、牧、渔业获得的国家级科技奖励数量平均是现在每年的两倍，农、林、牧、渔业在近几年取得的重大科技成果上有突破性的成就在下降。

5. 从技术合同成交情况看

从技术合同成交情况来看，2019 年，农、林、牧、渔业技术合同成交数为 22 627 项，比 2018 年增加 695 项，近五年一直在稳步增长。相应的，农、林、牧、渔业技术合同成交额在 2015—2019 年间也实现了稳步增长，2019 年，技术合同成交额达到 5 529 437 万元。

二、改革开放以来我国农业科技方面的主要成就

（一）1979－2008 年我国农业科技主要成就

改革开放 30 年来，我国农业发展坚持科技兴农战略，农业科技实现了跨越式发展。“十五”时期末，我国科技进步对农业发展的贡献率已达到 48%，比改革开放时的数据增长了 21%。截至 2007 年，我国农业科技硕果累累，获得部门以上奖励的科技成果有 9 485 项、获得国家级奖励的重大科技成果达到 2008 项。我国农业科技整体水平已位列发展中国家前列，科技进步为我国农业农村稳定发展作出了卓越贡献。

1. 农业机械化方面

截至 2008 年，我国耕种收综合机械化水平已经达到 45.8%，其中机耕水平 63%、机播水平 38%、机收水平 31%。就主要粮食作物而言，小麦综合机械化水平最高，达 86%，基本实现了生产全程机械化；水稻和玉米综合机械化水平也都超过 51%，其中水稻机收水平达 51.2%、玉米机收水平也超过了 10%，其他经济作物机械化生产进程在不断推进。

2008 年，全国农业机械总动力为 8.22 亿千瓦，是 1978 年的 6.85 倍，其中拖拉机 2 022 万台、联合收割机已达 74 万台。近年来，水稻插秧机、玉米收割机，以及联合收割机保有量的大幅增长，国家大力推广农机智能化和农业作业联合化技术成果，全国农业装备结构进一步优化。

2. 动植物育种方面

（1）植物育种方面

改革开放 30 年，我国在作物种质资源保护方面做了大量工作，收集保存种质资源近 39 万份，于 1986 年在中国农业科学院建设落成国家作物种质库，并在全国建成 32 个多年生作物种质资源库（圃）。培育推广作物新品种 2 000 余种，在全国范围内更新主要作物品种 3－4 次，每次品种更新，作物增产可达 10%以上，作物抗病虫害抗倒伏性能提升、粮食品质也大幅提升。在大力推广新作物品种的作用下，截至 2008 年，我国农作物良种覆盖率已达 95%。

（2）动物育种方面

经过多次选育，培育出瘦肉型猪新品系和美利奴细毛羊新品种，是我国动物育种史上的重大突破。同时性别鉴定技术、胚胎移植与分割技术，以及体外受精等高新生物技术在动物遗传育种上得到运用，并取得一系列成果，试管牛羊、克隆牛羊和转基因牛均培育成功。

3. 种植养殖技术方面

30年间，我国在小麦和水稻栽培技术方面取得了较大进展，同时地膜覆盖技术、农田灌溉技术和作物科学施肥技术的大面积推广，让农作物达到了显著的增产效果，我国粮食总产量在2008年已经跃上1万亿斤的新台阶。

4. 动植物疫病防治方面

我国在充分研究了30多种重大病虫害的发生规律与迁飞规律的基础上，提出了科学的病虫害预测技术；研发出了低毒高效农药150多种，以及众多新型喷雾装置和技术，它们的应用使农作物重大病虫害得到了合理控制。经过多年临床实验，我国也成功研制出能够有效控制口蹄疫和禽流感等疫病的60多种疫苗，主要水产品的病害诊断和防治技术也有重大突破。

（二）十八大以来我国农业科技的创新成果

1. 国家层面多方面支持农业科技发展

十八大以来，创新驱动发展战略上升为国家战略，作为农业大国，国家高度重视农业科技发展。

在政策支持上，农业部印发推进农业科技创新的一系列文件，如《加快农业科技创新与推广的实施意见》《关于深化农业科技体制机制改革加快实施创新驱动发展战略的意见》等，为我国农业科技创新道路和创新规律指出方向。

在财政投入上，十八大以来，中央财政投入13.4亿元加强农业部重点实验室条件能力建设、投入19.4亿元专项用于中国农科院科技创新工程、投入58.5亿元改善乡镇农技推广机构工作条件。并且从2012年开始，每年中央财政投入26亿元，支持全国各地区农技推广体系。

在体制创新上，主要围绕激发科研人员创新活力入手，一是科研成果“确权”给科研单位和人员，鼓励科研人员持股和创新创业；二是将不低于40%的科研成果权益分配给科研人员，提升科研动力。

2. 农业科技成果显著

在国家对农业科技创新的大力支持下，我国农业科技进步贡献率从2013年的55.2%，提高到2016年的56.65%，到2020年，我国农业科技进步贡献率已经突破60%，农业科技创新成效显著。

（1）农业重大科技专项不断取得突破。

首先，我国农业部重点实验室构建了11个纵向学科和19个横向学科。其中，纵向学科是以农作物品种创新为主线，如水稻、棉花、大豆等品种的创新；

横向学科则是以农业共性技术创新为主线，如作物有害生物治理、农业领域基因重组等领域的创新。至此，农业部已建成以“学科群”为特色的重点实验室体系，即以综合性农业实验室为龙头、专业性农业实验室为骨干，以及农业科学观测实验室为延伸。

其次，党的十八大以来，我国启动了8个涉农国家重点研发计划专项，还有4个待启动涉农重点专项。8个已启动专项，涉及的领域分别是肥料与农药减施增效技术、作物育种技术、畜禽疫病防治与安全养殖技术、粮食增产技术、现代食品加工技术、智能农机技术、污染农田防治技术等。

另外，我国还立项农业公益性科研专项203项，旨在解决农业发展中的共性技术需求、农作物高产增效潜力、农作物病虫害防控以及新型农业机械开发等问题。

（2）绿色生产率逐步提高。

党的十八大以来，我国在农业废弃物循环利用、发展生态农业方面效果显著。

一方面，农田秸秆综合利用成效明显。截至2016年，全国秸秆综合利用率超过80%，7亿亩农田做到秸秆还田，秸秆成分占到牛羊粗饲料的70%，形成农田秸秆多元利用格局。

另一方面，大力推进农村清洁能源建设。近几年，中央加大投资力度，用60亿经费建设1 443处大型沼气工程、65处生物天然气工程，这些工程建成后可实现每年处理农田秸秆240余万吨、畜禽粪污1 500余万吨，处理后的废弃物能产生8.5亿立方米沼气和5亿立方米生物天然气，这些清洁能源可供农村居民生产生活使用。这些工程，不仅极大提高了农村废弃物的资源化利用率，也促进了节能减排工作的高效开展，改善了村居环境。

另外，在我国西北部区域，如新疆、内蒙古等地膜重点使用区域，也在尝试提高地膜回收利用率，通过建设100个地膜治理示范县，规模化推进地膜的专业化回收和资源化利用。

第三章　农业生产性服务业相关研究

农业生产性服务业为农业提供产前、产中和产后服务，能够在很大程度上发挥促进农业发展的重要作用。国内外学者从不同视角对不同地区农业生产性服务业各个方面进行了系统的研究。本著作梳理现有研究并进行了相关总结，且对现有研究进行了述评。

第一节　农业生产性服务业研究现状

通过对国内外农业生产性服务业相关研究的分析和归纳可以发现，现有研究主要集中在农业生产性服务业内涵、农业与农业生产性服务业的相互影响、农业生产性服务业的供求状况、农业生产性服务业发展效率的评价、农业生产性服务业发展模式以及互联网对农业生产性服务业的影响及发展对策等方面。本节内容将从这几方面进行研究总结。

一、农业生产性服务业的内涵界定

目前对农业生产性服务业没有统一的概念界定，国内学者基于不同视角界定了农业生产性服务业的含义，主要包括：

一是产业链视角。农业生产性服务业指为农业的产前、产中和产后提供服务，贯穿于整个农业生产过程中，[①] 即为产前提供农种机械、良种、农药化肥等农用物资，为产中提供防疫技术、保险等服务，为产后提供采摘后加工处理、储存、包装、营销等服务，且资金服务贯穿于农业产业链全过程中。[②] 姜长云（2016）认为农业生产性服务业为农业生产提供农业科技、人才、资金等服务，

---

① 芦千文．我国农业生产性服务业的业务范围、供给模式和发展对策［J］．农林经济管理学报，2017，16（02）：199－206.

② 庄丽娟，贺梅映，张杰．农业生产性服务需求意愿及影响因素分析——以广东省450户荔枝生产者的调查为例［J］．中国农村经济，2011（03）：70－78.

提高农业生产效率和效益。[①]

二是价值链视角。农业生产性服务业属于农业生产的辅助性或支持性活动，通过为农业提供技术、信息、咨询、金融、维护、质量检测等方面的服务来提高农业生产价值[②]（朱涛，2017）。

三是服务主体视角。农业生产性服务业为农业生产者提供生产服务，服务对象主要包括政府涉农部门、农业龙头企业、农业种植大户、农业合作组织等[③]。

四是分工视角。农业生产性服务业作为现代服务业的分支，作为一种要素投入到农业生产中，能够对农业产生外溢效益（朱涛，2017）。

二、农业生产性服务业对农业的影响

（一）国内学者的研究

国内学者采用实证分析方法探究农业生产性服务业对农民收入、农业产业结构、农业效率等农业方面的影响，并分析影响的内在作用机制。具体包括：

1. 基于各省面板数据的实证研究

郑州航空工业管理学院的郝爱民，在实证方面对农业生产性服务业发展效率进行了持续研究。郝爱民（2011）基于1990—2009年30个省的省级面板数据，采用最小二乘法实证分析农业生产性服务业对农业产业结构、农业收入以及农业效率的作用机制，结果显示，农业科技推广与农业金融保险服务有助于农业产业结构调整优化、农业生产效率提升，并且农业信息服务、农业产品营销服务能够短期促进农民收入的提高。[④] 郝爱民（2013）采用DEA方法分析2004—2010年31个省的省级面板数据，实证分析表明我国整体农业生产效率较低，较高的农业产业化发展水平、农业专业化程度、农业生产性服务业规模水平能够显著促进农业生产效率的提高，而目前我国农业生产性服务业发展水平较低，在一定程度

---

① 姜长云．关于发展农业生产性服务业的思考［J］．农业经济问题，2016，37（05）：8—15＋110.

② 朱涛．生产性服务业对农业外溢渠道机理及模型分析［J］．中州大学学报，2017，34（03）：22—27.

③ 董欢．我国农业生产性服务业发展的若干思考［J］．农村经济，2013（06）：112—115.

④ 郝爱民．农业生产性服务业对农业的影响——基于省级面板数据的研究［J］．财贸经济，2011（07）：97—102.

上制约了其对农业发展的促进作用。[①] 郝爱民（2015）分析了 2004－2012 年 31 个省的面板数据，指出农业生产性服务业会直接影响农业技术进步贡献率。[②]

张荐华等（2019）探究农业生产性服务业对城乡居民收入差距的作用机制。通过构建空间计量模型和面板门槛模型对 30 个省级面板数据进行分析，可以发现，农业生产性服务业能有效地缩小本地区城乡居民收入差距，且存在空间溢出效应，即促进周边地区城乡居民收入差距缩小；并且，较高的城镇化水平反而导致农业生产性服务业对城乡收入差距产生抑制作用。[③]

此外，闫晗等（2020）以 2008－2017 年我国省级面板数据为分析样本，采用系统 GMM、差分 GMM 法和分位数回归法进行实证分析，结果显示，农业生产性服务业发展对粮食生产产生促进作用，即农业生产性服务业发展水平每提高 1 个百分点，粮食单产会提高 1.1 个百分点，其中农业物流业对粮食生产的影响最显著，农业金融业的影响作用最小。[④]

马楠等（2020）对宁夏、广西、新疆等民族地区 2006－2018 年面板数据进行实证分析。研究发现，农业生产性服务业受到劳动力质量的影响，制约第一产业的发展；农业生产性服务业中劳动力要素的供给可以促进第二产业的发展，而资本要素投入也对第二产业产生一定程度的限制；第三产业对农业生产性服务业的资本需求最迫切。总体上有助于产业结构优化。[⑤]

张恒等（2021）基于全国 31 个省的面板数据进行回归分析，结果显示，整体上我国农业生产性服务业发展通过技术进步显著促进农业全要素生产率的提高；各地区结果存在差异，农业生产性服务业的促进作用在西部地区最显著，其次为东部、东北部与中部，且相对于粮食主产区和主销区，对粮食产销平衡区的促进作用最大；通过构建空间杜宾模型进行分析的结果显示，农业生产性服务业发展对农业全要素生产率具有正向的空间溢出效应，且间接影响大于直接影响。[⑥]

楚明钦（2021）探究农业生产性服务嵌入对农业效率的影响。采用广义最小二乘法、差分 GMM、系统 GMM 法对 2003－2017 年我国省级面板数据进行分

---

① 郝爱民．农业生产性服务对农业的外溢效应与条件研究［J］．南方经济，2013（05）：38－48.

② 郝爱民．农业生产性服务对农业技术进步贡献的影响［J］．华南农业大学学报（社会科学版），2015，14（01）：8－15.

③ 张荐华，高军．发展农业生产性服务业会缩小城乡居民收入差距吗？——基于空间溢出和门槛特征的实证检验［J］．西部论坛，2019，29（01）：45－54.

④ 闫晗，乔均．农业生产性服务业对粮食生产的影响——基于 2008－2017 年中国省级面板数据的实证研究［J］．商业研究，2020（08）：107－118.

⑤ 马楠，贾淑仁．民族地区农业生产性服务业对产业结构和产业发展的影响［J］．南方农业学报，2020，51（12）：3126－3132.

⑥ 张恒，郭翔宇．农业生产性服务业发展与农业全要素生产率提升：地区差异性与空间效应［J］．农业技术经济，2021（05）：93－107.

析，结果表明，我国农业交通运输服务业、农业批发与零售服务业都有助于农业增加值率与农业劳动生产率的提高，而农业信息服务业、农业金融服务业、农业商务服务业与农业科技服务业并没有对农业增加值率和农业劳动生产率产生显著的影响。①

2. 基于某一省或市时间序列数据的研究

陈军民（2013）以河南省 2000—2011 年时间序列数据为实证分析样本，采用最小二乘法进行分析，结果表明，农业作业服务、农产品营销服务、农业技术推广服务能显著促进农民收入和农业生产效率的提高，而农业配送服务、农业信息服务和农业金融服务对农民收入和农业生产效率没有产生显著的影响。②

杨迎亚等（2015）采用数据包络法（DEA）对 2004—2012 年河南省农业生产性服务业发展的数据进行分析，结果表明，综合效率平均值为 0.979，分解后的纯技术效率平均值为 0.980，规模效率平均值为 0.998，河南省需要充分发挥技术潜能，调整农业生产规模，从而促使农业投入资源实现有效配置。③

乔瑞中等（2019）对 1997—2016 年黑龙江省农业相关的时间序列数据进行回归分析和协整检验分析，结果表明，农业机械动力、农业有效灌溉面积、农业信息和贷款服务业的发展有助于农业发展水平提高；农业人员增长、农业保险增长均不利于黑龙江省农、林、牧、渔业总产值的迅速增长；农业科技推广、农业保险服务对黑龙江省农业产生负相关影响。④

刘明等（2018）采用三阶段 DEA 模型测算 2015 年山东省农业生产效率，发现山东省不同地区的规模效率与纯技术效率存在差异，进一步采用 Tobit 模型分析农业生产效率的影响因素。结果表明，农业生产性服务业中农业配送服务、农业信息服务、农产品销售服务与农技推广服务都能促进农业生产效率的提高，农业金融保险服务并没有对农业生产效率产生显著影响。⑤

陈鸣等（2020）采用 DEA－Malmquist 指数法分析 1995—2016 年衡阳市的数据样本来测算衡阳市农业生产性服务业的效率，结果表明，衡阳市 20 年间农

---

① 楚明钦．农业生产性服务嵌入对农业效率影响的实证［J］．统计与决策，2021，37（24）：75—79.

② 陈军民．农业生产性服务对河南省农业及农民收入影响的实证分析［J］．农村经济与科技，2013，24（07）：34—35＋41.

③ 杨迎亚，翟书斌，周亮亮．粮食主产区农业生产性服务业发展效率评价研究［J］．粮食科技与经济，2015，40（03）：14—16.

④ 乔瑞中，景刚．黑龙江省农业生产性服务业与现代农业关系研究［J］．哈尔滨师范大学社会科学学报，2019，10（04）：1—4.

⑤ 刘明，王瑞波，孙祎琳．农业生产性服务业对农业生产效率的影响研究——以山东省为例［J］．中国农业资源与区划，2018，39（05）：28—35＋136.

业生产性服务业的综合效率平均增长率为1.198%，根据各个农业生产性服务业指数的分解结果可知，技术效率的提高，而不是技术进步，能促进衡阳市农业生产性服务业综合效率的提升。[①]

（二）国外学者的研究

国外学者的研究，主要从不同地区分析不同类型农业生产性服务业对农业的影响和作用机制。对研究内容进行梳理，主要包括：

一是农业咨询服务方面，Benin（2007）对比分析2000—2005年乌干达地区为农民提供农业咨询服务和未提供农业咨询服务的地区，研究发现农业咨询服务在一定程度上避免了统计期间的农业收入降低[②]；Elahi 等（2018）通过对萨戈达地区来自48个村的240位农民的访谈数据进行统计分析，结果指出农业咨询服务显著提高了小麦的生产能力。[③]

二是农业金融服务方面，Gaberalla（2015）对西科尔多凡州恩纳胡德地区贫困的影响因素进行分析，指出农业金融产品是重要的影响因素。[④]

三是农业推广服务方面，Arous 等（2013）对阿尔及利亚农业信息推广现状进行分析，指出通过正式、非正式网络的农业信息推广，能够满足农民对于农业信息的需要；[⑤] Sattaka 等（2017）则对越南400名农民进行访谈，发现农业推广服务促进了糯米的生产。[⑥]

四是农业作业服务方面。Takeshima 等（2017）采用回归法和反向概率加权广义矩法进行实证分析，结果表明，相比于使用拖拉机的农民，没有使用拖拉机

---

① 陈鸣，刘文君，刘升学．衡阳市农业生产性服务业TFP测度与分解研究［J］．南华大学学报（社会科学版），2020，21（01）：21—28.

② Benin S. Assessing the impact of the National agricultural advisory services（NAADS）in the Uganda rural livelihoods［J］．Ifpri Discussion Papers，2007（81）：55—57.

③ Elahi E，Abid M，Zhang L，et al. Agricultural advisory and financial services；farm levelaccess，outreach and impact in a mixed cropping district of Punjab，Pakistan［J］．Land Use Policy，2018（71）：249—260.

④ Gaberalla I A A A. Impact of Rural Financial Services On Food Insecurity and Alleviati on of Poverty，Acase Study of El Nahoud Co—Operative Credit Project，Sudan［J］．2015.

⑤ Arous S A，Araar H，Driouech N，et al. Agricultural extension and advisory services in Algeria at crossroads：pressing problems and innovative solutions［C］//International Symposium agrosym. 2013.

⑥ Sattaka P，Pattaratuma S，Attawipakpaisan G. Agricultural extension services to foster production sustainability for food and cultural security of glutinous rice farmers in Vietnam［J］. Kasetsart Journal of Social Sciences，2017，38（01）：74—80.

的农民在雇佣拖拉机服务后，农业生产回报率得到很大提升。[①]

(三) 农业生产性服务业与农业互动关系的研究

郭沛沛（2013）实证研究发现，从长期趋势来看，农业生产性服务业发展与农业经济增长之间存在着一种双向的因果关系，即农业生产性服务业与农业之间能够相互促进发展。[②]

黄浩等（2019）以1999—2017年我国农业生产性服务业数据为样本，构建农业生产性服务业和农业产业经济增长的VAR模型，采用Johansen协整检验、Granger因果关系检验等方法进行实证分析。结果显示，我国农业生产性服务业与农业产业经济增长之间存在双向因果关系，相互促进，并进一步提出不断完善农业生产性服务业体系以推动农业经济增长的措施。[③]

三、农业生产性服务业的供给和需求研究

(一) 农业生产性服务业需求研究

1. 农户需求研究

我国学者对国内不同地区进行调查，发现不同农户对农业生产性服务业的需求存在差异化。如李显戈等（2015）对安徽、江苏等10省的农户进行调查，统计结果显示，农户表现出对农业生产性服务业较强的需求，尤其是对“增产增效提质省事”的农业新技术产生强烈的需求[④]；王钊等（2015）对重庆市23个区县农户进行调查，研究发现，农户偏好农业产前和产中的农资供应、农机和技术服务，对农产品加工、农业保险、信息等需求较低。[⑤]

吴宏伟等（2016）通过对皖北地区进行调查发现，女性农户对育种与销售服

---

① Takeshima，Hiroyuki. Custom－hired tractor services and returns to scale in smallholder agriculture：a production function approach ［J］. Agricultural Economics，2017，48（03）：363－372.

② 郭沛沛．农业生产性服务业与农业经济增长互动关系实证研究［J］．商业时代，2013（07）：126－127.

③ 黄浩，石研研．我国农业生产性服务业与农业经济增长的实证研究——基于VAR模型的计量分析［J］．中国农机化学报，2019，40（10）：217－221＋231.

④ 李显戈，姜长云．农户对农业生产性服务的需求表达及供给评价——基于10省区1121个农户的调查［J］．经济研究参考，2015（69）：50－58＋100.

⑤ 王钊，刘晗，曹峥林．农业社会化服务需求分析——基于重庆市191户农户的样本调查［J］．农业技术经济，2015（09）：17－26.

务需求较多，而男性农户则更需要信息技术服务；受教育程度高的农户对加工、包装、咨询和电子商务需求多，而受教育程度较低的农户对农资服务、物流、育种技术需求多；规模较大的家庭更倾向于保险、储存、电商服务，且种植时间久的农户对销售服务需求多；上网较频繁的农户更期望获得各生产性服务，且对电商需求更大。[①] 国外学者研究同样指出，在农业科学技术需求方面，农户并不是对所有农业技术都接受[②]，并且农户对农用拖拉机维修服务因季节性等因素影响存在差异[③]。

2. 需求的影响因素研究

现有学者采用 Logit 回归模型等实证分析方法，探究制约农业生产性服务业需求的因素。

张晓敏等（2015）将农户分为农场类户、以农为辅的普通农户和以农为主的普通农户，研究发现，不同农户类型对农业生产性服务业的需求存在差异；农户越容易获得交易费用的信息，越需求相关生产性服务，处于交通条件差和经济发展水平落后地区的农户对生产性服务的需求更强；农业生产决策者禀赋中年龄、健康状况和受教育程度均对农户生产性服务需求意愿产生不同影响，其中受教育程度越高，农户对质量检验服务需求更显著；农户家庭禀赋因素中劳动力数量、社会资本与农户加工包装、咨询、电商、质量检测服务需求存在负相关关系，而农户社会资本并没有对运输销售、储存保鲜、土地流转服务需求产生显著影响。[④] 王丽萍等（2015）实地调查广东省肇庆市高要区蚬岗镇农户对农业生产性服务需求情况，实证分析结果表明，相比于女性农户，男性农户对农业技术、资金和保险服务需求意愿更强；年龄较大的农户对销售服务需求更多；参加培训的农户更需要农业技术、资金、保险与销售服务。[⑤] 庄丽娟等（2011）对广东省荔枝主产区 18 个县的 61 个乡镇种植荔枝的农户进行调查，研究也发现，农户和家庭经济特征会显著地影响农户生产性服务需求意愿，加入专业协会或合作社的农

---

① 吴宏伟，陈志操．皖北地区农业生产性服务业供求评价及发展路径［J］．现代商贸工业，2016，37（28）：8－9.

② Klerkx L.，Leeuwis C.．Matching Demand and Supply in the Agricultural Knowledge Infrastructure：Experiences with Innovation Inter－mediaries ［J］．Food Policy，2008，33（03）：260－276．

③ Juscinski S.，Piekarski W.．Analysis of Seasonal Character of the Demand for Post－warranty Service Repairs of Agricultural Tractors ［J］．Annals of Warsaw Agricultural University，2009（54）：27－33.

④ 张晓敏，姜长云．不同类型农户对农业生产性服务的供给评价和需求意愿［J］．经济与管理研究，2015，36（08）：70－76.

⑤ 王丽萍，罗发恒，陈美萍．广东肇庆蔬菜种植户的农业生产性服务需求及其影响因素［J］．贵州农业科学，2015，43（07）：206－210.

户对农产品购买、销售服务需要更强，且在荔枝播种和销售阶段，与其他农户交流的农户更需要农业信息服务，但对资金服务的需求意愿较弱。[①]

3. 需求满意度

陈美萍等（2015）调查肇庆蚬岗镇农户，指出农户对农业生产性服务的满意度不高。[②] 种植不同农产品的农户对不同种类的农业生产性服务满意度存在差异，如种植农户满意于提供的农资服务和销售服务，而对所提供的农业资金、技术和保险服务不满意[③]；与大规模种植农户相比，中小规模种植客户对农业生产性服务业中各类服务的满意度较高[④]。

（二）农业生产性服务业的供给研究

1. 供给模式

我国学者芦千文（2017）对国内农业生产性服务业供给模式现状进行调查，概括为三种供给模式：[⑤] 一是内生需求诱致模式，即基于农业内部分业分工产生的供给方式，包括部分农业从业者利用剩余服务能力为农业大户或农业企业提供农业生产性服务；由农户分化形成的农机户、信贷专员等各类农业服务专业户，在竞争中或退出市场，或转型升级为专业服务农村的机构或企业等；农民合作组织进行生产、加工和销售经营，拓宽服务增值空间；大学毕业生、返乡农民工等通过电商平台等进行创业，将本地农产品向全国销售；把村民自治、集体经济等与农业生产性服务业相结合，探索发挥集体经济作用的形式。二是外部植入引领模式，即农产品龙头企业、农资生产企业、农村金融机构等涉农组织或平台在发展中融入现代要素，提高服务水平。三是政府保障扶持模式，即政府制定支持性优惠政策以推动农业生产性服务业薄弱环节发展，涉农政府和服务部门协调各农业经营主体，涉农高校和科研机构与企业合作提供技术、咨询和信息等服务，以完善公益性农业生产性服务业的供给。

---

① 庄丽娟，贺梅英，张杰．农业生产性服务需求意愿及影响因素分析——以广东省450户荔枝生产者的调查为例［J］．中国农村经济，2011（03）：70—78.

② 陈美萍，王丽萍，罗发恒．蔬菜种植业农户对生产性服务的需求以及评价研究——以肇庆蚬岗镇为例［J］．广东农业科学，2015（05）：182—186.

③ 史梦，侯冠英，许瑞文，等．种植大户对农业生产性服务业需求满意度研究［J］．江苏科技信息，2016（18）：71—73.

④ 蒲娟，余国新．新形势下农业社会化服务效果评价——基于新疆不同种植规模农户的研究［J］．调研世界，2016（03）：16—21.

⑤ 芦千文．我国农业生产性服务业的业务范围、供给模式和发展对策［J］．农林经济管理学报，2017，16（02）：199—206.

刘俊威等（2019）指出我国农业生产性服务在农村基层中供给存在“过于分散”的特点，主要体现在农机推广站、供销合作社等公共服务部门化，供给分散；多元化经营主体规模小、种类多，缺乏分工和协作；各服务主体农村地区分布较散。这种分散性最终会导致农业生产性服务业供给效率降低。①

2. 供给需求矛盾

目前，我国农业生产主体对农业生产性各类服务产生很大的需求，但农业生产性服务业的供给存在结构失衡、供给不足等问题，无法很好满足农户对各类农业生产和销售过程中服务的需求，如农业机械服务在西南、东南地区供给水平较低，水稻机械种植和玉米机械收获服务的供给也薄弱；② 农业金融和技术服务的供给数量不足，供给质量水平不高，缺乏规范和系统的农资流通服务，总体上农资服务需求强烈，供需矛盾突出；③ 通过对山西、江苏、黑龙江的实地调研发现，技术较高和管理经验丰富的专业涉农企业和龙头企业较少，且供给主体融合不足导致有效供给不足。④

3. 供给问题解决对策

目前，尽管我国政府是向农户提供农业生产相关服务的主体，但仍存在集权程度过高的问题，需要政府下放权力，促进地方政府根据地区特色进行服务改革和建立试验区域；转变政府服务理念，采取间接和科学参与的农业生产性服务供给管理方式。⑤ 刘俊威等（2019）为了解决农业生产性服务业在农村基层供给分散的问题，提出应建立以政府为主导，各类农业生产服务主体积极参与的“大集聚”，⑥ 或者通过互联网建立虚拟集聚形式，逐渐完善供给模式，从而不仅满足不同农户群体的需求，而且有助于优化供给端。

---

① 刘俊威，王宪云．我国农业生产性服务业基层供给方式的滞后性与转型［J］．农业经济，2019（09）：3－5.

② 周振．农产品供求格局和区域分布变化对农业生产性服务业需求变化的影响——以农业机械服务业为例［J］．经济研究参考，2016（51）：13－23.

③ 周风涛，余国新．不同区域视角下的农业社会化服务供求分析——基于新疆 784 户农户的抽样调查［J］．广东农业科学，2014（22）：217－221.

④ 王菲菲，李芸，陈俊红．农户视角下农业生产性服务业存在的问题及应对策略——基于晋、苏、黑三省的调研［J］．农业展望，2020，16（12）：78－84.

⑤ 李俏，王建华．农业社会化服务中的政府角色：转型与优化［J］．贵州社会科学，2013（01）：109－113.

⑥ 刘俊威，王宪云．我国农业生产性服务业基层供给方式的滞后性与转型［J］．农业经济，2019（09）：3－5.

四、农业生产性服务业的效率/水平评价

（一）基于生产要素视角

基于生产要素视角的研究，主要是通过建立农业生产性服务业投入要素和产出要素的指标体系，构建对应的模型，来评价农业生产性服务业的发展效率。

从目前研究来看，国内学者们探究了省级和市级层面农业生产性服务业发展效率的高低，只是采用了不同的研究方法，具体包括：

1. 采用DEA模型进行效率评价

翟书斌等（2015）采用主成分分析法选择农业生产性服务业从业人员数和政府投入作为采用DEA模型测量农业生产性服务业效率的投入指标，农业增加值和农业生产性服务业增加值则作为产出指标，研究结果表明，2004—2012年，河南省农业生产性服务业的综合效率较高，其中存在3年DEA无效，且均由纯技术和规模效率共同导致。此外，结果显示河南省各市综合效率差距较大，规模和纯技术效率普遍没有达到最优状态。①

陈倩倩等（2017）同样采用DEA模型分析安徽省农业生产性服务业的效率，将农村居民收入和农林水事务财政支出作为投入指标，农业增加值和农业生产性服务业增加值作为产出指标，实证结果表明，安徽省2011－2015年规模效率导致DEA无效，且省内各市综合效率差距明显，多数市的规模效率和技术效率都低于1，处于无效状态。②

曹文佳等（2019）以2008－2017年吉林省的数据为研究样本，以农村人均可支配收入、农业生产性服务业从业人员数、政府投入为投入指标，以农业增加值和农业生产性服务业增加值为产出指标，采用DEA方法，实证结果显示，只有2010年和2017年的综合效率小于1，且2010年的综合效率无效，由纯技术效率和规模效率共同导致，2017年的则由规模效率导致，并从资金投入、产业集聚和农业流通体系等方面提出提高吉林省农业生产性服务业发展效率的措施。③

杨迎亚等（2015）与以上研究选取同样的产出指标，投入指标为农业生产性服务业从业人数和政府投入，对2004－2012年河南省省级时间序列数据进行统

---

① 翟书斌，杨迎亚．河南省农业生产性服务业发展效率评价［J］．河南工业大学学报（社会科学版），2015，11（02）：22－27.

② 陈倩倩，韩玉刚．安徽省农业生产性服务业现状及发展效率评价［J］．中国农学通刊，2017，33（25）：157－164.

③ 曹文佳，林月怡．吉林省农业生产性服务业发展效率评价［J］．粮食科技与经济，2019，44（10）：123－124.

计分析，研究发现，9年期间河南省农业生产性服务业发展的综合效率平均值为0.979，2006年、2007年和2009年的综合效率表现为DEA无效，究其原因，都为纯技术效率和规模效率均无效，而2011年综合效率无效是由于纯技术效率无效，据此从体制机制、人才战略、企业创新、经营方式等方面提出促进河南省农业生产性服务业效率提高的对策。[①]

2. 利用中间投入比例和消耗系数评价发展水平

李天娇（2018）基于投入产出表并计算消耗系数，结果表明，相比于美国、日本，我国农业生产性服务业以销售、物流等硬投入为主，有消耗软投入的趋势。[②] 蓝梦芬（2016）以广西壮族自治区为例，基于2002年、2007年、2012年的投入产出表进行分析，实证结果表明，广西壮族自治区农业生产性服务业总体发展水平较低。[③]

（二）基于产业融合视角

基于产业融合视角的投入产出研究，一般是将农业生产性服务业行业细分，计算各细分行业对农业发展效率的影响。

根据OECD数据库的分类，将服务业中的交通运输与仓储、批发与零售、租赁与商务服务、邮政通信、金融服务、计算机服务与软件、研究与实验发展、教育服务8类划归到农业生产性服务业，其他为非农业生产性服务业。由于现有统计资料缺乏各服务行业在农业方面投入的精确数据，在测量农业生产性服务业发展效率时，更多采用DEA－Tobit两阶段模型，先在三阶段DEA模型基础上用农业投入产出指标数据测量出农业发展效率，再用Tobit模型，采用行业变量[④]或农村固定资产投资各方向投资变量[⑤]来代替农业流通服务、农业信息服务、农产品营销服务、农业金融服务、农机技术推广服务变量，从产业融合角度测量各类农业生产性服务业对农业发展效率的影响。这种方法将农业生产性服务业行业细分，可观测各细分行业投入产出效率，但指标数据可得性不高，只能用替代

---

① 杨迎亚，翟书斌，周亮亮．粮食主产区农业生产性服务业发展效率评价研究［J］．粮食科技与经济，2015，40（03）：14－16.

② 李天娇．基于投入产出视角分析我国农业服务业发展趋势［J］．现代管理科学，2018（04）：30－32.

③ 蓝梦芬．广西农业生产性服务业发展研究：基于投入产出表的分析［J］．时代金融，2016（09）：35－37.

④ 李慧，阴朋莉．基于DEA－Tobit模型的生产性服务业对农业生产效率的影响：以河南省为例［J］．技术与创新管理，2016，37（06）：678－683.

⑤ 刘明，王瑞波，孙炜琳．农业生产性服务业对农业生产效率的影响研究：以山东省为例［J］．中国农业资源与区划，2018，39（05）：28－35＋136.

变量，且各细分行业具体如何影响农业效率，还需进一步深入研究。

五、农业生产性服务业发展模式

现有学者主要从整体层面和具体层面研究农业生产性服务业的发展模式，主要包括以下内容。

（一）整体层面的发展模式

学者从整体层面视角研究和总结农业生产性服务业的发展模式，研究如下：

1. 广东模式

张振刚等（2011）分析广东农业专业镇，指出其农业生产性服务业发展呈现出三种模式：

一是政府主导模式。即政府投资建立信息、产学研、技术等平台，为农户和农业经营企业提供一系列的农业生产性服务。这种模式主要存在于经济发展水平较低的地区，如凤凰种茶专业镇，原因在于这些地区的农业企业对农业生产性服务业的需求规模较小，不足以吸引相关企业进入提供，且没有能力建立相应的服务体系。

二是政府引导、企业化运作模式。即政府制定政策进行引导和支持，采取企业化运作方式，向农业生产经营者提供相应的生产性服务，并促进外部形成专业化的农业生产性服务市场。

三是产业区模式。即构建服务各农业专业镇的大型综合性农产品交易中心、技术创新中心和物流配送中心，从而突破地域限制，实现各专业镇同类产业合作共赢和互补产业的协同发展。

2. 河南模式

肖卫东等（2012）主要探究了河南省农业生产性服务业的发展模式，具体包括四种：

第一种是政府主导的公共农业生产性服务模式。以政府部门和涉农组织为主体，构建满足不同农户对水利基础设施、农机、农业技术等服务的需求，促进公益性农业生产性服务业的发展。

第二种是农民专业合作社主导的内在扩展模式。该模式依托农业专业合作社，扩大服务范围，进而扩展到良种培育、害虫防治、农产品加工、营销等服务。[①]

第三种是依托龙头企业的外部拉动模式。具体包括“企业＋种植基地＋农户”模式，即农业龙头企业向基地农民提供资金、良种、技术等服务，基地农民负责农产品种植，龙头企业则与基地农民签订合同，以购买农产品；“企业＋农民合作组织＋种植基地＋农户”模式，即农民合作组织在农民和农业龙头企业之间充当“掮客”，即作为中介机构，负责为农民提供技术、种植指导等服务，且为龙头企业提供收购、简单加工、配送服务等，龙头企业则将从农民处采购的农产品进行再次加工和销售；“企业＋农业园区＋农户”模式，即龙头企业自主建立农业园区，为农民提供农产品生产过程中的综合配套服务，农民在农业园区种植农产品。

第四种是市场与新型农业服务组织模式，包括建立农产品批发市场和农业服务公司市场化运作。

（二）农业流通与物流发展模式

1. 基于提供物流服务主体视角的四种模式

现有学者从提供物流服务的主体视角将我国物流服务模式分为四种类型，具体为：

第一，以农产品加工企业为主体的模式。即以当地农产品加工龙头企业为主导，能够提供精细化程度高、费用较低的加工服务，但存在的不足之处在于物流、配送等服务能力和辐射范围有限。

第二，以农产品流通企业为主体的模式。即以农产品连锁企业、配送中心作为主要流通企业，倾向于选择农业种植大户、农业生产基地等以获得稳定的农产品供给，对生产技术、农药残留量、农产品等制定严格的标准，但只是单向流通，缺乏城市向农村地区的农产品流通。

第三，以农产品批发中心为主体的模式。即该模式中的农产品批发中心以批发为主，具有工商税务、产品检测、市场管理等功能，并能够反映农产品的供需情况，但信息不对称导致消费者利益受到批发商的侵害。

第四，以农产品物流企业为主体的模式。即龙头物流公司作为农产品物流服务的主要承担者，利用自身的信息平台为农业生产者提供在线交易、价格信息、物流等服务，在该种模式下，农户、批发商和加工企业能够集中资源提高自身核

---

① 肖卫东，杜志雄．农业生产性服务业发展的主要模式及其经济效应：对河南省发展现代农业的调查［J］．学习与探索，2012（09）：112－115.

心竞争力，并进一步构建促进城乡双向流通的农业物流模式。[①]

2. 其他视角模式

此外，基于不同研究视角，学者们提出了不同模式，具体包括：

（1）依托农业产业合作经济组织的农产品流通模式。一是农业产业合作组织与中间商对接的产销模式，即通过中间商销售农户种植的产品；二是与消费者直接对接的产销模式，即考虑到风险和能力的限制，处于初期发展的农业合作经济组织使农产品进入超市、农产品龙头企业等，进而直接接触终端消费群体。随着实力获得增加后，再建立销售终端，提高农产品的附加价值。[②]

（2）低碳背景下城乡双向流通的农产品物流模式。政府为主导，建立基于产业链农业利益相关者的政府公共信息平台；为响应市场变化，构建基于核心企业，使农户和市民满意，实现企业、农户、政府与市民共赢的“双向驱动”供应链。

（3）供应链视角下农产品批发市场为核心的模式。该模式构建包括农产品生产层、服务层、流通服务层、消费服务层和消费层的服务网络，在实际运作中实现农产品市场信息共享、服务组织在横向上整合和在纵向上事先集成，进而达到提供高品质、安全性高农产品的目的。[③]

（4）农产品渠道合作联盟模式。包括合作社指导下的农户联盟（农户之间共同采购农药、饲料、种植、耕耘等）、农产品加工企业联盟（企业之间共同采购和使用包装、冷藏设备、产品搭配销售等）、营销企业的流通联盟、超市的纵向直销联盟。[④]

（三）农业保险经营模式

现有学者研究分析，归纳出我国目前存在以下主要的农业保险模式，具体包括：

1. 商业保险企业和政府合作模式

以江苏省为代表，地方政府与保险企业签订共保协议，其中收入、责任、赔

---

① 罗兴武．低碳视角下城乡双向商贸流通农业物流模式构建［J］．商业经济，2012（03）：21－23.

② 钱淼，李中华，王伟．“产销对接”与“产消对接”模式的比较与适用性分析——基于对合作社农产品流通路径的考察［J］．市场营销，2013（05）：47－49.

③ 庄晋财，黄群峰．供应链视角下我国农产品流通体系建设的政策导向与实现模式［J］．农业经济问题，2009（06）：98－103.

④ 赵晓飞，田野．我国农产品流通渠道模式创新研究［J］．商业经济与管理，2009（02）：16－22＋91.

付都按对半比例进行分配。该模式促使政府与保险公司形成优势互补，不仅能够发挥政府引导的优势，而且能够激发保险公司为种植农户提供保险服务的积极性。

2. 专业农业保险企业独家经营模式

以上海市为代表，地方政府不参与农业保险服务，但通过建立引导和支持保险公司的规范制度，间接对保险公司进行监督管理。

3. 农业保险互助模式

以黑龙江省为代表，政府进行引导，给予一定的财政补贴，开始发展为农户自愿参与成立农业保险组织的初级形式，进而发展到高级形式，即农业相互保险公司，实行合作制。

4. 引进外资或合资保险公司模式

以四川省为代表，引进专业外资保险企业，利用其成熟的保险服务体系，为本地农户提供专业全面的农业保险，但存在网络渠道不足的问题。

5. 政府支持的商业企业组织经营模式

以北京市为代表，政府给予资金补贴，提供理赔技术服务等，但不负责经营管理，具体经营管理由保险公司负责。

6. 农业保险财政补贴模式

此外，我国其他学者进行了更加具体的研究，主要集中于农业保险财政补贴模式。郭颂平等（2011）认为应该构建中央财政一省级财政一市级财政一县级财政的农业保险财政体系。[①] 高子清等（2016）提出返还保费基金分红型模式，即政府提供补贴给保险公司，促使其降低保费，激发保险公司为抵押能力弱的农户提供农产品保险。并明确政府、保险公司和农户三方职责，建立紧密联系和合作共赢的共同体。[②]

（四）农业科技推广模式

我国学者分析指出，目前我国农业科技推广模式主要包括推广机构主导模

---

① 郭颂平，张伟，罗向明．地区经济差距、财政公平与中国政策性农业保险补贴模式选择［J］．学术研究，2011（06）：84－89＋160.

② 高子清，张金萍．政策性农业保险经营模式创新与保障：以返还保费基金分红型模式为例［J］．学习与实践，2016（07）：37－43.

式、政府科技项目模式、市场引导模式。

基于此，学者梳理和总结了不同地区的创新农业科技推广模式，如揭筱纹等（2009）分析指出我国农业科技成果推广中存在农户和农业企业对农业成果接受度低、成果转化和推广评价体系不健全、资源投入不足的问题，并提出四种推广模式。[①]

1. 模式一：链动推动模式

即农业推广机构通过合同形式将农业科技推广外包给农业龙头企业，并且，农业龙头企业也与农户签订合同，提供科技支持，统一收购农户在企业定期的监督和审查下生产的符合标准的农产品，从而降低农户生产风险；在推广阶段，农业龙头企业与高校、科研机构合作，由高校提供推广的技术支持，投入资金资助高校、科研机构持续进行农业新技术研发；在整个以上参与者构成的互利链条中，政府发挥监督整个过程、制定农产品安全质量标准并定期检查以区别产品质量的作用。

2. 模式二：推广成效承包模式

即农业推广机构与农业企业签订承包农业科技推广服务的合同，农业推广机构建立考核标准，农业企业承诺完成承诺的推广效果，从而根据完成情况获得相应报酬；农业企业与农户同样签订承包协议，明确双方职责，企业负责提供一系列的技术支持工作，农户承担农产品种植，一旦农作物成长低于预期，企业要对农户进行补偿。

3. 模式三：“配电盘”推广模式

指建立交易平台，采取市场化形式以吸引科研机构通过平台将科研成果对接农户或农业生产企业，从而实现在农业科技成果方面供需对接。

4. 模式四：园区示范推广模式

指政府、高校或科研机构、农业企业、农业推广机构共同建立科技园区，其中政府承担引导职责，企业负责运营，且在科技园区展示最新科技成果。何得桂（2013）分析农业科技推广模式中的依托高校的“农林科大模式”[②] 的本质、实施的经验，并探究该模式的可移植性。

---

① 揭筱纹，程君凤．农业科技成果推广模式优化探索［J］．农村经济，2009（02）：90—94.

② 何得桂．“农林科大模式”：大学农业科技推广的典型经验［J］．农业经济，2013（09）：111—113.

（五）农业信息服务模式

农业信息服务的有效供给能够促进农产品的营销，我国学者们对不同地区农业信息服务提供方式进行了梳理。张晋平（2012）分析指出，我国存在政府主导、企业主导和“政府＋企业”混合模式。[①] 随着近年来网络技术的发展，为了促进互联网与农业信息服务供给的融合，王斌等（2012）分析了以延安为代表的“148”农业信息服务模式，[②] 其中1代表构建服务“三农”与宣传农业的延安信息网络服务平台；4代表四种方式，即依托平台实现信息推广、提供专家咨询、进行专辑辐射和深入农村宣传指导；8指八个途径，包括各级农业网站、手机短信、12316“三农”热线、新农村综合视讯平台、现代农业科技专题片、技术培训、信息简报、信息员和农民专业合作社。王娟（2017）提出了移动网络下的农业信息服务模式，[③] 包括：架构方面，即信息提供者将服务内容通过媒介传递给信息接收者，并实现双向互动；要素方面，由政府企业相互配合的主体、特殊的服务内容、依托手机的各种媒介渠道和农户、农业企业等信息服务受体构成；内容方面，涉及政企合作的保障机制、包含各种信息的数据库群、推广策略、针对信息服务主体的技能培训。张浴华（2018）提出基于互联网和云计算的农业信息服务模式，[④] 该模式强调要坚持不断引入、利用物联网和云计算技术的农业信息服务理念，构建和完善各地、各级与各类农业信息服务组织相互合作、共赢的信息服务体系，以及通过增加研发投入、促使涉农部门与研发机构合作，以推动农业信息服务系统优化。

六、互联网背景下农业生产性服务业的发展

国内学者们基于互联网迅速发展的背景，研究农业生产性服务业如何借助互联网促进农业迅速发展，主要研究包括：

一是互联网促进农业生产性服务业业态创新。李国英（2015）从产业链视角分析指出互联网与农业的融合促进农产品电商平台的催生，以及金融产品等农业

---

① 张晋平．我国农业信息服务模式的生产条件与发展特点［J］．中国信息界，2012（04）：12－14.

② 王斌，刘勤朝，韩洪芳，等．新型农业信息服务模式研究［J］．安徽农业科学，2012，40（35）：17386－17389.

③ 王娟．基于移动网络的农业信息服务模式研究［J］．江苏科技信息，2017（18）：3－5.

④ 张浴华．物联网与云计算环境下的农业信息服务模式构建［J］．农业工程，2018，8（09）：24－26.

生产性服务业新业态的产生[①]。黄天龙等（2015）指出互联网能够显著地促进农资、生鲜和农村电商的发展[②]。

二是互联网促进农业生产性服务业商业模式创新。Soriano 等（2012）认为互联网创新农产品营销方式，并催生农业众筹、众包等农业生产性服务业的新模式。[③] 马秋颖等（2016）认为互联网环境下催生农业生产性服务业新模式，即基于互联网产业链纵向与横向整合的“1＋2＋3 产业链条发展”模式和基于互联网的资金、电商和服务整合的“1×2×3 产业平台”发展模式。[④]

第二节　农业生产性服务业研究述评及展望

在前述对文献的整理的基础上，本节对现有关于农业生产性服务业相关研究进行总结和梳理，并进行研究展望。

一、研究述评

通过对现有农业生产性服务业各方面研究的总结，可以了解到，现有相关研究主要集中于农业生产性服务业对农业的作用机制、农业生产性服务业供给和需求、农业生产性服务业发展水平和发展效率的水平测量、农业生产性服务业发展模式以及互联网对农业生产性服务业发展的影响等方面。在上一节研究综述的基础上，现在对农业生产性服务业的研究内容进行归纳与评价。

（一）农业生产性服务业的概念方面

尽管在农业生产性服务业概念的界定上，不同学者从不同视角表述了不同观点，没有形成统一的概念，但可以发现，现有研究都认为农业生产性服务业为农业生产的产前、产中和产后提供一系列的服务，提高产品附加价值。

---

① 李国英．“互联网＋”背景下我国现代农业产业链及商业模式解构［J］．农村经济，2015（09）：29－33.

② 黄天龙，罗永泰．互联网服务业平台式泛服务化创新内涵与模型构建［J］．财经问题研究，2015（03）：24－32.

③ Soriano D R，Ribera T B，Alcam R L，et al. Social networks and Web 3.0：their impact on the management and marketing of organizations［J］. Management Decision，2012，50（10）：1880－1890.

④ 马秋颖，王秀东．“互联网＋”对农业六次产业化发展的影响及推进策略［J］．农业展望，2016（10）：48－52.

（二）农业生产性服务业对农业的影响研究

现有国内研究主要从农民收入、农业产业结构、农业效率等方面对农业进行分析，从而实证探究农业生产性服务业对农业各方面的影响。虽然总体上都能证明，农业生产性服务业对提高农民收入、调整农业产业结构以及提高农业效率有正向影响，但在农业生产性服务业各细分行业对农业的影响上并没有得出一致的结论，本著作认为主要原因在于各地区研究对象的数据及发展水平存在差异。

（三）农业生产性服务业供给与需求研究方面

研究发现我国农业生产者对农业生产性服务需求较大，但并没有对提供的各项农业生产性服务满意度较高，究其原因主要在于供给与需求不匹配，即农业生产性服务业供给数量不足及供给结构不合理。因此，为提高农业生产者对我国农业生产性服务业的满意度，应不断进行供给侧结构性改革，调整供给模式。

（四）农业生产性服务业的效率研究方面

国内学者基于投入产出视角测量我国不同省的农业生产性服务业的效率，只是在投入产出指标选取方面存在差异，基本分成两种研究思路。一种是从生产要素角度入手，通过对农业生产性服务业生产要素的投入和产出进行效率研究；另一种是从产业融合角度入手，通过研究农业生产性服务业与农业的融合发展效率，来判断农业生产性服务业对农业的发展效率。从现有研究仍可以发现，被研究省或市的农业生产性服务业综合效率存在较大差异，且总体发展水平较低。因此，我国仍需探究提高农业生产性服务业发展效率的路径。

（五）农业生产性服务业发展模式研究方面

发展模式的研究上，我国学者主要从两个层面入手研究，一方面从农业生产性服务业整体层面总结我国不同地区的农业生产性服务业发展模式；另一方面从农业科技、物流、保险等细分行业层面总结和构建农业生产性服务业发展模式。

（六）互联网促进农业生产性服务业发展研究方面

我国学者进行理论分析和案例研究，指出互联网有助于推动农业生产性服务业助力农业发展，且指出“互联网＋农业生产性服务业”是未来农业发展趋势。

总体来看，现有研究分析较全面，内容方面涉及农业生产性服务业各细分行业，研究方法多采用理论方法分析农业生产性服务业的供给、需求和发展模式，实证分析方法则多用来研究农业生产性服务业在整体层面和局部各细分行业层面对农业生产效率、农业发展水平和农民水平等农业各方面的影响。

二、研究展望

通过上述梳理，本著作认为现有关于农业生产性服务业的研究仍有待进一步完善之处，需要在未来进行探讨。

（一）丰富农业生产性服务业与农业融合发展的研究内容

现有学者目前主要从省级层面分析农业生产性服务业对农业发展各方面的影响机制，很少见从产业融合视角进行时间序列上融合效果的研究。根据学术界对生产性服务业的界定和《关于加快发展服务业的若干意见》文件，农业生产性服务业主要包括农资配送、农产品质量与安全服务、信息、金融保险、营销、科技服务等，现有研究中对农业生产性服务业子系统与农业之间的融合状况方面的研究较少，即缺少相关文献资料。

（二）完善农业生产性服务业发展效率的研究方法

现有对农业生产性服务业效率的研究方法多采用一阶段 DEA 模型，多数没有考虑环境变量，如政府政策导向、产业结构、城镇化水平等对农业生产性服务业发展水平的影响。因此，本著作认为，为了进一步丰富农业生产性服务业的研究，一方面随着近年来我国各地加快了农业生产性服务业与农业的融合，有必要分析农业生产性服务业子系统与农业的融合效果，探究融合的不足方面；另一方面对农业生产性服务业效率的测定应采用三阶段 DEA 模型，剔除环境变量和随机因素的影响，以获得相对准确的农业生产性服务业发展效率。

（三）研究要跟上时代要求

从互联网在各行各业的应用与影响来看，“互联网＋”是产业发展的改革方向与必然趋势。现有对互联网背景下我国农业生产性服务业的研究还处在起步阶段，文献资料不多，且多围绕“互联网对农业生产性服务业的影响及对策”“互联网促进农业生产性服务业发展的机制”和“互联网背景下农业生产性服务业的一般发展模式”等展开研究。然而，我国不同地区农业发展特色不同，并且农业生产性服务业的供给和需要也存在地区差异，未来研究可以着重探究结合地区特点的互联网促进农业生产性服务业的发展模式。

第二篇

河南省农业生产性服务业发展效率评价与实证分析

第四章 河南省农业生产性服务业发展现状

从第一篇章的探讨可知，农业生产性服务业发展滞后，是我国一二三产业融合发展进程中的主要问题所在，而产业融合发展是我国现代农业和农业供给侧改革的重要路径和关键。因此，农业生产性服务业是我国农业供给侧改革和现代农业发展的短板问题和瓶颈，这样的情况在河南省同样存在。大力发展农业生产性服务业，是推进河南省农业供给侧改革的必经之路。

本部分将对河南省农业和农业生产性服务业的发展现状进行研究，从河南省统计年鉴可知，从 2002 年才开始统计农林牧渔服务业的数据。为了和农林牧渔服务业统计口径保持一致，本著作研究的农业为广义农业，即包括农、林、牧、渔业，且基于多种指标数据的可得性，数据的选取多是从 2006 年开始。

第一节 河南省农业发展现状

农业生产性服务业的服务对象是农业，农业产出情况也与农业生产性服务业发展程度分不开，在剖析河南省农业生产性服务业发展现状之前，本著作先对该地区农业发展状况进行分析和研究。

一、农业生产总体情况

从地理位置上看，河南省地处中原，农业生产条件优越，阳光充足、水资源丰富、土壤肥沃，这些天然条件为农作物的种植奠定了良好的自然环境基础。河南省作为农业大省，粮、棉、油等主要农作物产量均位居全国前列，也是我国高质量农产品生产基地之一。2018 年，河南省农、林、牧、渔业增加值达到 4 478.54亿元，同比增长了 3.8%。其中，粮食产量稳中有增，2018 年全省粮食产量 6 648.91 万吨，占全国粮产的 10.1%，比 2017 年增加了 124.66 万吨，同比增长 1.9%。河南省一方面持续推进高标准粮田建设，另一方面加快调整粮食生产结构，在稳定冬小麦种植面积的基础上，加快恢复大豆生产，推进优质水稻、甘薯及杂粮生产。河南省作为农业大省，随着产业结构的调整，2018 年三次产业结构比例为 8.9∶45.9∶45.2，但对农业的投资处于劣势，这不太利于河南省推动现代农业的发展。

二、农业生产条件逐渐改善

（一）农业生产条件的范畴

农业生产条件主要包括自然条件、社会经济条件、技术装备条件等。具体来讲，农业生产自然条件包含光热、水分、土地与生物条件等；社会经济条件包含社会经济发展历史、人口劳动力、交通运输、工业和城镇基础条件等；技术装备条件则包含农业技术装备、技术水平与劳动素养等。从统计年鉴看，农业生产条件的统计更侧重于自然条件和技术装备条件视角，尤其是技术装备条件。

（二）河南省农业生产条件的变化

表 4-1 中，对比 2000 年和 2018 年，农用机械总动力从 5 780.60 万千瓦，增长到了 10 204.46 万千瓦，增长了 76.53%；农村用电量从 125.80 亿千瓦时，增长到了 330.59 亿千瓦时，增长高达 162.79%，其他如灌溉面积、化肥施用量、农用柴油使用量、农药施用量、农用塑料薄膜使用量等都有大幅提高，农业生产条件在不断改善。观察近几年数据，从 2010 年到 2018 年，农业生产条件逐渐趋于稳定，但也可以看出随着城镇化的发展，耕地面积在逐渐减少，多种农业生产条件的统计量也出现波动，农用机械总动力和农村用电量呈“N”字形走势，在 2015 年使用量达到最高值，2016 年快速回落以后又慢慢增长；化肥施用量、农用柴油使用量、农药施用量、农用塑料薄膜使用量则是呈“∧”形走势，在 2015 年，甚至更早年份达到最大使用量后开始逐渐回落。这些变动，一方面是耕地面积减少所产生的连锁反应，另一方面也在说明，农业生产条件逐渐向科学化转变，河南省的传统农业在向现代农业转型。

表 4-1　2010—2018 年河南省农业生产条件的变动情况

（2000 年、2005 年作为参照对比）

年份	耕地面积（千公顷）	农用机械总动力（万千瓦）	灌溉面积（千公顷）	化肥施用折纯量（万吨）	农村用电量（亿千瓦）	农用柴油使用量（万吨）	农药施用实物量（万吨）	农用塑料薄膜使用量（万吨）
2000	6 875.25	5 780.60	4 725.31	420.71	125.80	79.56	9.55	9.19
2005	7 201.20	7 934.20	4 864.12	518.14	172.15	89.79	10.51	10.84

续上表

年份	耕地面积（千公顷）	农用机械总动力（万千瓦）	灌溉面积（千公顷）	化肥施用折纯量（万吨）	农村用电量（亿千瓦）	农用柴油使用量（万吨）	农药施用实物量（万吨）	农用塑料薄膜使用量（万吨）
2010	8 177.45	10 195.88	5 080.96	655.15	269.41	107.90	12.49	14.70
2011	8 161.90	10 515.79	5 150.44	673.71	281.82	107.92	12.87	15.16
2012	8 156.71	10 872.73	5 205.63	684.43	290.03	111.07	12.83	15.52
2013	8 140.71	11 149.96	4 969.11	696.37	305.42	113.40	13.01	16.78
2014	8 126.06	11 476.81	5 101.74	705.75	313.23	116.00	12.99	16.35
2015	8 105.93	11 710.08	5 333.90	716.09	321.01	114.70	12.87	16.20
2016	8 111.01	9 858.82	5 360.30	715.03	317.23	112.40	12.71	16.31
2017	8 112.28	10 038.32	5 389.79	706.70	328.82	108.80	12.07	15.73
2018	8 158.29	10 204.46	5 408.31	692.79	330.59	103.92	11.36	15.28

数据资料来源：河南省统计年鉴（2001—2019）。

三、农业增长趋于平稳

农业产值可直观反映河南省农业生产的总规模和总水平。就农、林、牧、渔业总产值来看，在文中统计数据期间，2010—2018 年一直处于正增长状态，但从 2015 年开始增长速度明显变缓，即使 2018 年农、林、牧、渔业产值增速有所提升，增长率也在 2.6%以内，这说明河南省农、林、牧、渔业发展劲头呈现不足的状态。另外，从 2010 年开始，农业产值占农、林、牧、渔业的比重一直在 58%以上，这说明，河南省的农业一直在全省农、林、牧、渔业中占据着主导地位。

单看农业产值，2010—2018 年总体在平稳中上升，即使 2016 年出现负增长，农业产值下降 44.42 亿元，下降幅度为 0.99%，但并未呈现大幅下跌波动，这说明河南省农业生产总水平还比较稳定。

通过表 4-1 可以看出，河南省耕地面积 2010—2015 年一直在逐年减少，2016—2018 年有所回升，灌溉面积在耕地面积中的比重从 2000 年以来均低于 70%，有效灌溉面积比例不高，这肯定会影响农作物产量进一步影响农业产值；再加上，从 2015 年开始，化肥施用量、农用柴油使用量、农药施用量、农用塑料薄膜使用量均在下降，这些在一定程度上影响了农业产值的增速。

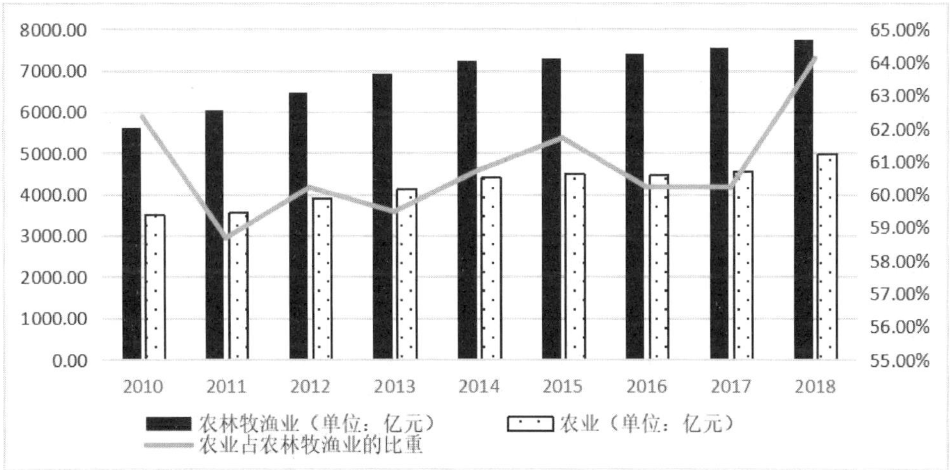

数据资料来源：河南省统计年鉴（2011—2019）。

图 4-1　2010—2018 年河南省农业产值的变动情况

四、粮食产量波动增长

河南省统计年鉴数据显示，河南省主要农产品包括稻谷、小麦、玉米、谷子、高粱、大麦和豆类，从产量上看，2018 年河南省粮食总产量达到 6 648.91 万吨，比 2017 年增长了 1.91%，比 2010 年高出了 22.28%；每亩平均产量，从横向看，一直高于全国平均产量至少 30 公斤，从纵向看，从 2012 年的 482.09 公斤，到 2017 年的 536.16 公斤，一直保持着正增长。

（一）增长率情况

从增长率来看，从 2010 年到 2018 年，河南省粮食总产量一直保持不同程度的正增长，平均增长率为 2.8%，但 2012 年增长达 6.42%，2017 年增长则只有 0.40%；2012—2018 年期间，每亩平均产量增长率的平均值为 2.24%，但在 2015 年达 5.75%，2016 年却仅为 0.37%。可以看出，粮食总产量增长率和每亩平均产量增长率波动都比较大，这说明河南省粮食生产中存在着一些不稳定因素，包括旱涝灾害、气候不稳定、农作物结构调整等因素。

（二）主要农产品产量情况

图 4-2 中，从主要农产品产量看，近几年稻谷总产量稳定，这与种植区域的局限相关。小麦总产量稳中有升，玉米总产量也在缓慢攀升，但玉米增长中的波动相对较大，这说明，河南省的粮食生产结构在逐步调整。总体来说，河南省作为农业大省，粮食产量居全国前列，这为国家粮食安全保障做出了较大贡献，但

粮食总产量上涨速度放缓，上涨空间有限。

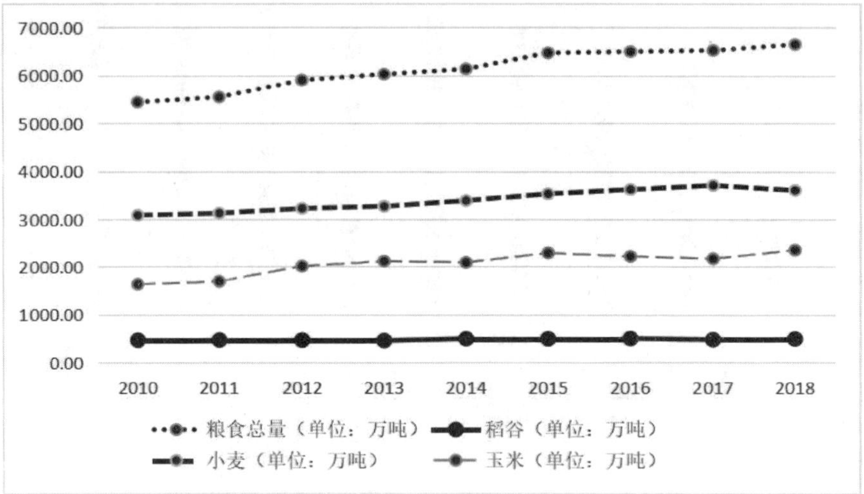

数据资料来源：河南省统计年鉴（2011—2019）。

图 4-2　2010—2018 年河南省粮食总产量及主要农产品产量的变化情况

表 4-2　河南和全国每亩粮食主产品产量

年份	河南省每亩平均产量（公斤）	全国每亩平均产量（公斤）
2012	482.09	451.35
2013	493.31	444.67
2014	503.20	470.93
2015	532.14	467.41
2016	534.09	457.13
2017	536.16	468.72

数据资料来源：全国农产品成本收益资料汇编 2018。

五、主要农产品成本收益不够理想

从河南省统计年鉴可知，河南省主要农产品产量排名靠前的是蔬菜及食用菌、小麦和玉米。在《全国农产品成本收益资料汇编》中，由于未收录食用菌的成本收益情况，对蔬菜成本收益资料的汇编也只涵盖各地区主要蔬菜品种的情况，主要收编了西红柿、黄瓜、茄子、花椒、圆白菜、大白菜、马铃薯、萝卜和豆角的种植数据，因此，很难获取蔬菜及食用菌成本收益的全面资料，所以，对于主要农产品成本收益情况，本著作只分析《全国农产品成本收益资料汇编》收录的小麦和玉米。

(一) 小麦成本收益情况

分析每亩小麦的成本收益情况，2017 年河南省每亩小麦产量为 476.15 公斤，比全国每亩小麦产量的 423.54 公斤高出 52.61 公斤，但总产值仅高出 60.14 元，这说明河南省每亩土地的副产品产值较低；河南省每亩小麦总成本 1 085.50 元，高于全国每亩总成本 77.86 元，其中生产成本为 792.51 元，比全国平均水平低 8.01 元，土地成本却高出 85.87 元，因此，每亩小麦净利润为亏损，利润值为—11.62 元，在产量高于全国平均水平的情况下，净利润却比全国平均水平低 17.72 元。

这说明了两个问题，一是从《全国农产品成本收益资料汇编》中的数据可以看出，河南省每亩粮食产值中副产品产值低于全国平均水平，总产值主要是依靠主要农产品产值，典型的“主强副弱”；二是由于河南省人口数量庞大，人均可耕地较少，土地成本远高于全国平均水平。这些问题共同导致了河南省每亩小麦净利润低于全国水平。

(二) 玉米成本收益情况

进一步分析每亩玉米的成本收益情况，如表 4-3 所示，和小麦不同的是，2017 年河南省每亩玉米产量为 479.47 公斤，比全国平均水平低 22.06 公斤，相应的，产值也比全国平均水平低 53.07 元；河南省每亩玉米总成本为 986.53 元，比全国平均总成本 1 026.48 元低 39.95 元，其中生产成本为 697.42 元，比全国平均水平足足少了 118.76 元，但土地成本却高出 78.81 元，净利润与全国平均水平一样为亏损，只不过比全国平均水平还要低 13.12 元。

同样的，在小麦成本收益中反映出的“副产品产值低、土地成本高”两个问题在玉米成本收益中依然存在。

表 4-3　2017 年小麦玉米成本收益情况

地区 农作物	产量 （公斤）	产值	总成本			净利润 （元）	成本利润率 （%）
			总计 （元）	生产成本 （元）	土地成本 （元）		
全国小麦	423.54	1 013.74	1 007.64	800.52	207.12	6.10	0.61
河南小麦	476.15	1 073.88	1 085.50	792.51	292.99	—11.62	—1.32
全国玉米	501.53	850.69	1 026.48	816.18	210.30	—175.79	—17.13
河南玉米	479.47	797.62	986.53	697.42	289.11	—188.91	—19.15

数据资料来源：全国农产品成本收益资料汇编 2018。

（三）主要农产品成本收益特征

通过分析河南省每亩小麦和玉米的成本收益，发现有以下特点：第一，河南省农作物成本收益情况不容乐观，利润率均低于全国水平；第二，河南省粮食作物种植中副产品少，每亩土地产值主要依靠主产品，粮食生产结构调整中要注意主副产品的结合；第三，河南省土地成本高，这是个客观问题；第四，好的方面是，河南省每亩粮食的生产成本均低于全国水平，这可能和人力成本相关，也可以说明河南省粮食生产中的技术水平和管理水平较好。

第二节　河南省农业生产性服务业投入产出现状

衡量一个地区农业生产性服务业的发展状况，可以有不同研究视角，本文选择从宏观和微观两个层次进行研究，以全面剖析其发展情况，即宏观上，分析其投入产出情况进行整体把握；微观上则是从各细分行业出发进行深入了解。本节内容先从河南省农业生产性服务业的投入、产出情况宏观上把握其发展现状。

经济学中，生产要素包括人的要素、物的要素及其结合因素，具体包括土地、资本、劳动力和企业家才能等。对于农业生产性服务业的投入情况，下文从经济学视角选取机播面积、固定资产投资、从业人员数和平均受教育年限四个指标数据进行具体分析，以对应生产要素的四种要素；产出情况，则以农业生产性服务业产值和农业产值作为产出指标。

本节内容只对投入、产出指标数据进行分析，基于投入产出的农业生产性服务业发展效率的评价在第五章进行。

一、河南省农业生产性服务业投入产出情况

（一）河南省农业生产性服务业产出情况

1. 河南省历年农业生产性服务业产出情况

从表4-4可知，2006—2017年，河南省农、林、牧、渔业产值从3 348.94亿元增长到7 562.53亿元，增长率为125.82%；农林牧渔服务业产值从145.70亿元增长到404.26亿元，增长率为177.46%，其增长率优于农业；农林牧渔服务业产值占农、林、牧、渔业产值的比重这一指标在一定程度上反映了农林牧渔服务业的发展水平，河南省这一数据呈现“V”形走势，2010年下降到最低点，

为 3.50%，到 2017 年增长到 5.35%，这说明河南省农林牧渔服务业发展水平还不太理想，虽然产值一直在正增长，但是整体发展水平也只是略好于 2006 年，不过，近几年有逐年提高的趋势。

表 4-4　河南省 2006—2017 年农业生产性服务业产值

年份	农、林、牧、渔业产值（亿元）	农林牧渔服务业产值（亿元）	农林牧渔服务业占农林牧渔业的比例（%）
2006	3 348.94	145.70	4.35%
2007	3 879.93	150.00	3.87%
2008	4 669.54	165.38	3.54%
2009	4 871.51	184.92	3.80%
2010	5 734.20	200.96	3.50%
2011	6 218.64	220.50	3.55%
2012	6 679.04	237.23	3.55%
2013	7 198.08	263.64	3.66%
2014	7 549.11	294.46	3.90%
2015	7 641.27	327.37	4.28%
2016	7 799.67	361.58	4.64%
2017	7 562.53	404.26	5.35%

数据资料来源：河南省统计年鉴（2007—2018）。

2. 省际近几年农业生产性服务业产出情况对比

（1）农业生产性服务业产值

表 4-5 中，就农业生产性服务业产值来看，通过对比河北省和山东省，可以发现，河南省与山东省一直存在较大差距，河南省明显处于劣势，在 2017 年两个省份差额已达 190.44 亿元，基本相当于 2010 年河南省当年的产值；河南省与河北省产值差距不明显，2013 年以前稍低于河北省，2014 年逐步有超越之势，2017 年已经具有 28.71 亿元的优势。

表 4-5　三省份间农业生产性服务业产值情况（单位：亿元）

年份	河南	河北	山东
2010	200.96	201.83	272.52
2011	220.50	224.21	295.14
2012	237.23	241.54	325.14
2013	263.65	266.46	363.40
2014	294.47	290.25	400.90
2015	327.38	313.18	432.03
2016	361.59	341.97	510.66
2017	404.26	375.55	594.70

数据资料来源：河南省统计年鉴 2018、河北省统计年鉴 2018、山东省统计年鉴 2018。

（2）农林牧渔服务业占农、林、牧、渔业的比重

进一步对比三个省份间农林牧渔服务业占农、林、牧、渔业的比重，从图4-3可以获知，河南省虽然在产值方面从 2014 年有超越河北省的趋势，但在比重这一数据上长期低于河北省和山东省，尤其是河北省。河北省在这一数据上保持着较明显的优势，主要是农、林、牧、渔业产值较低，这与河北省经济发展以第二、三产业为主相关。以 2017 年农林牧渔产值为例，河南省为 7 562.53 亿元，山东省为 9 140.36 亿元，则河北省只有 5 373.38 亿元。

具体看，2017 年河南省农林牧渔服务业占农、林、牧、渔业的比重首次超过 5％，为 5.35％；而河北省从 2013 年一直保持超越 5％，2017 年这一数据更是达到 6.99％；山东省虽 2016 年才超过 5％，但 2017 年已达 6.51％。这些数据充分说明，河南省农业生产性服务业已经有了长足发展，生产产值在逐年提升，但与其他省份相比，其发展水平还是存在较大差距。

实践经验证明，农业生产性服务业能够显著促进农业不断增长，尤其对农业技术进步产生直接影响，通过与周边省份的对比，可以发现河南省农业生产性服务业的发展还有很大的提升空间，在河南省调整农业产业结构、促进农业转型升级的时期，有必要大力重视农业生产性服务业的发展。

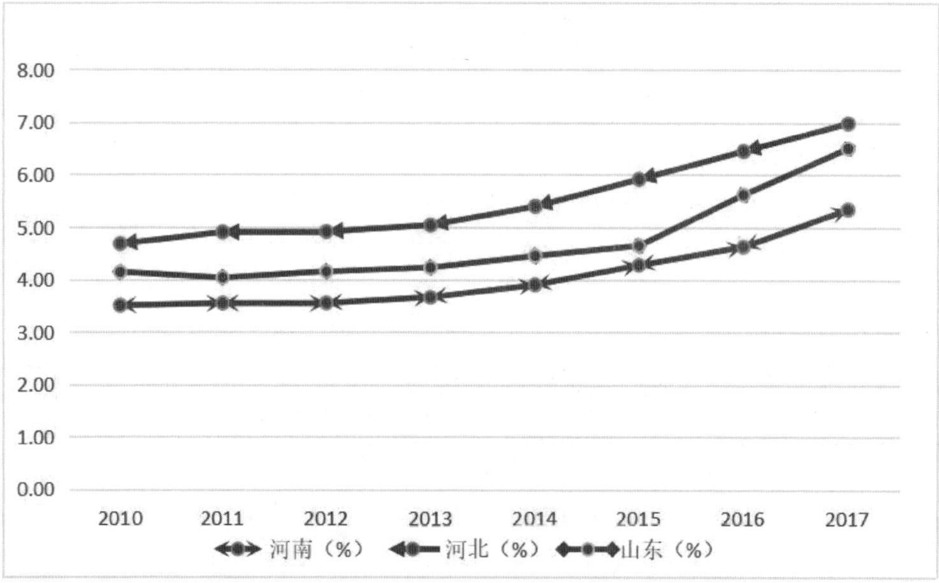

数据资料来源：河南省统计年鉴 2018、河北省统计年鉴 2018、山东省统计年鉴 2018。

图 4-3 河南省、河北省、山东省 2010－2017 年
农林牧渔服务业占农、林、牧、渔业的比重（％）

（二）河南省历年农业生产性服务业生产要素投入情况

1. 机播面积

河南省机播面积一直保持稳定正增长，2006 年为 6 212 千公顷，2016 年达 10 538 千公顷，是 2006 年的 1.7 倍，从 2014 年开始，增速在 2%以内，这说明河南省农业机械化水平已经趋于稳定提高。

2. 固定资产投资

2006 年投资额为 21.48 亿元，2016 年已是 2006 年的 10 倍还多，达 227.65 亿元，农业生产性服务业固定资产投资的快速增长，在很大程度上促进了河南省农业基础设施的建设和完善，但从历年数据看，河南省农业生产性服务业固定资产投资并不稳定，波动较大，缺少合理规划；结合表 4-5，2010—2016 年，农业生产性服务业产值增长了 160.63 亿元，而仅农业生产性服务业固定资产投资的增加值就是 174.48 亿元，投入产出效率不高，在现实中存在农业基础设施建设规划不合理或者利用率低的情况。

3. 从业人员

由于统计年鉴中并没有对农业生产性服务业进行标准化统计，这里将 OECD（经济合作与发展组织）界定的农业生产性服务业各细分行业（交通运输与仓储、批发与零售、租赁与商务服务、邮政通讯、金融服务、计算机服务与软件、研究与实验发展、教育服务）乡村从业人员数汇总，作为农业生产性服务业从业人员数。2006 年，河南省农业生产性服务业从业人员数为 369 万人，2013 年达 497 万人，2014 年下降到 471 万人，之后从业人数又缓慢上升。可以看出，由于河南省农业生产性服务业规模的扩大和竞争力的提升，吸引了越来越多的劳动力加入，但受工资或工作条件以及其他行业竞争力的影响，就业热度有所下降。

4. 平均受教育年限

用平均受教育年限来反映企业家才能，其计算是根据统计年鉴中乡村从业人员不同受教育年限综合计算所得，如表 4-6 所示，其中未上过学为 0 年，小学为 6 年，初中为 9 年，高中为 12 年，大专及以上为 15 年。从统计数据看，2006 年从业人员平均受教育年限为 7.9，相当于初中二年级水平，到 2011 年和 2014 年的最高 8.3 年，也只是在初中三年级水平，这表明从事农业生产性服务业的人员文化水平仍然不高，这与服务主体的组织化程度不高分不开，这样的行业状况很难吸引专业技术人员就业，也直接导致了服务主体专业化服务水平低、行业发展缓慢等问题，不利于农业迅速发展。

表 4-6 河南省 2006—2016 年农业生产性服务业投入要素指标数据

年份	机播面积（千公顷）	农业生产性服务业固定资产投资（亿元）	农业生产性服务业从业人员数量（万人）	平均受教育年限（年）
2006	6 212	21.48	369	7.9
2007	6 564	38.30	398	8.0
2008	7 714	51.52	423	8.1
2009	8 488	85.89	442	8.1
2010	9 063	53.17	458	8.1
2011	9 448	99.90	466	8.3
2012	9 618	220.80	474	8.2
2013	9 621	134.76	497	8.1
2014	10 205	147.50	471	8.3
2015	10 399	193.08	483	8.2
2016	10 538	227.65	486	8.2

数据资料来源：河南省统计年鉴（2007—2017）；历年农业生产性服务业从业人员数量，没有专项统计，是各细分农业服务行业乡村从业人员数之和。

二、河南省省辖市农业生产性服务业投入产出情况

根据河南省官方公布内容，河南省辖郑州、开封、洛阳、平顶山、安阳、鹤壁、新乡、焦作、濮阳、许昌、漯河、三门峡、南阳、商丘、信阳、周口、驻马店、济源等 18 个省辖市（其中 17 个地级市、济源 1 个县级市）。若统计历年投入产出情况，数据庞大，此处只分析 2016 年河南省辖市农业生产性服务业的投入产出情况，原因在于，2016 年全国进行了第三次农业普查，所公布数据更精确。

（一）河南省各省辖市农业生产性服务业产出情况

河南省 18 个省辖市辖区面积大小不一，农、林、牧、渔业产值大小也自然有差异。南阳面积居全省第 1，有 2.650 9 万平方公里，2016 年农、林、牧、渔业产值 903.42 亿元，同样居全省第 1；周口面积居全省第 5，为 1.195 9 万平方公里，2016 年农、林、牧、渔业产值却达 848.85 亿元，居全省第 2；济源是最小的省辖市，仅 1 931 平方公里，2016 年农、林、牧、渔业产值也最少，为 39.45 亿元。各省辖市农、林、牧、渔业产值不同，除与各地面积相关外，还与地形、当地产业经济导向等相关。

看农林牧渔服务业，2016 年产值最高的是周口市，为 54.01 亿元，农、林、牧、渔业产值最高的南阳市却仅有 25.41 亿元，排第 7 位，济源市的 0.44 亿元产值最低。再看农林牧渔服务业占农、林、牧、渔业的比重这一数据，焦作市达 10.20%，居河南省首位，洛阳市的比重也不错，以 7.10%排名第 2 位，这说明焦作市和洛阳市农林牧渔服务业发展水平相对较高，农、林、牧、渔业各项支持性服务行业对增加农业产值的作用明显；农林牧渔服务业占农、林、牧、渔业比重较低的三个城市分别是郑州、济源和三门峡，分别是 1.58%、1.12% 和 0.56%，支持农业发展的服务业水平较低，这将不利于这些地区现代农业的发展。

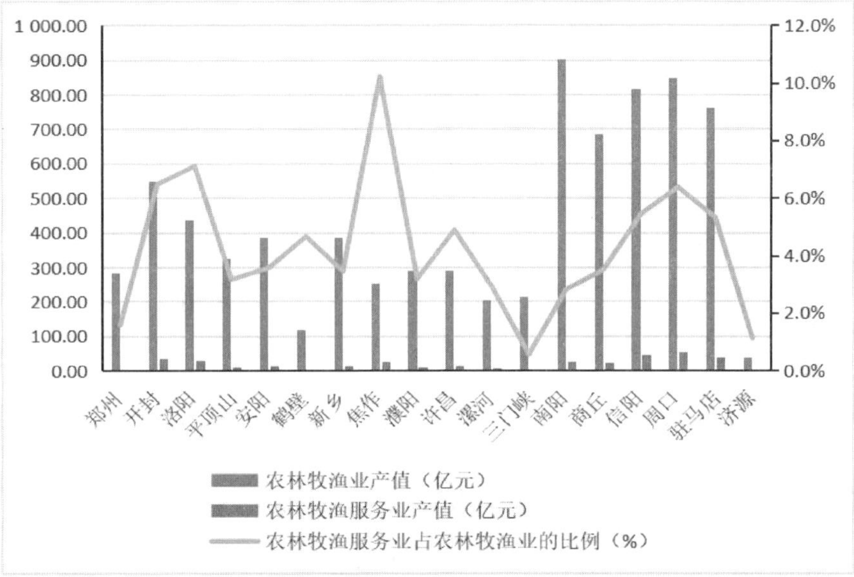

数据资料来源：河南省统计年鉴 2017。

图 4-4　河南省 2016 年各省辖市农业生产性服务业产值

（二）河南省各省辖市农业生产性服务业生产要素投入情况

根据表 4-7、图 4-5 和图 4-6，并结合上述产出情况，具体分析河南省各省辖市农业生产性服务业四种生产要素投入情况。

1. 机播面积

由于各省辖市耕地面积多少不同，只对比 2016 年的机播面积来衡量农业机械化水平不够科学，因此，本书采用“机播面积与耕地面积之比”来作为对比各省辖市机播面积的指标数据。

机播面积是指夏秋两季作物的播种面积，因此，机播面积与耕地面积的比值是从 0 到 2 之间取值，从结果看机播面积比重较高的是商丘、周口、开封、驻马店、漯河、鹤壁、焦作，比值为 1.5 以上；机播面积比重较低的是信阳、三门峡、洛阳，比值低于 1。与上述分析农林牧渔服务业发展水平的结果基本一致，三门峡机播比重排名倒数第 2，农业机械化投入少，与此对应的农林牧渔服务业发展水平也排名靠后，为全省最低。同样，农业机械化水平低，也在一定程度上拉低了信阳、洛阳的农业生产性服务业产值及发展水平。

2. 固定资产投资

2016 年，各省辖市农业生产性服务业固定资产投资额超过 20 亿元的有南阳、洛阳、平顶山，低于 10 亿元的则有许昌、郑州、濮阳、开封、焦作、济源、鹤壁、商丘、漯河。固定资产投资的多少，直接影响的是当地农业的基础设施建设情况，漯河、商丘两个城市固定资产投资都不足 2 亿元，从图 4-4 可以看出，基础设施建设跟不上，在很大程度上影响了两个地区农业和农业生产性服务业的发展。

表 4-7　河南省 2016 年各省辖市农业投入要素指标数据（1）
（机播面积和固定资产投资）

城市	各省辖市耕地积（千公顷）	各省辖市机播面积（千公顷）	机播面积与耕地面积之比	各省辖市固定资产投资总额（亿元）
郑州	315.75	363.03	1.15	9.52
开封	416.30	640.50	1.54	7.90
洛阳	430.79	395.93	0.92	27.40
平顶山	320.38	410.23	1.28	20.19
安阳	407.15	510.01	1.25	15.13
鹤壁	119.60	180.87	1.51	2.93
新乡	472.81	631.04	1.33	11.57
焦作	195.16	295.61	1.51	5.33
濮阳	282.83	349.87	1.24	7.93
许昌	335.99	477.76	1.42	9.68
漯河	190.01	288.37	1.52	1.45
三门峡	175.93	106.12	0.60	12.76
南阳	1 052.18	1 470.75	1.40	38.45
商丘	707.81	1 155.18	1.63	1.94
信阳	840.95	409.78	0.49	17.26
周口	856.13	1 360.10	1.59	19.56
驻马店	945.51	1 445.75	1.53	13.97
济源	45.73	47.23	1.03	3.08

数据资料来源：河南省统计年鉴 2017（农业生产性服务业固定资产投资总额根据全省总体比例计算所得）。

3. 从业人员

这里用的是河南省第三次农业普查中公布的农业生产经营人员相关数据。2016年河南省进行了全国第三次农业普查，对农、林、牧、渔业从业人员数和农林牧渔服务业从业人员比例进行了专门统计，按照统计结果计算出的各省辖市农林牧渔服务业从业人员数，与表4-6中河南省2016年农业生产性服务业从业人员数有出入，原因在于统计年鉴中没有农林牧渔服务业从业人员的专项统计，表4-6中的从业人员数是将农业各细分支持性服务业的乡村从业人员数进行汇总所得，与实际数据间存在差距。

从农林牧渔服务业从业人数看，信阳、周口、驻马店、商丘的从业人员最多，均超过1万人次，尤其是信阳市从业人员数达3.56万人，是排名第2的周口市的2倍还多；从农林牧渔服务业从业人员比例看，信阳、焦作排名靠前，均为1%以上，南阳、安阳的从业人员比例最低，分别为0.21%和0.22%，这可能与当地该行业的发展水平以及工资水平相关，因此，造成各省辖市农林牧渔服务业对社会人员不同程度的就业吸引力，而从业人员数量的多少对该行业的发展起着重要作用。

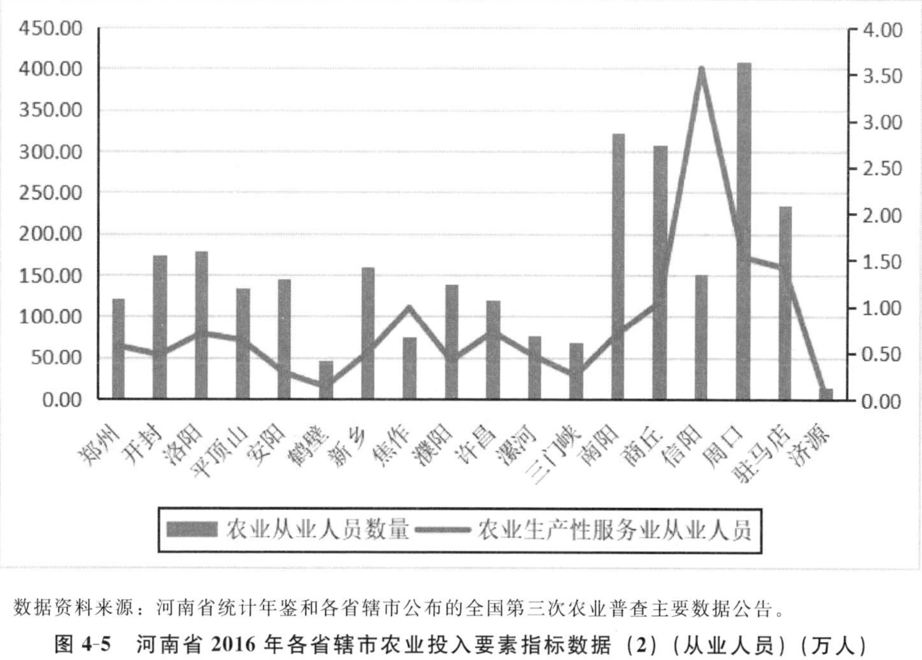

数据资料来源：河南省统计年鉴和各省辖市公布的全国第三次农业普查主要数据公告。

图4-5 河南省2016年各省辖市农业投入要素指标数据（2）（从业人员）（万人）

4. 受教育水平

从业人员是影响行业发展的至关重要的因素，从业人员的数量和质量都起着非常重要的作用，而受教育水平是衡量从业人员质量的关键指标。从图4-6来看，2016年各省辖市农业生产性服务业从业人员平均受教育年限差别不大，焦作和济源市的从业人员刚达到初中毕业水平，郑州、开封、洛阳、平顶山、安阳、鹤壁、新乡、许昌、漯河和三门峡市的从业人员刚达到初中三年级水平，而濮阳、南阳、商丘、信阳、周口和驻马店市的从业人员平均受教育水平较低，只有初中二年级水平，其中信阳最低，平均 7.22 年，明显不利于信阳市农业生产性服务业的发展。

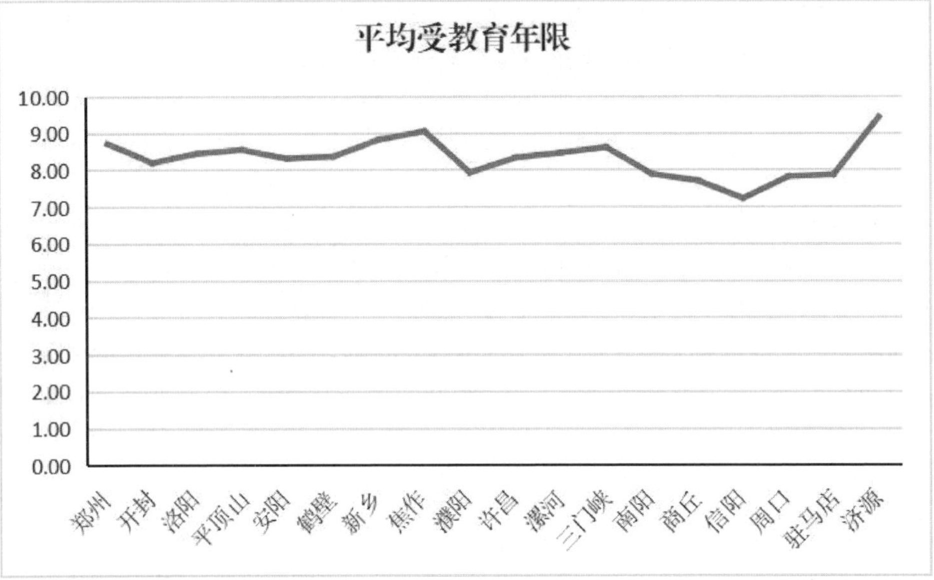

数据资料来源：各省辖市公布的全国第三次农业普查主要数据公告，根据公布的受教育比例及年限计算所得。

图 4-6　河南省 2016 年各省辖市农业生产性服务业从业人员平均受教育年限

从农业生产性服务业的产出和投入看，农业生产性服务业每种生产要素投入的数量和质量都会对产出水平产生不同程度的影响。以信阳市为例，其从业人员数最多，占 18 个省辖市从业人员总和的 24.77%，固定资产投资水平也处在中等偏上水平，但是，由于信阳市机播面积比重和从业人员受教育水平均偏低，该市的农林牧渔服务业产值只在农、林、牧、渔业产值中占比 5.44%，远低于焦作市的 10.20%，生产要素投入的多少直接影响了农业生产性服务业的发展水平以及农业生产性服务业和农业的产出水平。

第三节　河南省农业生产性服务业细分行业发展现状

2017 年 8 月，农业部、国家发展改革委、财政部等三部委联合印发的《关于加快发展农业生产性服务业的指导意见》中明确，农业生产性服务业是贯穿农业生产作业链条，直接或协助完成农业产前、产中、产后作业的社会化服务。农业生产性服务业对农业的服务领域主要包括农业信息服务、农资供应服务、农业绿色生产技术服务、农业废弃物资源利用化服务、农机作业及维修服务、农产品初加工服务以及农产品营销服务等。对于河南省农业生产性服务业各服务领域的发展现状，这里将重点分析以下几个细分服务领域：

一、农业信息服务

农业信息服务，是根据农业经营户生产经营决策的需要，对市场信息进行的采集、分析、发布和服务，并引导农业经营户按照市场的需求对农业生产结构进行合理调整及有序安排，一般为公众提供农业政策、农产品市场供给和需求信息、农产品价格信息等。为了更好地利用多种信息渠道服务农业，截至 2019 年，河南省 18 个省辖市、12 个县级市、83 个县以及 51 个市辖区均已建成农村信息网站，省级的农业信息服务平台则有河南农业农村信息网、河南兴农网、中原三农网等。同时，河南省已经建成 40 285 个益农信息社，拥有 40 000 多名村级信息联络员，是促进全省农村农业高质量发展的重要信息来源和重要支撑，并联合省级运营商、县级合作运营商和益农信息社，构建成保障益农信息社可持续运营的三级联动运营体系。

2019 年 12 月 20 日，河南省在农业数字化发展方面取得重大突破，郑州市国智恒北斗好年景农业科技有限公司的“国智恒好年景中原金水一号（未来号一1R)”在太原卫星发射中心发射成功，这一项目是联合西安中科天塔科技股份有限公司设计研发的。这颗卫星是河南省发射的首颗卫星，将专门服务于农业研究，为其提供农作物普查遥感数据，未来会在推动河南省农业与新型信息技术产业融合发展，以及为河南省发展现代农业和智慧农业方面做出贡献。

二、农机作业及维修服务

农机作业及维修服务反映了一个地区的农业机械化水平，是提高农业生产效率的重要途径。2016 年河南省农机总动力为 9 858.8 万千瓦（2016 开始不包括农用运输车和三轮运输车)，全省有拖拉机 427.32 万台、旋耕机 32.86 万台、播种机 177.46 万台、水稻插秧机 0.99 万台、联合收获机 16.06 万台，全省在 2016 年实现机耕面积 9 176 千公顷、机播面积 10 538 千公顷、机收面积 10 165 千公顷。到 2019 年，全省农业机械总动力发展到 1.04 亿千瓦，列居全国第 2；拥有 36 型拖拉机 48 万台，联合收获机 30 万台，均位列全国第 1；主要农作物耕种收综合机械化率达 84.2%（全国农作物耕种收机械化率超 70%)，比 2018 年提高了 1.6%，河南省农业生产方式进入以机械化为主的新时代，机械化水平进入全国第一方阵。

三、农业金融保险服务

（一）农业金融服务

1. 涉农贷款情况

发展农业现代化需要农村金融的大力支持，农村金融则主要是通过向特定用户贷款来实现对农村、农业发展的支持。

通过图 4-7 对山东、河南、黑龙江和河北进行横向对比，除 2016 年河北省涉农贷款增长率为负外，其他省份均是正向增长，河南省涉农贷款余额逐年稳步增长，但增长率有所下降。2016 年全国涉农贷款余额为 282 335.67 亿元，同比增长 7.4%，其中农、林、牧、渔业贷款余额 36 627.28 亿元，占比 12.97%，同比增长 4.24%；山东省涉农贷款余额为 24 687.80 亿元，同比增长 5.62%，其中农、林、牧、渔业贷款 1 758.84 亿元，占比 7.12%，同比增长 11.57%；河南省涉农贷款余额不高，仅 14 912.56 亿元，同比增长 10.41%，其中农、林、牧、渔业贷款余额 3 195.46 亿元，占比却高达 21.43%，与全国平均水平的 12.9%相比，河南省农、林、牧、渔业贷款余额占比较高，有利于支持现代化农业的发展。

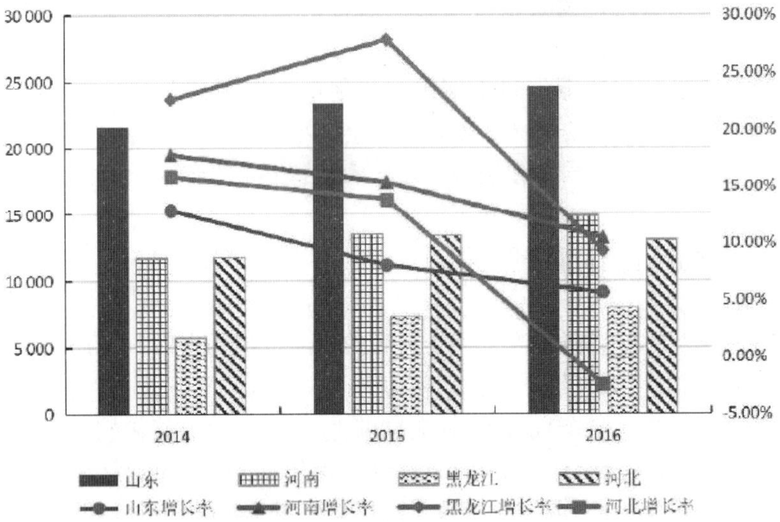

数据资料来源：中国金融年鉴（2015—2017）。

图 4-7 不同省份涉农贷款及增长率（亿元）①

① 郭珊珊．河北省农业生产性服务业发展研究［D］．内蒙古师范大学，2019：46.

2. 金融服务渠道

线上线下渠道同时进行。以河南省当地金融机构——中原银行为例，线上服务方面，中原银行为农村居民专门定制了手机银行惠农版 App，并成功上线使用。该 App 围绕农民生产消费的特点开发出了“豫农贷”“旺农贷”等信用贷款产品，为支持返乡创业农民工、大学生村官、农村小微企业等，则推出“原薪贷”“税单贷”等具有差异的贷款产品；线下服务方面，中原银行则逐步加快发展县域支行、乡镇支行、惠农服务点和普惠金融服务站，构建“三位一体”的农村金融服务网络，全面服务农村发展。

（二）农业保险服务

2016 年，河南省保险保费收入达到 1 555.15 亿元，同比增长了 24.54%，收入规模在全国排第 6 位，其中，河南省农业保险保费收入达 27.91 亿元，同比增长了 60.36%；互联网保险行业得到整治，开展了农业保险领域专项清理整顿，强化了行业风险排查预警和应急处置能力。

在 2020 年，中原农险在全省开展水稻收入保险及大豆“保险+期货”试点，以提升河南省小麦、水稻、玉米等主要农作物的保险覆盖面；并服务于高标准良田建设，围绕农田开展耕地地力指数、农田水利设施、农田道路工程责任险种等；还大力推广特色农业保险，有规划地促进农业保险产品的升级换挡①。

四、农业科技服务

农业科技服务贯穿农业生产的各个环节，包括产前、产中到产后。产前可以根据市场需求为农户提供有用的市场信息以及推广农业技术；产中可通过科学研究为农户提供更高产的种子、更环保的肥料和农药以及更高效的作业工具等，提高农户农业生产效率；产后可为农户提供更加智能化的物流体系和更完善的营销渠道，有利于粮食销售。

相比于 2012 年的 53.5%，2017 年，中国的农业科学技术进步贡献率已经增长到了 57.5%，尤其是在超级稻、转基因抗虫棉等科研方面取得了令人瞩目的成果。2017 年，河南省的农业科学技术进步贡献率为 59.1%，略高于全国平均水平，但相比黑龙江省的 67.1%和山东省的 63.27%还有一定差距。

（一）农业科研成果

截至 2018 年，河南省登记在册的农业科学研究所有 634 家，龙头研究所农

---

① 河南省人民政府网：https：//www.henan.gov.cn/.

业科学院的研究成果丰富。近几年，河南省农业科学院的园艺研究所蔬菜设施与栽培研究室的研究成果丰富，科研攻关国家和省部级项目20余项，打造出农业科技创新平台——“河南省现代蔬菜育苗工厂”，并制定出像“黄瓜穴盘嫁接育苗技术规程”等3项蔬菜工厂化育苗标准，农科院的蔬菜栽培研究已经从追求增产转变到追求产品品质，有了质的提升。同时，河南省农业科学院科技成果获得了一项国家技术发明二等奖（2016年度），这一奖项是由芝麻研究中心主持完成的“芝麻优异种质创制与新品种选育技术与应用”，并且在2011—2015年累计推广芝麻新品种1 257万亩，获得国家发明专利10余项，极大地推动了河南省乃至我国芝麻产业的发展。

（二）农业科技园

到2018年，河南省已经建成13个国家级农业科技园区和49家省级农业科技园。2019年河南省农业农村厅与河南省财政厅联合批准创建30个省级现代农业产业园，截至目前，河南省已经基本构建成覆盖“国家级——省级——市级”三级梯度的现代农业产业园建设体系。加快建设农业科技园，可以让河南省相关产业发展、群众收益增加。以内黄县为例，当地农业科技博览园引进的果蔬新品种达到31个，每年育苗量可达2.1亿株，带动了当地200余家农民合作社和家庭农场的合作发展，帮助发展新型温棚8 000余亩，实现了内黄县农产品量到质的发展，使更多农户受益。

五、农产品营销服务

（一）农村交通

农产品要想销出去，离不开畅通的物流体系，其中最基本的就是交通便利。2018年，河南省3.3万个村实现公共交通服务供给，占全省行政村总数的71.4%，35.5万个村民小组实现公路畅通，占全省村民小组总数的94.3%；到2019年，这些数据又得到进一步提升，河南省新改建农村公路10 200公里，行政村通硬化路率达100%，通客车率也达100%，便利的交通为农产品营销提供了道路保障。

（二）农产品交易市场

多数农村拥有线下农产品专业交易市场。河南省第三次农业普查公布的数据表明，2016年末，有商品交易市场的乡镇占比78.3%，有以粮油、蔬菜、水果为主的专业市场乡镇占比49.8%，有以畜禽为主的专业市场乡镇占比17.0%，有以水产为主的专业市场乡镇占比7.1%。

（三）线上线下营销

线上线下联合销售。2018 年，河南省 35.4 万个村民小组已经开通宽带互联网，占全部村民小组总数的 94%，到 2019 年，河南省农村宽带网络普及率进一步提高，通过电子商务平台销售的农产品突破 200 亿元，线上线下联合推动了农村农产品的销售。

以内黄县为例，以前其农业生产经营存在着诸如农产品销售不畅、缺乏市场主导权、种植脱离市场需求等问题，为解决这些问题，内黄县开始采取农业市场化运作模式，从浙江义乌引进并投资建设 20 亿元的果蔬城项目，把农田生产与销售终端紧密结合起来，拓宽了当地农产品的销售渠道，使小农户联通了大市场；同时，抓牢电子商务销售平台，将果蔬城运作与电商农业经营主体有效联结，线上线下联动发展，构建农业产业联合发展的果蔬销售平台。

第四节　河南省农业生产性服务业的发展瓶颈

从相关部门公布的历年各项统计数据来看，河南省已经是名副其实的农业大省，同时，随着政策的推进，河南省农业生产性服务业各项生产条件及软环境都得到了不同程度的改善，全省农业产值和农业生产性服务业产值也相应地获得了大幅度增加。但是，农业大省不是河南省农业发展的最终目标，成为农业强省、推进农业高质量发展，才是河南省农业发展的下一阶段目标。河南省的农业强省之路任重道远，就农业生产性服务业的发展来说，河南省目前的发展水平与农业强省的要求还有较大差距，造成其发展速度缓慢的主要原因有以下几个方面：

一、服务主体的专业化程度整体不高

（一）新型农业经营组织比重低

根据第三次全国农业普查数据，2016 年，河南省农业经营户总量有 1 844.68 万户。其中，规模农业经营户仅有 27.09 万户，只占比 1.47%；农业经营单位有 12.42 万个；工商部门登记在册的农业合作社有 13.95 万个，其中以农业生产经营或服务为主的农业合作社为 6.02 万个，占比不足 50%。2019 年 12 月，河南省统计局公布了《河南省农村经济社会发展报告》，报告中显示，近几年河南省家庭农场和农业专业合作社得到显著发展，到 2018 年末，河南省有农民专业合作社 8.5 万个；农业专业大户 9.2 万户；家庭农场 2.9 万个；农业企业 2.3 万

个，其中农产品加工企业 1.2 万个。新型农业经营组织的发展，为小农户带来了农业生产方面的指导与服务，有助于小农户向现代农业靠拢。

（二）新型农业经营组织的组织化程度不高

但与近 2 000 万户农业经营户的需求相比，这些农村新型经营组织的数量还远不够，同时这些新型经营组织的组织化程度不够，农机服务专业化水平不高。

一方面，拓展服务能力较弱。小农户的农机服务，多数依靠社会个人和农业专业合作社来提供，但是，提供农机服务的公司鲜少会对社会个人和专业合作社进行新型农机的培训指导服务，专业合作社的社会服务往往就集中在农忙时期，服务链条较短。

另一方面，服务面较窄。合作社除了因为实力有限，拥有的大型和新型农业机械数量少外，也很少提供农业信息、农业生产培训指导等服务。农业生产性服务业经营组织由于组织化程度低，限制了其提供农业生产服务的能力和水平，这不利于河南省农业生产方式的转型升级。

二、农业生产的基础设施服务不健全

根据农业生产经验，农业基础设施建设在农业生产中具有“乘数效应”，即其能够带来高于投资额数倍的社会收益。农业基础设施与农业生产紧密相关，一个国家或地区长期持续稳定的发展主要依赖于农业基础设施的完善程度。与农业生产相关的基础设施服务，一般包括农田水利服务、农机设备所需的电力服务和燃油服务以及农业示范区建设等。

（一）农田水利设施供求不平衡

2010—2018 年，河南省农田灌溉面积从 5 080.96 千公顷增长到 5 408.31 千公顷，每年平均增长率仅为 0.81%，增长太过缓慢，2018 年，耕地面积中仍有 2 749.98千公顷，即 33.71%不能得到有效灌溉，这反映出河南省农田水利设施建设中存在供给和需求不平衡问题。

（二）农村用电高峰难以保障

2010—2018 年，河南省农村用电量有所提升，从 269.41 亿千瓦增长到 330.59 亿千瓦，每年平均增长率为 2.84%，但增长同样缓慢，在农忙季节用电高峰难以得到保障。

（三）农忙季农机缺乏

从 2016 年开始，农用机械总动力数据不包括农用运输车，只对比 2016—

2018 年的数据，2016 年农用机械总动力为 9 858.82 万千瓦，到 2018 年增长到 10 204.46 万千瓦，每年平均增长率为 3.51%，但这也难以满足农村夏秋两季对于农用机械的需求，耕种季节排队等待农业机械进田作业的现象严峻。

（四）高标准农田建设任务艰巨

近几年河南省农业生产主攻方向开始转向高标准农田建设，2018 年底，河南省已经建成的高标准农田累计达 6 163 万亩，2019 年建设任务为 590 万亩，实际建设面积为 601.8 万亩，而农业农村部给河南省 2020 年度下达的高标准农田建设任务是 660 万亩，建设任务艰巨，截至 2020 年 12 月，工程进度已超 96%。

三、农业生产专业技术人员欠缺

（一）科技型人才欠缺

从 2019 年的河南省统计年鉴中可知，到 2018 年底，河南省乡村就业人数共计 4 675 万人，其中农、林、牧、渔业从业人员占多数，达 2 341.06 万人，批发零售业从业人员为 290.91 万人，交通运输、仓储和邮政业从业人员为 186.62 万人，信息技术服务从业人员为 63.46 万人，科学研究和技术服务业由于从业人员过少，统计人数空缺，农村待遇低、工作条件差、基层服务组织管理混乱等问题，导致对科技型人才吸引力不足。

（二）农业生产从业人员教育水平偏低

2016 年，河南省全省农业生产经营从业人员达 3 251.49 万人，受教育程度构成具体为：未上过学的占比为 4.9%，小学占 26.5%，初中 58.6%，高中或中专 8.6%，大专及以上 1.3%，可以看出，高中及以上学历仅占 9.9%，超过 90%的从业人员处于九年义务教育水平或以下。

再看规模以上的农业经营户，其农业生产经营人员 78.57 万人，拥有高中或中专学历的也只有 11.5%，大专及以上学历 1.5%，拥有高中以上学历的共计 13%；以农业经营和服务业为主的农业经营单位，由于组织化程度高，对人才吸引程度较有优势，从业人员中高中或中专学历占 22.1%，大专及以上学历有 6.2%。

不过从河南省农业生产经营人员总体看，从业人员受教育水平普遍较低，这不利于传统农业生产方式的变革，会阻碍河南省现代农业发展进程的推进。

表 4-8　河南省 2016 年农业生产经营人员受教育程度构成

受教育程度构成	全省农业生产经营人员	规模农业经营户农业生产经营人员	农业经营单位农业生产经营人员
未上小学	4.9%	2.6%	2.6%
小学	26.5%	21.7%	17.0%
初中	58.6%	62.7%	52.1%
高中或中专	8.6%	11.5%	22.1%
大专及以上	1.3%	1.5%	6.2%

数据资料来源：河南省第三次全国农业普查主要数据公报 2016（第五号）。

四、农业金融服务发展不均衡

2016 年，河南省金融机构本外币各项贷款余额达 37 139.60 亿元，同比增长 16.8%，增速同比提高了 1.5 个百分点，其中涉农贷款 14 912.56 亿元，占当年贷款总额的 40.15%，高于全国 26.49%的平均水平。2016 年，河南省的涉农贷款主要以农、林、牧、渔业贷款、农村（县及县以下）贷款、农户贷款为主，相应占比分别为 21.43%、85.46%、27.59%，但是，2017 年中国金融年鉴数据同时显示，河南省涉农贷款中，农业生产资料制造贷款、农田基本建设贷款、农业科技贷款方面的比例很低。

河南省农业发展目标已经从农业大省转变成农业强省，建设高标准农田、提升农业科技含量都是现代化农业发展中的工作重点，金融服务对这些工作的支持力度显然不够，严重制约了河南省农业科技创新，不利于农业生产效率的逐渐提高和现代化农业发展的有序推进。

表 4-9 河南省 2016 年涉农贷款情况

	涉农贷款	农、林、牧、渔业贷款	农村贷款	农户贷款
每项贷款额度（亿元）	14 912.56	3 195.46	1 277.91	4 114.35
每项贷款占总贷款比重（%）	40.15%	21.43%	85.46%	27.59%
同比增长率（%）	10.41%	4.07%	8.79%	15.04%

数据资料来源：中国金融年鉴 2017。

五、农业信息服务总体滞后

尽管通过近几年的不断发展，河南省农业信息服务取得了部分成绩，然而与现代农业发展及农民普遍需求相比，农业信息服务尤其是信息网络建设还存在许多要改进的方面。

（一）相关部门的认识有待提高

虽然在各种形势的影响下每个县市都有自己的农业信息网站，但对农业信息的作用内涵却没有真正理解，涉农部门完成任务应付检查的思想普遍存在。在这种思想的影响下，农业信息服务建设方面的资金和政策支持就明显不足，农业信息服务水平和农业发展水平不匹配；再者，因为对农业信息重视程度和理解程度不够，导致网站信息栏目少、更新慢、影响力小等问题突出。

（二）信息工作有待改进

1. 丰富农业信息从业人员知识结构

农业信息工作急缺不仅能够掌握农业经济知识，而且具备互联网信息技术的复合型人才。现在的农业信息网站工作模式基本上是信息收集与整理由农业工作人员完成，信息的上传与维护则由具有计算机知识背景的人员完成，工作对接中问题较多，这需要调整农业信息从业人员的招聘工作和培训工作安排。

2. 信息发布要及时有效

信息发布要及时，是因为很多县市农业部门信息工作相对滞后，一方面信息网站上农产品市场需求和供给相关信息更新慢、时效性差；另一方面网站发布的信息不能满足农业经济需求，大部分只是政策性的信息，要及时将农户需要的信息公布出来。信息发布要有效，主要是针对目前网站建设中存在的较多问题，诸如，各种省级涉农信息平台缺乏针对性，发布信息重复率高，河南省农业农村信息网和河南省农业农村厅存在重复建设的问题，信息雷同度高；农产品信息编排模块化、条理性不够，农户上网查阅信息时费时费力；各涉农网站未披露自己领域的统计信息，不利于公众和科研人员获取各农业领域的相关数据。

第五章　生产要素视角：河南省农业生产性服务业发展效率评价

判断和衡量一个产业的发展效率，不只是看这个产业发展壮大的程度，即有没有保持一定发展速度和发展规模，更重要的是看产业的发展质量和发展效益，即产业结构是否合理、是否创造出预期的产业效益、可持续发展能力如何等，要建立产业发展的“大质量格局”。

第四章对农业生产性服务业发展现状进行了全面分析，本章则结合河南省实际情况，从规模效率、技术效率和综合效率三个方面衡量河南省农业生产性服务业的发展情况，更深层次去探究其发展质量和发展效益。

第一节　研究方法与数据说明

一、研究方法的选取

（一）农业生产性服务业发展效率评价方法对比

促进农业生产性服务业发展，要从把握当地农业生产性服务业发展现状入手，衡量其发展效率成为目前较多研究的切入口，即通过建立指标体系，研究农业生产性服务业投入与产出的比值。从目前研究来看，学者们对农业生产性服务业发展效率的衡量多是采用投入产出法，并借助经典 DEA 模型进行实证检验。由于国内外学者们对于农业生产性服务业的认识不够统一，导致对“投入要素”指标的确定出现两种情况，研究方法也因此可分成两种。

1. 基于产业融合视角的投入产出研究

以 OECD 数据库作为分类依据，将服务业中的交通运输与仓储、批发与零售、租赁与商务服务、邮政通讯、金融服务、计算机服务与软件、研究与实验发展、教育服务等 8 类划归到农业生产性服务业，其他为非农业生产性服务业。

由于现有统计资料缺乏各服务行业在农业方面投入的精确数据，在衡量农业生产性服务业发展效率时，多采用 DEA－Tobit 两阶段模型，先在三阶段 DEA 模型基础上用农业投入产出指标数据衡量农业发展效率，再用 Tobit 模型，采用行业变量[①]或农村固定资产投资各方向投资变量[②]来代替农业流通服务、农业信息服务、农产品营销服务、农业金融服务、农机技术推广服务变量，从产业融合角度衡量各类农业生产性服务业对农业发展效率的作用机制。这种方法将农业生产性服务业行业细分，可观测各细分行业资源配置效率，但是，由于目前我国统计工作中尚未对农业生产性服务业各细分行业进行专项统计，其指标数据可得性不高，只能用替代变量，并且各细分行业具体如何影响农业效率，模型中缺少相应分析，还需进一步深入研究。

2. 基于生产要素视角的投入产出研究

在这方面，目前国内外还没有较成熟的评价体系，一般从经济学角度出发，以土地、资本、劳动力和企业家才能作为投入要素，在研究农业生产性服务业时，将这四种投入要素结合行业情况选择具体的指标数据作为投入数据。

翟书斌（2015）在分析现有研究的基础上，先是选取了农村居民收入水平、政府投入、农村居民消费水平、农业生产性服务业固定资产投资、农业生产性服务业从业人员人数作为投入指标，选取农业增加值、农业生产性服务业增加值、人均 GDP 作为产出指标，接着在主成分分析的基础上最终确定从业人员数和政府投入作为投入指标，农业增加值和农业生产性服务业增加值作为产出指标。[③]其中从业人员数是根据产业融合视角下的 8 类农业生产性服务业从业人员汇总获得，这个数据与第三次农业普查公报数据差距较大，与实际有偏差，且研究中忽略了环境变量，如政府政策导向、产业结构、城镇化水平等对农业生产的影响。与此同时，在目前的文献资料中，用三阶段 DEA 模型剔除环境变量和随机因素去研究农业生产性服务业效率的研究相对少见。

3. 两种方法的对比

通过对比这两种方法的研究过程，笔者认为基于 DEA－Tobit 模型进行的产业融合角度的研究相对严谨，但其是先用 DEA 模型衡量农业发展效率，再用

---

① 李慧，阴朋莉．基于 DEA－Tobit 模型的生产性服务业对农业生产效率的影响：以河南省为例［J］．技术与创新管理，2016（06）：678－683.

② 刘明，王瑞波，孙炜琳．农业生产性服务业对农业生产效率的影响研究：以山东省为例［J］．中国农业资源与区划，2018（05）：28－35，136.

③ 翟书斌，杨迎亚．河南省农业生产性服务业发展效率评价［J］．河南工业大学学报（社会科学版），2015（02）：22－27.

Tobit 模型分析第三产业中八类农业生产性服务业对农业发展效率的影响程度，不能获知农业生产性服务业是如何对农业发展产生影响的，并且这里的农业生产性服务业变量数据通常是总行业变量或替代变量，测量结果并不能代表农业领域生产性服务业的实际发展效率。

翟书斌所采用的经典 DEA 模型，虽然在确定投入要素过程中先采用了主成分分析法以确保投入指标的合理性，但是经典 DEA 模型缺乏对环境要素所可能产生影响的考虑，未剔除环境变量。

（二）确定研究方法

综合以上分析，下文将采取三阶段 DEA 模型评价河南省农业生产性服务业发展效率。研究方法和研究思路大致如下：

首先，基于生产要素视角，选取投入要素、产出要素和环境变量来构建评价指标体系。

其次，对 2006 年至 2016 年河南省农业生产性服务业省级层面效率进行统计，同时对 2016 年河南省 18 个省辖市农业生产性服务业效率进行三阶段 DEA 分析，通过对经典 DEA 模型和三阶段 DEA 模型的结果进行对比分析，在文中也对采用三阶段 DEA 模型的必要性进行验证。

再次，在实证结果的基础上，勾勒出河南省农业生产性服务业发展效率的空间差异特征，以更全面把握河南省农业生产性服务业的发展状况。

最后，根据实证分析结果，基于投入变量和环境变量视角，提出促进河南省农业生产性服务业发展的有效对策，以推进农业供给侧改革和现代农业发展进程。

二、研究方法与数据说明

（一）研究方法说明

DEA 模型，是数据包络分析（Data Envelopment Analysis）的简称，是一种通过样本数据估计有效生产前沿面的效率评价方法。鉴于外部环境和随机误差因素等会导致投入或产出的冗余，DEA 模型进行了改进，由此诞生了三阶段 DEA 模型，即可以剔除环境因素和随机因素的影响，最终测算出决策单元有效的生产效率。由于三阶段 DEA 模型的分析步骤已经规范和固定，可以很容易从网络和文献中获取，这里只作简单介绍：

第一步，运用经典 DEA 模型，测算决策单元的生产效率值和松弛变量。DEA 模型在实际运用中根据规模报酬建设的不同，具体分为两种：基于规模报酬不变假设的产出导向模型（CCR）和基于规模报酬可变假设的投入导向模型

(BCC)，由于本文研究的是农业生产性服务业在一定生产要素投入下的效率值，所以选择DEA－BCC模型。在这一阶段，将得出农业生产性服务业的综合效率值、纯技术效率值和规模效率值，以及各投入要素的松弛变量，由于环境因素、随机误差因素的存在，该阶段产生的效率值不能反映实际管理技术水平，故需要消除影响因素进行第二阶段。

第二步，构建相似SFA模型分离出环境因素和随机因素。在第一阶段运算结果的基础上，将得到的投入松弛变量作为因变量，构建环境变量和投入松弛变量之间的SFA回归模型，并根据回归结果对所有投入变量进行调整，使决策单元处于同样环境状态下。

第三步，进行调整后的DEA模型分析。将调整后的投入变量重新带入经典DEA模型，重新测算农业生产性服务业效率值，此时得到的效率值是相同环境下的综合效率、纯技术效率和规模效率，能够反映实际管理技术水平，并进行比较。①

（二）变量选取与数据说明

根据本书研究需要，选取投入要素、产出要素和环境要素构建评价农业生产性服务业发展效率的指标体系。

表5-1 农业生产性服务业发展效率指标体系

一级指标	二级指标	三级指标
农业生产性服务业发展效率	投入要素	机播面积
		农业生产性服务业固定资产投资
		农业生产性服务业从业人员
	产出要素	农业生产性服务业增加值
		农业增加值
	环境要素	农林水事务财政预算支出
		城镇化水平
		产业结构比例（农业GDP/总GDP）

仍然从经济学角度出发，由于经济学将土地、资本、劳动力、企业家才能作为生产要素，在翟书斌（2015）和秦天（2018）的研究基础上，本文指标如表5-1所示，投入要素选择机播面积，是因为它比播种面积更能反映农业机械化的投入水平；选取农业生产性服务业的增加值和农业的增加值作为产出指标，是因为农业生产性服务业会促进农业发展，两个指标同时使用，可以较为全面地反映农

① 王天慧，陈振，李炳军．基于三阶段DEA模型的河南省18市农业生产效率研究[J]．河南科学，2018（06）：933－938.

业生产性服务业生产效率。①

由于河南省有夏、秋两季作物，机播面积是全年两季作物机器播种面积之和，所以，如果对比河南省统计年鉴中耕地面积的话，机播面积是大于耕地面积的；农业生产性服务业固定资产投资额，是统计年鉴“分行业固定资产投资”项目中“农林牧渔服务业当年投资总额”；农业生产性服务业从业人员数量，由于统计年鉴中没有专项统计，是采用替代变量，为提供农业服务各细分行业的乡村从业人员数之和，如交通运输与邮政业、计算机技术与信息业、科学研究行业等。

原始数据的获取，主要通过河南省统计局查阅获取，具体有三种来源渠道：2006—2016 年河南省统计年鉴、河南省统计局网站公布数据、各省辖市公布的全国第三次农业普查主要数据公告。

第二节 河南省农业生产性服务业省级层面发展效率

为了和三阶段 DEA 模型作出对比分析，河南省农业生产性服务业省级层面发展效率只进行一阶段的经典 DEA 分析，与第四章一样，数据选取从 2006 年开始。

一、河南省农业生产性服务业 2006—2016 年省级层面历年数据

（一）产出指标：农业增加值、农业生产性服务业增加值

表 5-2 河南省历年农业生产性服务业产出指标数据

年份	农业增加值（亿元）	农业生产性服务业增加值（亿元）
2006	1 916.73	46.91
2007	2 217.65	49.49
2008	2 658.77	54.39
2009	2 769.05	60.63
2010	3 258.11	65.68

① 秦天，彭钰，邓宗兵. 中国区域农业生产性服务业发展差异及驱动因素研究［J］. 产业经济评论，2018（06）：63—75.

续上表

年份	农业增加值（亿元）	农业生产性服务业增加值（亿元）
2011	3 512.24	71.84
2012	3 769.54	77.05
2013	4 058.98	86.27
2014	4 261.67	101.66
2015	4 348.41	138.85
2016	4 439.96	153.75

数据来源：河南省统计局（农业为广义农业，即包括农林牧渔）。

表 5-2 显示，从 2006 年到 2016 年，河南省农业增加值和农林牧渔服务业增加值逐年保持平稳增长，农林牧渔服务业增加值从 46.91 亿元增长到 153.75 亿元，增加了 2 倍多。

（二）投入要素指标：机播面积、固定资产投资、从业人员

表 5-3　河南省历年农业生产性服务业投入要素指标数据

年份	机播面积（千公顷）	农业生产性服务业固定资产投资（亿元）	农业生产性服务业从业人员数量（万人）
2006	6 212	21.48	369
2007	6 564	38.30	398
2008	7 714	51.52	423
2009	8 488	85.89	442
2010	9 063	53.17	458
2011	9 448	99.90	466
2012	9 618	220.80	474
2013	9 621	134.76	497
2014	10 205	147.50	471
2015	10 399	193.08	483
2016	10 538	227.65	486

数据来源：河南省统计年鉴（2007—2017）。

根据农业生产性服务业固定资产投资额数据，如表 5-3 所示，从 2006 年到 2016 年，河南省农业生产性服务业固定资产投资额增长速度快，从 2006 年的 21.48 亿元增长到 2016 年的 227.65 亿元，可以看出在这段时间，农业生产性服务业的发展得到大力支持；农业生产性服务业从业人员数，由于缺乏专项统计，

由各行业农村从业人数累加获得，逐年呈上升趋势。

（三）环境指标：农林水财政预算支出、城镇化水平、产业结构

表 5-4 河南省历年农业生产性服务业环境指标数据

年份	农林水财政预算支出（亿元）	城镇化率（%）	产业结构比例（%）
2006	76.01	32.47	15.1
2007	152.51	34.34	14.4
2008	209.59	37.89	14.4
2009	361.60	37.70	13.8
2010	399.19	38.82	13.7
2011	480.48	40.57	12.7
2012	551.73	42.43	12.4
2013	629.85	43.80	12.2
2014	661.94	45.20	11.8
2015	791.63	46.85	11.3
2016	807.06	48.50	10.6

数据资料来源：河南省统计局。

从农业生产性服务业发展的外部环境看，2006 年到 2016 年，河南省农林水财政预算支出从 76.01 亿元增长到 807.06 亿元，体现出河南省对农业发展的重视程度；城镇化率接近 50%，农民比例在下降，土地流转在这种背景下变成常态；第二、第三产业得到快速发展，农业 GDP 占总 GDP 的比重逐年下降，即产业结构比例越来越低，如表 5-4 所示。

二、河南省 2006—2016 年农业生产性服务业动态发展效率

在分析河南省农业生产性服务业动态发展情况时，为与 2016 年的静态发展效率三阶段 DEA 统计结果作为对比，这里只运用 DEAP2.1 对 2006—2016 年数据进行一阶段统计分析，结果如表 5-5 所示。

表 5-5 2006—2016 年河南省农业生产性服务业效率值

时间/年	综合效率	纯技术效率	规模效率	规模报酬
2006	1.000	1.000	1.000	—
2007	0.890	0.890	1.000	—
2008	0.849	0.854	0.994	drs

续上表

时间/年	综合效率	纯技术效率	规模效率	规模报酬
2009	0.738	0.739	0.998	drs
2010	1.000	1.000	1.000	—
2011	0.792	0.798	0.993	drs
2012	0.549	0.588	0.934	irs
2013	0.799	0.802	0.997	irs
2014	0.881	0.885	0.996	drs
2015	1.000	1.000	1.000	—
2016	1.000	1.000	1.000	—
mean	0.863	0.869	0.992	

“drs、irs、—”分别表示规模报酬递减、规模报酬递增、规模报酬不变。

根据表 5-5 可知，2006—2016 年河南省农业生产性服务业平均综合效率为 0.863，处于 DEA 无效状态，其中 2006 年、2010 年、2015 年以及 2016 年的综合效率、纯技术效率和规模效率均为 1，达到 DEA 有效，而其他年份综合效率小于 1，由纯技术效率和规模效率无效导致，除了 2007 年由纯技术效率导致。说明河南省 2006—2016 年期间综合效率不稳定，呈现波动趋势，需要进一步充分发挥现有技术的潜能来提高规模效率。河南省各地区情况如何、是否都处于发展前沿面、效率值是否受环境变量的影响，经典 DEA 模型很难回答这些问题，下文考虑进一步用三阶段 DEA 模型分析 2016 年河南省各地区农业生产性服务业的发展效率，以更全面掌握河南省的情况。

第三节　河南省农业生产性服务业各省辖市发展效率

一、2016 年河南省农业生产性服务业各省辖市原始数据

从产出指标、投入要素指标和环境指标三方面，介绍 2016 年河南各省辖市农业生产性服务业相关数据。

（一）产出指标：农业增加值、农业生产性服务业增加值

表 5-6　河南省 2016 年各省辖市农业生产性服务业产出指标数据（单位：亿元）

城市	农业增加值	农业生产性服务业增加值
郑州	159.17	2.81
开封	299.57	11.85
洛阳	252.56	18.56
平顶山	182.90	6.15
安阳	220.67	8.23
鹤壁	64.89	2.90
新乡	227.89	4.99
焦作	141.05	7.10
濮阳	164.76	2.89
许昌	168.07	5.59
漯河	116.28	2.40
三门峡	124.29	0.79
南阳	526.19	10.69
商丘	393.28	7.01
信阳	466.65	20.59
周口	474.48	16.85
驻马店	433.91	21.04
济源	23.56	0.29

数据资料来源：河南省统计局（农业为广义农业，即包括农林牧渔）。

受各省辖市可耕地面积大小各异和各地产业发展政策侧重点不同等的影响，河南省 18 个省辖市的农业增加值和农业生产性服务业增加值数据差异较大。农业生产性服务业增加值最大的是驻马店市，为 21.04 亿元，最小的是济源市，只有 0.29 亿元；从农业生产性服务业增加值占农业增加值的比例来看，驻马店市为 4.85%，济源市则只有 1.23%。不管是从绝对值还是比例上来说，两个城市间的农业生产性服务业发展水平差距还是比较大，济源市尚有较大的提升空间。

（二）投入要素指标：机播面积、固定资产投资、从业人员

表 5-7　河南省 2016 年各省辖市农业生产性服务业投入要素指标数据（机播面积和固定资产投资）

城市	各省辖市机播面积（单位：千公顷）	各省辖市农业生产性服务业固定资产投资总额（单位：亿元）
郑州	363.03	9.52
开封	640.50	7.90
洛阳	395.93	27.40
平顶山	410.23	20.19
安阳	510.01	15.13
鹤壁	180.87	2.93
新乡	631.04	11.57
焦作	295.61	5.33
濮阳	349.87	7.93
许昌	477.76	9.68
漯河	288.37	1.45
三门峡	106.12	12.76
南阳	1 470.75	38.45
商丘	1 155.18	1.94
信阳	409.78	17.26
周口	1 360.10	19.56
驻马店	1 445.75	13.97
济源	47.23	3.08

数据资料来源：河南省统计年鉴 2017（农业生产性服务业固定资产投资总额根据全省总体比例计算所得）。

南阳、信阳和驻马店是河南省农业生产主要城市，由于信阳市所处地形及种植作物的限制，农耕机械使用率不高，机播面积仅是南阳和驻马店的 30%左右；南阳市农业生产性服务业固定资产投资额为 38.45，居 18 个省辖市之首，信阳和驻马店的投资总额与南阳市相比，尚有较大差距，如表 5-7 所示。

表 5-8　河南省 2016 年各省辖市农业生产性服务业投入要素指标数据

（从业人员：万人）

城市	农业从业人员数量	农林牧渔服务业从业人员比例	农业生产性服务业从业人员
郑州	121.67	0.60%	0.57
开封	174.57	0.40%	0.47
洛阳	178.27	0.46%	0.70
平顶山	133.50	0.40%	0.63
安阳	145.50	0.22%	0.28
鹤壁	46.58	0.46%	0.13
新乡	160.36	0.40%	0.49
焦作	74.88	1.30%	0.98
濮阳	139.32	0.40%	0.41
许昌	120.53	0.60%	0.72
漯河	76.60	0.60%	0.46
三门峡	68.91	0.40%	0.25
南阳	322.74	0.21%	0.70
商丘	308.18	0.47%	1.04
信阳	152.12	1.60%	3.56
周口	408.81	0.50%	1.53
驻马店	235.16	0.60%	1.41
济源	13.91	0.30%	0.04

数据资料来源：河南省统计年鉴和各省辖市公布的全国第三次农业普查主要数据公告。

与河南省省级层面数据相比，各省辖市农业生产性服务业从业人数相对接近实际，它是通过各省辖市第三次农业普查公告数据中的“农林牧渔服务业从业人员比例”计算所得。从表 5-8 中可以看出，信阳市农业生产性服务业的从业人数最多，达 3.56 万人，占农业从业人数的 1.60%，从侧面可以说明，信阳市农业生产性服务业的发展程度在全省来说，相对还是比较高的。

（三）环境指标：农林水财政预算支出、城镇化水平、产业结构

表 5-9 河南省 2016 年各省辖市农业生产性服务业环境指标数据

城市	农林水财政预算支出（亿元）	城镇化率（%）	产业结构比例（%）
郑州	63.45	71.02	1.92
开封	37.04	45.88	16.39
洛阳	59.47	54.35	6.13
平顶山	31.85	50.80	9.68
安阳	36.41	48.51	10.47
鹤壁	10.73	57.21	8.03
新乡	41.80	50.44	10.29
焦作	21.01	56.45	6.39
濮阳	34.23	42.04	11.17
许昌	29.21	49.38	6.83
漯河	15.28	49.23	10.52
三门峡	25.03	53.11	9.31
南阳	83.90	42.97	16.55
商丘	53.49	40.00	19.42
信阳	66.28	44.42	21.89
周口	59.37	39.51	20.21
驻马店	61.14	39.80	20.92
济源	7.72	59.60	4.32

数据资料来源：河南省统计年鉴 2017。

值得一提的是，郑州市作为河南省省会城市，虽然不是农业产出主要城市，但其农林水财政预算支出在 2016 年达 63.45 亿元，在河南省各省辖市中居第三位；城镇化率最高，达 71.02%；第二、第三产业相对发达，农业 GDP 占总 GDP 的比重最小，仅有 1.92%，而信阳、周口和驻马店的产业结构比例是郑州的 10 倍之多，达 20%以上，如表 5-9 所示。

二、2016年河南省农业生产性服务业静态发展效率

（一）第一阶段DEA模型实证结果

采用DEAP2.1软件对2016年河南省各省辖市数据进行统计分析，结果如表5-10所示。2016年河南省各市农业生产性服务业综合效率、纯技术效率、规模效率的平均值分别为0.756，0.860，0.886。从各市的具体情况来看，开封、漯河、三门峡、商丘、信阳和驻马店的综合效率均为1，处于技术效率前沿，且这6个城市的纯技术效率和规模效率都为1。由于这个阶段计算的效率值没有考虑环境和随机误差因素的影响，所得数据不能完全反映18个省辖市农业生产性服务业效率的真实水平，需要进一步分析，即对原始投入进行相应调整。

表5-10　第一阶段DEA测算农业生产性服务业效率值

省辖市	综合效率	纯技术效率	规模效率	规模报酬
郑州	0.531	0.603	0.882	irs
开封	1.000	1.000	1.000	—
洛阳	0.933	0.943	0.989	irs
平顶山	0.447	0.476	0.937	irs
安阳	0.521	0.562	0.926	irs
鹤壁	0.718	1.000	0.718	irs
新乡	0.595	0.604	0.984	irs
焦作	0.994	1.000	0.994	irs
濮阳	0.624	0.687	0.909	irs
许昌	0.552	0.603	0.916	irs
漯河	1.000	1.000	1.000	—
三门峡	1.000	1.000	1.000	—
南阳	0.531	1.000	0.531	drs
商丘	1.000	1.000	1.000	—
信阳	1.000	1.000	1.000	—
周口	0.614	1.000	0.614	drs
驻马店	1.000	1.000	1.000	—
济源	0.552	1.000	0.552	irs
mean	0.756	0.860	0.886	

数据资料来源：河南省统计年鉴2017。

（二）第二阶段SFA模型实证结果

根据第一阶段的DEA模型，将每个DMU的投入松弛变量的值作为被解释变量，以农林水事务财政预算支出、城镇化水平、产业结构为解释变量，使用Frontier4.1构建SFA回归模型，分析结果如表5-11所示。

具体来看，回归方程的单边似然比检验的统计值都在10%上显著，表明环境因素显著，使河南省各市农业生产性服务业产生投入冗余。并且各回归模型的γ值为0.999，且都在1%水平上显著，这表明环境因素在农业生产性服务业中的影响占主导地位。

从各回归方程的系数来看，农林水事务财政预算支出与生产要素投入呈负相关关系，而城镇化水平和产业结构均正向影响生产要素投入，这说明环境变量影响农业生产性服务业发展效率，有必要进行第二阶段SFA模型分析，剥离环境因素和随机变量的影响。

表5-11　第二阶段SFA模型回归结果

项目名称	机播面积松弛变量	农业生产性服务业固定资产投资松弛变量	农业生产性服务业从业人员松弛变量
常数项	624.152***	21.561***	214.236***
农林水事务财政预算支出	0.302***	0.052***	0.413***
城镇化水平	−9.697***	−0.327***	−3.166***
产业结构	−13.821***	−0.774***	−6.918***
γ	0.999***	0.999***	0.999***
σ^2	23 771.62***	24.02***	1 084.02***
Log likelihood	−101.768	−40.66	−78.203
LR test of the oneside error	12.207	9.868	5.151

*** 表示变量在1%统计水平上显著。

（三）第三阶段DEA模型实证结果

这一阶段将再次运用经典DEA模型。在第二阶段中，已经剔除环境因素和随机误差因素的影响，将调整后的投入变量再次代入经典DEA模型进行分析，结果如表5-12所示。

表 5-12 第三阶段 DEA 测算农业生产性服务业效率值

省辖市	综合效率	纯技术效率	规模效率	规模报酬
郑州	0.650	0.770	0.844	irs
开封	0.948	0.963	0.984	irs
洛阳	1.000	1.000	1.000	—
平顶山	0.562	0.675	0.833	irs
安阳	0.669	0.763	0.876	irs
鹤壁	0.432	0.851	0.507	irs
新乡	0.734	0.805	0.912	irs
焦作	0.965	1.000	0.965	irs
濮阳	0.827	1.000	0.827	irs
许昌	0.792	0.925	0.856	irs
漯河	0.766	1.000	0.766	irs
三门峡	0.799	1.000	0.799	irs
南阳	0.734	1.000	0.734	drs
商丘	1.000	1.000	1.000	—
信阳	1.000	1.000	1.000	—
周口	0.765	1.000	0.765	drs
驻马店	1.000	1.000	1.000	—
济源	0.291	1.000	0.291	irs
mean	0.774	0.931	0.831	

“drs、irs、—”分别表示规模报酬递减、规模报酬递增、规模报酬不变。

可以发现，第一阶段和第三阶段的效率值存在差异，说明河南省农业生产性服务业的发展明显受到了环境因素的影响。2016 年，河南省各市综合效率、纯技术效率及规模效率值的平均值，从最初的 0.756、0.860、0.886 变为 0.774、0.931、0.831，综合效率提高了 0.018，但仍有 22.6%的上升空间，可以看出综合效率的上升源于纯技术效率的提高。但是，综合效率的平均值小于 1，可见河南省需要采取措施来提高对农业生产性服务业投入资源的利用效率。

从各省辖市具体来看，除商丘市、信阳市和驻马店市 3 个城市未受到环境因素或随机误差因素的干扰，其他城市综合效率、纯技术效率、规模效率均产生不同程度的变动。此外，郑州、开封、平顶山、安阳、鹤壁、新乡、许昌的综合效率值低于 1，由纯技术效率和规模效率共同导致，表明这 7 个城市并没有有效利用现有的技术条件来达到最优规模，且处于规模报酬递增阶段，需要进一步增加投入规模；焦作、濮阳、漯河、三门峡、南阳、周口和济源的综合效率值小于1，为 DEA 无效，但纯技术效率有效，主要是由规模效率无效导致。

第四节　河南省农业生产性服务业发展特征及对策

一、河南省农业生产性服务业发展特征

前文对河南省农业生产性服务业的发展效率从纵向和横向两个纬度进行了实证分析，其发展特征也将从 2006 年—2016 年进行动态分析，以及对 2016 年进行静态分析。

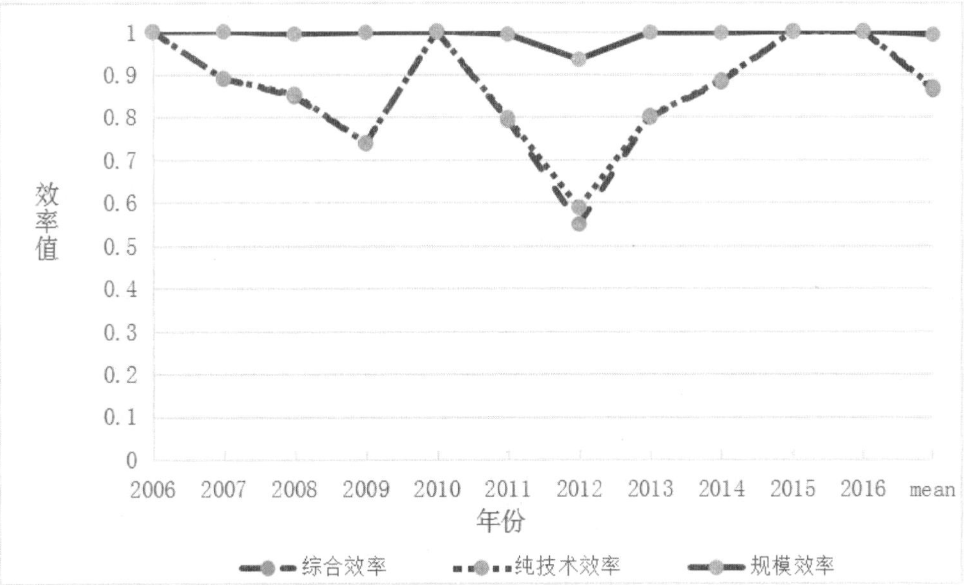

图 5-1　河南省 2006—2016 年农业生产性服务业动态发展效率

（一）河南省农业生产性服务业发展效率的动态分析

河南省 2006—2016 年 DEA 数据结果如图 5-1 所示，可以直观看出河南省农业生产性服务业发展效率呈“W”波动趋势，这一发展态势主要受纯技术效率影响。2006—2012 年间，除 2010 年外，农业生产性服务业发展效率呈波动下降趋势，在 2012 年降到最低值 0.549，这反映出当时农业生产性服务业发展的“软件”，即理念和制度存在滞后性，虽然要素投入、规模扩张这一“硬件”一直处

于不错的状态，但“软硬件”没有同时兼顾，导致农业生产性服务业规模稳定发展的时候，行业综合发展效率却一直下降。2012 年以后，农业生产性服务业制度体系逐渐完善，产业结构体系在资源配置和利用方面逐步发挥作用，纯技术效率和规模效率差距减小，河南省农业生产性服务业发展效率出现稳步上涨势头。

（二）河南省农业生产性服务业发展效率的静态分析

为了方便各省辖市对比分析，以黄河为界，将黄河以北的安阳市、鹤壁市、新乡市、焦作市、濮阳市、济源市归为北部城市，南阳市、驻马店市和信阳市归为南部城市，其余为中部城市，用图 5-2 分区域来直观展示河南省 2016 年北部、中部和南部城市农业生产性服务业发展效率情况。

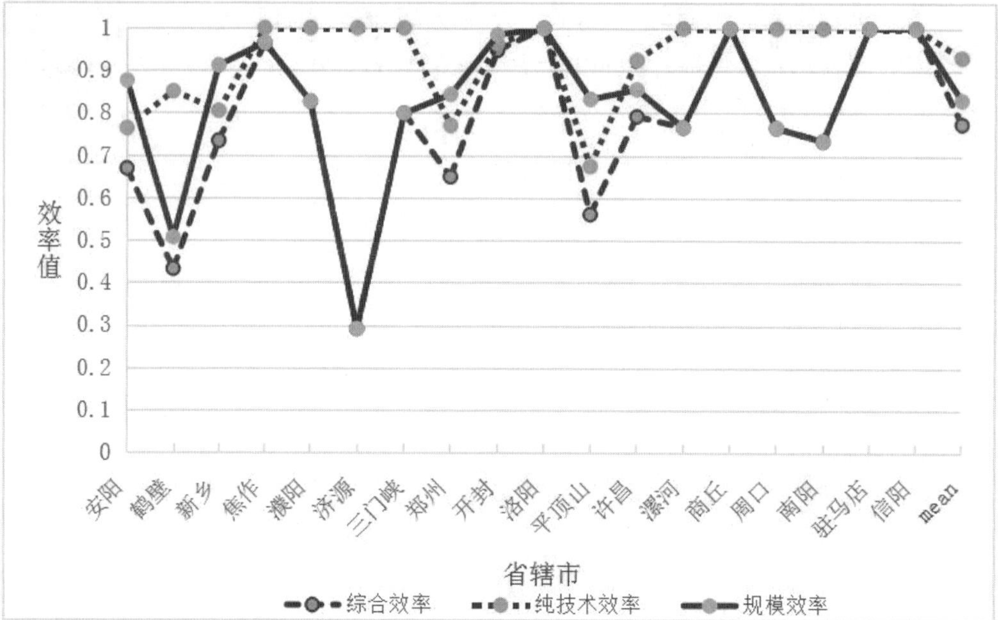

图 5-2　河南省 2016 年不同地域农业生产性服务业静态发展效率

1. 2016 年农业生产性服务业发展的纯技术效率

2016 年河南省纯技术效率均值为 0.931，处在非技术前沿面，说明存在资源低效利用的问题。但河南省纯技术效率总体情况较好，有 11 个城市纯技术效率为 1，其中北部城市有 3 个，中部城市有 5 个，南部城市有 3 个，这些城市的管理技术水平较高，实现了资源的合理配置和利用；其余 7 个城市未达到纯技术效率的有效状态。如何优化产业结构、完善行业制度来提高投入产出效率，达到夯实农业生产性服务业发展“软件”的目的，是当前迫切需要解决的问题。

2. 2016 年农业生产性服务业发展的规模效率

2016 年河南省规模效率均值为 0.831，处于非有效状态。有 4 个城市规模效率为 1，其中中部城市 2 个，南部城市 2 个，达到了生产的最优规模。其余 14 个城市均存在着生产要素投入冗余或发展规模不足的情况，其中北部城市不均衡现象明显，鹤壁市和济源市的规模效率远低于河南省平均水平。

3. 2016 年农业生产性服务业发展的规模报酬

2016 年河南省规模报酬不变的城市有 4 个，主要集中于南部地区。农业生产性服务业发展规模报酬递增的城市有 12 个，主要集中于北部和中部地区，表明这些城市在农业生产性服务业发展中需要增加生产要素投入和利用率，达到最优规模。南阳市和周口市处于规模报酬递减状态，说明这两个城市存在生产要素投入冗余的情况，在以后的发展中，要注意“量”的限制和“质”的提升。

二、河南省农业生产性服务业发展差异的主要影响因素

（一）“硬件”和“软件”发展情况

从发展效率数据看，河南省多数省辖市的农业生产性服务业存在着“硬件”和“软件”发展不均衡的问题。

1. 动态发展上看

河南省农业生产性服务业的规模效率一直较为稳定，纯技术效率经历了从下降到上升的变化过程，那么从整体层面上看，河南省农业生产性服务业近几年软硬件发展趋于良好。

2. 静态发展上看

2016 年，6 个北部城市农业生产性服务业发展规模均未达到最优，焦作市、濮阳市和济源市纯技术效率为 1，但安阳市、鹤壁市和新乡市的纯技术效率都低于省平均值，说明 6 个城市的生产要素等硬件投入不足，产业结构和行业制度等软件发展程度不一。

中部城市，除洛阳市、商丘市外，其他省辖市规模效率均低于 1，尤其是周口市，规模报酬处在递减状态，说明多数城市出现生产要素投入冗余的问题，中部城市农业改革理念和制度较为不错，纯技术效率好于北方城市，但郑州市和平顶山市在这方面相对较落后，这与当地的经济发展侧重点有关，郑州市是省会城市、平顶山市则是煤炭资源型城市。

南部城市纯技术效率均为1，软件发展领先、资源利用率高，发展农业生产性服务业的理念和制度超前，信阳市、驻马店市发展规模也达最优状态，但南阳市处于规模报酬递减状态，存在生产要素投入过多的问题。

3. 实证结论

农业生产性服务业的发展效率，即综合效率是由纯技术效率和规模效率共同决定的，任何一方发展不足都会影响农业生产性服务业的发展。各省辖市农业生产性服务业软硬件发展不均衡，导致各地区发展效率参差不齐，如何进行资源优化配置、提高资源利用率是以后农业生产性服务业发展中要重点考虑的问题。

（二）外部环境因素

具体分析2016年河南省各地区农业生产性服务业发展效率测量过程，可以看出，环境因素会干扰农业生产性服务业发展。

1. 干扰情况

以纯技术效率为例，第一阶段有11个市的纯技术效率值为1，到了第三个阶段，只有鹤壁市和开封市这两个市退出技术前沿面；在第一个阶段，纯技术效率不理想的7个市，在第三阶段都获得了不同程度的增加，其中濮阳市和洛阳市两个市的纯技术效率值上升到1，说明这些市的农业生产性服务业发展的“软件”并没有那么差，而是受到了农林水事务财政政策、城镇化发展、产业结构等因素的影响，使得农业生产管理技术水平产生变动。

2. 如何干扰

（1）农林水事务财政预算的干扰过程。

从第二阶段SFA模型回归结果看，农林水事务财政预算支出回归系数为正，财政支出的增加并不利于农业生产性服务业发展效率的提高，这与政策初衷和预期都相悖。从数据看：财政支出反而造成了农业机械、固定资产投资和从业人员过量增加，资金利用效率低。对于这一现象，可能是由于农林水事务财政支出推动了农业基础设施建设和农业机械化水平的提高，使得农业生产更加便利，部分农民重新回归农业生产，造成劳动力冗余；另外，粗放式的农业生产模式，造成固定资产出现重复投资或者闲置的情况，缺乏规划。

（2）城镇化水平的干扰过程。

城镇化水平回归系数为负，表明随着河南省城镇化水平的提高，农业生产性服务业发展效率也得到了提升。这表明城镇化水平越高，投入冗余越少，资源得到更合理配置，说明随着城镇化率的提高，农业从业人员减少，加上农村居民收入的增加，促进农业更多采用机械化生产，农业生产效率得以提高。

(3) 产业结构的干扰过程。

产业结构的回归系数也为负，同样对农业生产性服务业发展效率的提高起促进作用，说明随着服务业的繁荣，农业生产性服务业得到快速发展，农业生产机械化水平及资源利用率也相应提高。

三、推动河南省农业生产性服务业发展的对策

(一)"硬件""软件"兼顾发展

在推进河南省农业生产性服务业发展进程中，要兼顾"硬件"和"软件"的发展，不可厚此薄彼，要逐渐缩小二者的差距，实现"量"和"质"的同步发展。具体措施如下。

1. 夯实硬件

对于济源市、三门峡市、漯河市等位于规模报酬递增的 12 个市，适当增加农业配送、农业金融、农业信息、农业销售和农技推广等服务业的固定资产投资或拓宽经营范围，促使这些地区达到最优生产规模；对于南阳市和周口市这两个地区，为改变产业结构合理、规模报酬却递减的状况，可制约农业生产性服务业的投资，或充分开垦可耕地，来提升规模生产带来的收益。

2. 提升软件

对于郑州市、平顶山市、安阳市、鹤壁市、新乡市等纯技术效率有较大提升空间的城市，地方政府要充分发挥其主导作用，通过农技推广、远程教育、职业技能培训等多种方式提升从业人员的专业技能；同时，还应该通过加大自身农业科学研究力度或引进现代农业生产技术，推动这些地区提升农业科技水平。也可通过外包给第三方的方式，实现农业生产的专业化分工，提高农业生产管理技术水平和资源利用率。

(二)优化外部发展环境

1. 建立有效的农林水事务财政支出评价机制

为改变河南省农林水财政预算执行效率低下的难题，可具体采取以下措施：一是根据各地区实际需求做好预算编制工作，并探索更合理的资金投资方式，如采用示范园区建设资金、规模经营奖励基金、农业服务业补贴专项基金等方式，促进农业生产性服务业的可持续发展；二是监督资金执行进度，提高支出的均衡性；三是建立资金使用绩效考评机制，对农林水财政预算资金流向和实施效果进

行考核，并纳入政府政绩考核中，以提高财政预算支出效率。

2. 推动城镇化建设，促进农村土地经营权规范流转

提高城镇化水平和农村土地规模流转可以推动农业经营规模化，从而促进农业生产性服务业的规模化、专业化发展，有效降低农业生产成本。① 目前河南省土地流转过程中，还普遍存在着诸如“流转手续不规范”“流转期限短”“土地补贴不到位”“流转土地利用不合理”等问题，政府必须发挥职能作用，规范农村土地流转行为，实现农业生产高效率。

3. 加大第三产业，特别是农业生产性服务业的发展

为加快实现河南省农业供给侧结构性改革，各级政府可建立适合当地发展实情的产业融合发展机制，实现农业与其他产业结构互补，构建现代农业生产体系。在这种指导思想之下，政府应持续增强农业生产性服务业的发展力度，推动农业公共服务平台②和组织的建设，合理规划农业生产性服务业供给内容，并引导农业生产进行专业化分工，提高农业生产性服务业发展水平，以促进河南省农业转型升级。

4. 利用互联网实现创新发展

以物联网、大数据、云计算等为代表的互联网技术对经济发展和社会生活产生很大冲击，农业生产性服务业在经营观念、生产技术、运营流程、品牌培育、目标市场选择等方面面临变革和创新，借此可以将科技、信息、资金、人才等生产要素更好地引入到农业生产中，促进农业的转型升级发展。③

一是可以促进互联网与传统农业生产性服务业融合发展，以实现业态创新，即依托互联网、物联网和大数据等现代信息技术对农业现代服务进行全面渗透，从而塑造以互联网为中心的新型农村服务。④

二是在互联网运营环境下，通过技术渗透、资源整合等方式，实现农业组织管理和商业模式创新，构建一种集“互联网＋农业＋渠道＋技术＋服务”于一体的综合平台，创新农业配送、农业信息、农业销售等农资企业的商业模式。

---

① 李慧，阴朋莉．基于 DEA－Tobit 模型的生产性服务业对农业生产效率的影响：以河南省为例［J］．技术与创新管理，2016（06）：678－683.

② 姜长云．发展农业生产性服务业的模式、启示与政策建议：对山东省平度市发展高端特色品牌农业的调查与思考［J］．宏观经济研究，2011（03）：14－20.

③ 李瑾，郭美荣，冯献．互联网环境下现代农业服务业创新与发展：国内外研究综述［J］．上海农业学报，2019，35（01）：118－122.

④ 祁欢．互联网＋视域下农村现代服务业发展研究［J］．农业经济，2017（02）：45－47.

第六章　产业融合视角：河南省农业生产性服务业与农业融合发展实证分析

国家层面和河南省层面都提出加快推动农业与农业生产性服务业的融合，促进农业发展。在国家和河南省政策的引导下，河南省农业与农业生产性服务业获得了一定程度的融合发展。然而，河南省农业各服务业经过长期发展，是否与农业进行有效融合，进一步促进河南省农业发展，是需要关注的重要问题。本章将分析河南省层级和代表性省辖市农业生产性服务业各子系统（各细分服务领域）与农业的融合效果，并针对性提出促进融合发展的相关对策。

第一节　研究方法与测量指标选择

为了准确分析农业生产性服务业各子系统与农业之间的融合现状，需要选择合适的分析方法，以及选择衡量农业和农业生产性服务业中各子系统发展状况的指标，因此，本节将系统分析实证分析模型的选择和构建，以及衡量农业生产性服务业子系统的指标选择。

一、研究方法的选取

（一）耦合性分析方法的对比分析

农业系统和农业生产性服务业系统之间产生相互影响，并且各自包括多种因素，即农业生产性服务业系统包括农业营销、技术、金融保险、信息等子系统。本著作拟研究农业生产性服务业各子系统与农业系统的融合程度。回归分析方法作为一种普遍被采用的统计分析方法，适用于分析较少自变量对因变量的影响，以及线性的模型，并不适用于多因素、非线性的数据分析。相比于回归分析法，灰色关联分析方法基于所研究的两个因素随时间变化的相似或相异程度来测量两因素之间的关联强度。考虑到分析因素的动态发展态势，在一定程度上弥补了回归分析方法的不足，因此，本文采用灰色关联分析方法分析农业生产性服务业子系统与农业系统之间的关联程度。

（二）灰色关联分析模型的构建

本书采用灰色系统建模软件 GM，分析相对灰色关联度，分析过程如下：

第一，建立序列。

设农业的数据序列为参考序列：

$$X_0 = (X_0(1), X_0(2), \cdots X_0(t))Z$$

设农业生产性服务业的子系统作为比较序列：

$$X_i = (X_i(1), X_i(2), \cdots X_i(t)) \qquad i = 1, 2, \cdots n$$

其中：t 表示时间，i 为比较序列，n 为比较序列的个数。

第二，原始数据的无量纲处理。

由于对农业生产性服务业子系统和农业发展测量的指标数据单位不一致，无法进行直接分析，需要对原始数据进行无量纲化处理。现有研究主要通过均值化、标准化、初值化、百分比变换、归一化等方法对数据进行无量纲处理。本著作选择 GM 软件统计计算灰色相对关联度，且 GM 软件采用无量纲化的处理方法是初值化方法，即对每个序列的数据都除以第一个数据，因此，得到的每个无量纲序列中的第一个数据都为 1。

对参考序列处理为：$X_0 = (X_0(1)/X_0(1), X_0(2)/X_0(1), \cdots X_0(t)/X_0(1))$

对比较序列处理为：$X_i = (X_i(1)/X_i(1), X_i(2)/X_i(1), \cdots X_i(t)/X_i(1))$

$i = 1, 2, \cdots n$

第三，灰色关联度的计算。

$$| S'_0 | = | \sum_{k=2}^{n-1} x_0^{0'}(k) + \frac{1}{2} x_0^{0'}(n) | \tag{1}$$

$$| S'_i | = | \sum_{k=2}^{n-1} x_i^{0'}(k) + \frac{1}{2} x_i^{0'}(n) | \tag{2}$$

$$| S'_i - S'_0 | = | \sum_{k=2}^{n-1} (x_i^{0'}(k) - x_0^{0'}(k)) + \frac{1}{2}(x_i^{0'}(n) - x_0^{0'}(n)) | \tag{3}$$

$$r_{0i} = \frac{1 + | S'_0 | + | S'_i |}{1 + | S'_0 | + | S'_i | + | S'_i - S'_0 |} \tag{4}$$

其中，$x_i^{0'}(n)$ 是 $x_i(n)$ 初值像的始点零化像。根据以上步骤，得出灰色关联度。

二、测量指标选择

根据学术界对生产性服务业的界定和国务院下发的《关于加快发展服务业的

若干意见》，本著作将农业生产性服务业主要分为农业配送、信息、金融、营销和科技服务子系统。

采用国家统计年鉴中的农业增加值和农林牧渔增加值来衡量农业发展情况。对于农业生产性服务业的测量指标选择，考虑到数据的可获得性，本文主要分析农业配送服务、农业信息服务、农业金融保险服务、农产品营销服务和科技服务分别与农业的融合发展现状，其中采用总产值的增加值来测量各系统的整体发展情况。农业生产性服务业子系统的指标，如表 6-1 所示。本章从河南省省级层面和代表省辖市层面分析农业生产性服务业各子系统与农业的融合效果，河南省、郑州市、洛阳市、漯河市和信阳市之间在农业生产性服务业各子系统的指标描述和数据可获得性方面存在一定的差异，因此，在融合效果评价分析指标上会存在差异，在表 6-1 中综合所有的指标，后面对融合效果评价分析就不再一一列举子系统的指标。

表 6-1 农业生产性服务业子系统核心指标

农业生产性服务业子系统	总体指标	核心子指标
农业配送服务业	交通运输与邮电业增加值	客运量、货运量、农村投递线路长度、移动电话普及率（或用户）、交通运输与邮电业固定资产投资、运输与邮电业乡村从业人数、邮电业务总量
农业信息服务业	信息服务业（信息传输、软件和信息技术服务业）增加值	企业法人数、互联网用户、从业人数（信息传输、软件和信息技术服务业）、信息业固定资产投资
农业金融保险服务业	金融业增加值	就业人数、金融机构人民币贷款年度余额、保险公司保费收入
农业营销服务业	批发与零售业增加值、租赁与商贸业增加值	限额以上批发与零售企业商品销售总额、限额以上批发与零售企业粮油、食品类消费总额、社会消费品乡村零售总额、批发零售业（农村农户）固定资产投资、批发零售业企业单位数、租赁与商贸业固定资产投资、租赁与商贸业从业人员数
农业科技服务业	科学技术增加值	从事科技活动人员数（科技服务从业人数）、技术市场合同（农林牧渔）成交额、技术市场合同（电子信息）成交额、科技活动经费支出

指标选取上，总体指标是每个农业服务业子系统紧密相关的行业，但由于农

业生产性服务业统计标准还未确定，在目前统计资料中没有专项统计，因此核心子指标的选取难度较大。核心子指标在选取上本着尽可能贴近农业服务业数据的原则，如农业配送服务中的“农村投递线路长度”和“乡村从业人员数”、农业科技服务中的“农林牧渔技术市场合同成交额”等，都在最大可能地反映农业生产性服务业发展的真实情况。

第二节　河南省省级层面的实证分析

本节利用灰色关联分析软件 GM 对河南省省级农业和农业生产性服务业各子系统测量指标的数据进行分析得到相对灰色关联度，从而分析农业和农业生产性服务业整体、局部融合效果，并提出促进融合的对策。

一、原始数据与数据来源

利用交通部新统计方法测算 2013 年和 2015 年客货运量。2011 年固定资产投资为新口径。互联网用户数据、2009 年科技服务人员数据来源于河南省国民经济和社会发展统计公报，其余数据来源于河南省统计年鉴。经过汇总整理而成的 2007—2017 年河南省农业、农业生产性服务业子系统的时间序列数据。详细的原始数据见表 6-2 至表 6-7 所示。

（一）河南省农业和农林牧渔服务业总体数据

表 6-2　河南省农业和农林牧渔服务业增加值（单位：亿元）

年份	2007	2008	2009	2010	2011	2012	2013	2014	2015	2016	2017
农林牧渔服务业增加值	49.39	54.39	60.63	65.68	71.84	77.05	86.28	101.66	138.85	153.75	171.26
农业增加值	2 217.65	2 658.77	2 769.05	3 258.11	3 512.24	3 769.54	4 058.98	4 261.67	4 348.41	4 439.96	4 310.55

数据资料来源：河南省统计年鉴 2008—2018。

从 2007 年到 2017 年，河南省农、林、牧、渔业服务业和农业实现了稳步增长，农林牧渔服务业增加值虽然绝对值小，增速却快，2017 年为 171.26 亿元，是 2007 年的近 3.5 倍，相比之下，农业增长较缓，且在 2014 年之后增速呈下降趋势，2017 年出现了负增长。这说明，河南省的农业生产性服务业还在成长阶段，仍有很大发展空间。

（二）河南省农业生产性服务业子系统数据

1. 农业配送服务业

表 6-3 河南省农业配送服务业（交通运输、邮电业）

年份	货运量（万吨）	客运量（万人）	农村投递线路长度（公里）	移动电话普及率（部/百人）	交通运输与邮电业固定资产投资（亿元）	运输与邮电业乡村从业人员（万人）	交通运输与邮电业增加值（亿元）
2007	101 410	122 557	192 717	29.7	508.38	159.99	867
2008	138 392	130 436	195 657	35.4	485.48	168.08	1 044
2009	169 643	144 666	193 533	40.4	583.89	173.06	824
2010	202 470	167 804	193 690	44.6	791.54	177.89	873
2011	240 965	193 882	193 183	53.8	812.54	181.07	962
2012	272 240	208 094	197 726	61.5	927.25	184.12	1 152
2013	184 669	137 571	198 258	76.5	1 201.45	193.10	1 474
2014	200 626	141 780	199 992	82.0	1 427.56	182.68	1 676
2015	192 715	126 812	194 476	84.5	1 937.81	187.59	1 810
2016	205 385	122 342	190 288	82.8	1 954.49	188.67	1 938
2017	229 458	116 574	192 167	97.4	2 487.54	191.90	2 163

数据资料来源：河南省统计年鉴 2008—2018。

根据表 6-3，从整体来看，配送服务业增加值从 2007 年的 867 亿元到 2017 年的 2 163 亿元，从 2009 年开始增速较快；从局部来看，农业配送服务中货运量、移动电话普及率、交通运输与邮电业固定资产投资、运输与邮电业乡村从业人数尽管从 2007 年到 2017 年的 11 年间有所波动，但总体上是增加的。然而，农业投递线路长度 11 年间保持平稳。此外，表 6-2 显示河南省农业总值在不断增加，这说明河南省农业投递线路长度与农业总值的变化趋势不一致，在一定程度上说明了农业投递路线与农业之间并没有较高的关联度。

2. 农业信息服务业

表 6-4 河南省农业信息服务业（信息传输、软件和信息技术服务业）

年份	企业法人数（个）	互联网用户（万户）	乡村从业人员（信息传输、软件和信息技术服务业）（万人）	信息业固定资产投资（亿元）	信息服务业增加值（亿元）
2007	2 497	403.30	16.07	59.01	206
2008	4 631	494.40	17.80	55.58	245
2009	4 892	625.99	20.44	76.06	250
2010	5 267	2 015.83	23.62	58.93	263
2011	5 564	3 043.42	24.05	31.91	326
2012	6 451	3 857.20	24.45	46.78	348
2013	4 809	5 098.00	25.64	74.72	378
2014	6 306	5 657.14	24.26	106.69	454
2015	11 964	6 626.93	24.91	161.65	627
2016	18 203	8 145.50	25.05	238.95	768
2017	25 564	9 670.83	65.26	310.02	946

数据资料来源：河南省统计年鉴 2008—2018。

根据表 6-4 可知，河南省 2017 年的农业信息服务业增加值约为 2007 年的 4.5 倍，企业法人数、互联网用户、乡村从业人员和信息业固定资产投资从 2007 年到 2017 年均有大幅度的增加，尤其是互联网用户的增加幅度较大，2017 年互联网用户是 2007 年的近 24 倍。

3. 农业金融服务业

表 6-5　河南省农业金融保险服务业

年份	就业人数（万人）	金融机构人民币贷款年底余额（亿元）	保险公司保费收入（亿元）	金融业增加值（亿元）
2007	22.32	9 545.48	323.56	302
2008	21.58	10 368.05	518.92	345
2009	22.48	13 437.43	565.39	500
2010	23.47	15 871.32	793.28	698
2011	25.15	17 506.24	839.82	868

续上表

年份	就业人数（万人）	金融机构人民币贷款年底余额（亿元）	保险公司保费收入（亿元）	金融业增加值（亿元）
2012	24.75	20 301.72	841.13	1 014
2013	25.35	23 511.41	916.52	1 281
2014	25.44	27 228.27	1 036.08	1 509
2015	25.90	31 432.62	1 248.76	1 991
2016	31.56	36 501.17	1 555.15	2 257
2017	30.83	41 743.31	2 020.07	2 509

数据资料来源：河南省统计年鉴 2008—2018。

根据表 6-5 可知，河南省 2017 年的农业金融保险服务业增加值约为 2007 年的 8 倍，就业人数、金融机构人民币贷款年底余额、保险公司保费收入从 2007 年到 2017 年都有所增加，尤其是保险公司保费收入增加幅度较大。

4. 农业营销服务业

表 6-6　河南省农业营销服务业（批发与零售业、租赁与商贸业）

年份	限额以上批发与零售企业粮油、食品类消费总额（亿元）	社会消费品乡村零售总额（亿元）	批发零售业农村农户固定资产投资（亿元）	租赁商贸业从业人员数（万人）	批发与零售业增加值（亿元）	租赁与商贸业增加值（亿元）
2007	167.05	1 184.84	2.44	16.29	766	108
2008	237.10	1 439.75	1.37	20.08	902	134
2009	299.21	1 660.64	3.33	26.85	1 058	163
2010	591.92	1 385.39	3.45	29.04	1 294	196
2011	798.72	1 631.88	3.08	32.15	1 586	265
2012	883.25	1 893.89	3.21	33.06	1 878	312
2013	764.99	2 189.84	3.97	31.05	2 073	352
2014	1 145.44	2 501.89	3.98	41.90	2 278	458
2015	1 646.87	2 853.81	4.01	51.69	2 609	568
2016	2 318.09	3 218.49	14.33	57.39	2 987	671
2017	1 767.13	3 622.30	12.31	70.17	3 263	801

数据资料来源：河南省统计年鉴 2008—2018。

根据表 6-6 可知，河南省农业营销服务中从 2007 年到 2017 年批发与零售业增加值、租赁与商贸业增加值都呈现增加趋势。各项具体指标尽管从 2007 年到 2017 年期间在某些年份有所下降，但总体上是在波动中增加的。

5. 农业科技服务业

表 6-7 河南省农业科技服务业

年份	科技活动从业人员数（人）	技术市场合同（农林牧渔）成交额（万元）	技术市场合同（电子信息）成交额（万元）	科学技术增加值（亿元）
2007	192 173	11 128	59 690	94
2008	209 793	18 793	25 654	111
2009	226 500	22 004	16 155	118
2010	262 112	16 558	43 900	148
2011	292 902	10 614	33 539	166
2012	305 990	18 157	48 873	198
2013	330 257	29 306	42 419	274
2014	343 697	23 592	36 894	312
2015	346 902	23 400	119 890	366
2016	371 369	36 444	98 065	405
2017	301 300	39 938	139 916	494

数据资料来源：河南省统计年鉴 2008—2018。

根据表 6-7 可知，河南省农业科技服务中从 2007 年到 2017 年科技服务业增加值的增幅约为 400 亿元。农业科技服务中科技活动从业人员数从 2007 年到 2016 年逐年增加，但在 2017 年有所下降；农林牧渔、电子信息的技术市场合同成交额自 2007 到 2017 年总体上有所增加，其中，在 2015 年电子信息的技术市场合同成交额大幅度增加，这应该与当年的政策推动分不开。

二、河南省农业与农业生产性服务业融合效果评价

采用灰色关联分析软件 GM 得到相对灰色关联度。本节从整体和局部两方面分析河南省省级层面农业与农业生产性服务业的融合效果。

（一）河南省农业与农业生产性服务业整体融合效果分析

表 6-8 河南省农业与农业生产性服务业增加值灰色关联度结果

	交通运输与邮电业增加值	信息服务业增加值	金融业增加值	批发与零售业增加值	租赁与商贸业增加值	科学技术增加值	农业增加值
农林牧渔服务业增加值	0.875 2	0.874 4	0.629 1	0.750 5	0.666 4	0.743 1	0.989 9
农业增加值	0.867 6	0.882 2	0.631 8	0.755 7	0.669 8	0.748 1	—

数据资料来源：河南省统计年鉴 2008—2018。

根据表 6-8，从总体增加值角度，分析整体上农业生产性服务业的子系统与农业的融合程度。总体来看，农业生产性服务业与农业的融合程度处于中等程度，没有达到有效融合。

从分行业子系统整体情况具体来看，交通运输与邮电业、信息服务业分别与农业增加值、农林牧渔服务业增加值的灰色关联度均在 0.8—0.9 之间，达到良好融合，表明河南省农业配送服务业、信息服务业发展有效促进了农业的发展。批发与零售业、科学技术与农业增加值、农林牧渔服务业增加值的关联度在 0.7—0.8 之间，达到中等的融合程度，还有待进一步服务于农业发展。租赁与商贸业、金融业与农业增加值、农林牧渔服务业增加值的灰色关联度都低于 0.7，说明在河南省租赁和商贸业、金融服务业对农业没有产生良好的促进作用。因此，尽管河南省作为农业大省，定位于重要粮食生产区域，但是经过持续的发展，农业生产性服务业子系统并没有与农业达到有效融合，仍需在很大程度上提高两者之间的融合度，来加快促进河南省农业发展水平的提高。

（二）河南省农业与农业生产性服务业局部融合效果分析

表 6-9　河南省农业与农业生产性服务业子系统灰色关联度排序结果

农业生产性服务业系统	评价指标	灰色关联度
农业配送服务业	货运量	0.846 0
	移动电话普及率	0.798 3
	交通运输与邮电业固定资产投资	0.757 8
	客运量	0.694 7
	运输与邮电业乡村从业人数	0.632 6
	农村投递线路长度	0.544 6
农业信息服务业	从业人数（信息传输、软件和信息技术服务业）	0.943 7
	信息业固定资产投资	0.927 6
	企业法人数	0.647 2
	互联网用户	0.537 8
农业金融保险服务业	金融机构人民币贷款年底余额	0.750 7
	保险公司保费收入	0.673 7
	就业人数	0.630 8

续上表

农业生产性服务业系统	评价指标	灰色关联度
农业营销服务业	社会消费品乡村零售总额	0.911 2
	批发零售业农村农户固定资产投资	0.837 1
	租赁与商贸业从业人员数	0.765 0
农业科技服务业	科技服务从业人数	0.919 6
	技术市场合同（农林牧渔）成交额	0.822 9
	技术市场合同（电子信息）成交额	0.574 9

数据资料来源：河南省统计年鉴 2008—2018。

从农业与农业生产性服务业子系统各具体指标之间的相对灰色关联度结果来分析，如表 6-9 所示。具体来看：

1. 农业配送服务方面

货运量与农业的关联度达到 0.8 以上，产生良好的促进作用；移动电话普及率、交通运输与邮电业固定资产投资分别与农业的关联度在 0.7—0.8 之间，产生中等程度的关联度；客运量、运输与邮电业乡村从业人数、农村投递线路长度分别与农业的关联度均低于 0.7，其中农业投递线路长度与农业的关联度最低，为 0.544 6。究其原因，河南省农资产品仍然是“农户＋市场”配送模式占主导地位，即农户承担生产者和流通者的双重角色，直接将农产品运输到市场，没有经过过多的中间环节。[①] 在此情况下，河南省农户承担主要配送责任，且无法实现大批量的配送，导致农产品的销售渠道受到极大限制。然而，基于农业没有实现规模化这一现实，农户难以依靠自身能力拓宽销售渠道。

2. 农业信息服务方面

信息传输、软件和信息技术服务业从业人数，信息业固定资产投资与农业的关联度均高于 0.9，具有较高的关联度，而企业法人数与农业的关联度仅为 0.647 2，互联网用户与农业的关联度最低，为 0.537 8，可以看出农业信息服务业没有与农业达到良好的融合，没有促进河南省农业获得很大的发展。

究其原因，河南省近几年为加快农业信息，充分发挥农户在种植和销售农产品中的重要作用，不断完善农村信息网络基础设施，但是河南省农民仍主要通过

① 李明慧．基于农户参与的河南省农产品配送模式研究［J］．中国农业资源与区划，2016，37（11）：182—186.

相互之间的交流获得基本的农业信息，较少从报纸杂志、广播等渠道获取农业信息，① 更少利用互联网渠道。此外，河南省农村地区多数青壮年外出务工，多是老人留居农村种地，进行农业种植，一方面信息化意识较低，普遍没有认识到农业信息对农产品销售的重要作用，另一方面对智能设备利用率较低，导致没有利用网络渠道获得农业信息的能力。并且，信息采集手段落后，来源存在质疑，导致过时信息和虚假信息过多，在此情况下，农民受限于自身知识，无法识别出真实的信息。②

3. 农业金融保险服务方面

金融机构贷款年底余额与农业的关联度最高为 0.750 7，而就业人数、保险公司保费收入与农业的关联度在 0.6—0.7 之间，总体来看，农业金融保险也没有与农业达到良好的融合。尽管河南省按照“小额、流资、分散”的信贷投放理念，增加信贷资金的投放，健全农村金融服务体系，但是多数种植户出现资金短缺时，并没有可抵押的有效资产，且河南省针对农业的融资担保企业较少，导致农户难以从银行获得贷款。此外，农业保险产品种类较少，且保障水平较低，③ 这导致总体上农业金融保险服务并没有有效促进河南省农业的发展。

4. 农业营销服务方面

社会消费品乡村零售总额与农业的关联度最高，为 0.911 2；批发零售业农村农户固定资产投资与农业的关联度在 0.8—0.9 之间，达到良好的融合。这表明河南省农副产品电商、农资产品电商发展在一定程度上促进农村产品向外销售。

5. 农业科技服务方面

科技服务从业人数、技术市场合同（农林牧渔）与农业关联度高于 0.8，达到良好的融合，这表明河南省各级政府建立农业科技园区和加强对农业科技的资金等政策支持，促进了农业快速发展。而技术市场合同（电子信息）与农业的关联度较低，仅为 0.574 9。尽管“互联网＋农业”促进农业的发展，但是河南省

① 李庆利．河南省农村信息服务体系建设浅谈．[J] 经济研究导刊．2012（28）：45—46.

② 张杰，臧贺藏，冯晓，等．农业信息化在河南省现代农业发展中的作用及对策研究 [J]．中国农学通报，2016，32（26）：163—167.

③ 屈波．基于普惠金融理念的农业投融资模式选择——以河南省为例 [J]．金融理论与实践，2016（9）：116—118.

农村中多是缺乏互联网和农业科技基础知识的农户，[①] 服务于农业的电子信息技术仍需加强，还有待进一步发挥有效促进农业发展的作用。

三、促进河南省农业与农业生产性服务业融合发展路径

根据以上从整体和局部对农业与农业生产性服务业的灰色关联度结果分析，据此提出促进河南省农业和农业生产性服务业融合的措施，具体如下：

（一）构建“农户＋龙头企业＋市场”的农产品配送模式

截至2018年年底，河南省规模以上农产品加工企业7 250家，营业收入占全省规模以上工业企业的26％。其中河南省2 785家规模以上食品加工企业业务涉及肉制品、面制品、油脂制品、乳制品、果蔬制品五大产业，且拥有4 850家各级农业产业化龙头企业，其中854家属于省级，如2018年郑州思念食品有限公司的销售收入达到2亿元。可以看出，河南省农业龙头企业已经成为河南省农业产业化发展的重要推动力量。应充分发挥龙头企业运输和销售渠道的优势，构建“农户＋龙头企业＋市场”配送模式。但是，农户处于弱势地位，为防止出现企业违约、损害农户利益的问题，要完善农业龙头企业和农户利益联结机制。[②] 因此，在此模式下，地方政府应参与规范龙头企业的行为，保障农户的利益。

（二）加快互联网与农业融合

2015年，河南省政府与农业部签署转变农业发展方式合作备忘录，致力于发展“互联网＋农业”模式。河南省农产品电子商务化依赖于多个行政部门的横向配合和省、市、县、乡、村纵向层面的协调，并且信息化发展基础设施作为公共物品，需要政府的引导和支持才能加快建设。

1. 加快农业信息化建设

（1）加快农村信息基础设施建设。依托国家加强农村信息化示范省建设，及时掌握河南省信息网络布局情况，针对性地扩大网络的覆盖范围，特别是要兼顾到偏远农村地区。

（2）建立统一的农村农业综合信息服务平台，提供农业信息服务。建立农业信息统一发布标准，整合各部门分散的农业信息，构建农业综合信息网站，并将

---

① 朱润，袁超，龚祥．河南省“互联网＋农业”存在问题及对策分析［J］．农业网络信息，2016（7）：12－17.

② 祝坤艳．河南农业龙头企业联农带农问题研究［J］．合作经济与科技，2017（7）：26－27.

政策支持、农业种植技术、市场波动预测情况、技术培训等信息以手机短信和视频的形式，转移到手机端。此外，建立远程惠农呼叫中心，解决网络技术水平较低农民的农业信息需求问题。

2. 构建“农户＋电子商务企业”模式

农产品电商是一个包括物流、平台、参与者、农产品等要素的生态系统。河南省作为农业大省，必须立足省情和产品特色，构建河南省特有的农产品电商模式。鉴于河南省许多乡镇的农产品没有建立品牌，且电子商务渠道发展严重不足，可以建立“农户＋电商企业”模式，即在政府政策支持下，引入社会资本建立电子商务企业，负责整合各县、村的农户生产的农产品。在此模式中，政府加强基础设施的建设，与农技站、高校合作为农民提供农业种植技术，并从税收、融资、用地等方面支持电子商务企业，为农民提供农产品加工处理、包装、储存的培训，使农民提供的农资物品符合技术标准。并推动具有特色农业产业链的县或市入驻阿里巴巴、京东等著名电商平台，凭助其完善的仓储配送服务来扩大产品销售范围。①

3. 加快培养农业电商人才

充分发挥河南省高校资源的作用，促进农业专业的高校，如河南农业大学、河南牧业经济学院和信阳农林学院完善电子商务专业的培养方案，培养农业电商专业人才，鼓励高校建立学生的农村电商实习基地。乡镇政府一方面要通过报纸、海报、条幅、二维码等多种形式宣传和普及电子商务知识，提高农民的电商意识和知识水平；另一方面要设立电子商务相关岗位，留住人才。与高校、电子商务企业合作，建立完善的、激励的薪酬体系，培养本土化电商人才，定期为农民提供电脑操作、信息搜集、网上开店等技能的培训，逐渐形成“传帮带”的良好培养环境。

（三）完善农业金融支持体系

根据2019年国务院办公厅印发的《关于有效发挥政府性融资担保基金作用切实支持小微企业和“三农”发展的指导意见》，逐步建立完善的农业支持体系。

1. 扩大农业担保物范围

支持邮政储蓄银行、农业银行、农村信用社和村镇银行能够以农民土地、林地的承包经营权、房屋、机械等作为农业贷款抵押物。并且，对农业经营主体提

---

① 杨行昌．河南省农产品电子商务的实证分析与模式创新［J］．河南牧业经济学院学报，2017（3）：1—7.

供农机地域贷款业务，根据农产品种植周期，调节农业贷款期限。

2. 增大农业保险覆盖范围

针对河南省各市、各县、各乡镇的农产品特色，增加相应的农业保险品种。在政府支持下，逐步探索并开发小麦、水稻、小龙虾等天气指数保险产品。此外，由于河南省农业保险业处于初级阶段，需政府提供财政支持，并鼓励个人和企业积极购买农业保险。

3. 提高农民金融知识水平

各方积极合作，构建金融知识宣传联动机制，具体做法如下：政府搭建宣传农业金融知识平台，通过报纸、电视、社区宣传栏等渠道宣传金融知识，尤其是应以案例或小故事的形式，增强农民对金融知识的兴趣和了解；农业银行等金融机构要发挥其农村覆盖较广的优势，向农民派发金融知识宣传单、宣传手册，定期组织人员直接对农民讲解农业相关金融知识，回答农民切实关心的问题。

第三节　郑州市农业与农业生产性服务业融合效果分析

河南省包括 18 个省辖市，郑州市作为河南省会，交通运输与邮电业、批发和零售业发展较早，科学技术业发展较成熟。因此，本节选取郑州作为河南省代表性省辖市，采用灰色关联方法分析郑州市农业和农业生产性服务业融合效果，并提出促进融合的对策。在分析过程中，对农业和农业生产性服务业测量指标选择和河南省是一致的，考虑数据的可获得性，存在些许差异，因此，接下来不再重复介绍灰色关联分析方法和列举农业生产性服务业子系统的各测量指标。

一、原始数据与数据来源

搜集反映郑州市 2007—2017 年农业和农业生产性服务业发展特征的时间序列数据，郑州市农业和农业生产性服务业各指标数据来源于河南省统计年鉴、郑州市统计年鉴、郑州市统计局年度数据。详细的原始数据见表 6-10 至表 6-15 所示。

（一）郑州市农业和农林牧渔服务业总体数据

表 6-10　郑州市农业和农林牧渔服务业增加值

年份	2007	2008	2009	2010	2011	2012	2013	2014	2015	2016	2017
农业增加值	79.38	94.7	103.09	124.56	131.66	142.4	146.96	149.52	153.54	159.17	154.89
农林牧渔服务业增加值	1.35	1.58	1.66	1.74	1.83	1.92	3.39	3.82	4.19	4.50	3.30

数据资料来源：河南省统计年鉴 2008—2018。

表 6-10 显示，从 2007 年到 2017 年，河南省农林牧渔服务业和农业总值均有所增长，从 2007 年到 2016 年农林牧渔服务业和农业的增加值逐年增加，但在 2017 年有所下降。

（二）郑州市农业生产性服务业子系统数据

1. 农业配送服务业

表 6-11　郑州市农业配送服务业（交通运输、邮电业）

年份	货运量（万吨）	客运量（万人）	农村投递线路长度（公里）	移动电话用户（万户）	邮电业务总量（亿元）	交通运输与邮电业固定资产投资（亿元）	交通运输与邮电业增加值（亿元）
2007	31 738	25 226	15 720	569.87	194.35	68.42	195.40
2008	14 499	24 372	15 755	647.07	230.69	81.22	228.09
2009	16 934	26 089	16 456	741.62	256.20	145.80	221.32
2010	20 636	30 121	16 153	788.64	296.63	208.55	261.34
2011	24 413	33 759	16 892	850.89	116.85	183.05	284.94
2012	26 653	35 660	17 033	982.40	131.32	219.59	321.75
2013	20 648	17 662	16 730	1 190.22	183.51	290.91	365.52
2014	22 802	18 413	16 990	1 281.59	213.62	372.51	371.13
2015	24 568	18 725	16 991	1 320.73	297.76	515.79	408.40
2016	22 038	16 361	17 184	1 340.49	427.08	449.32	437.40
2017	25 130	14 752	17 236	1 479.46	484.50	535.55	521.16

数据资料来源：河南省统计年鉴 2008—2018。

表 6-11 显示，从整体来看，郑州市交通运输与邮电业增加值数据显示，郑州市配送服务业不断发展。从局部来看，农村投递线路长度、移动电话用户、邮电业务总量、交通运输与邮电业固定资产投资从 2007 年到 2017 年总体上呈现上

升趋势，尤其是交通运输与邮电业固定资产投资增幅最大，而货运量、客运量有所下降。这在一定程度上说明货运量、客运量与农业发展趋势不一致。

2. 农业信息服务业

表 6-12 郑州市农业信息服务业（信息传输、软件和信息技术服务业）

年份	企业法人数（个）	互联网用户（万户）	从业人员（万人）	信息业固定资产投资（亿元）	信息服务业增加值（亿元）
2007	1 229	93.95	0.91	6.56	81.63
2008	1 176	108.56	0.76	11.72	74.58
2009	1 262	134.40	1.36	6.66	74.88
2010	1 363	586.34	3.27	10.28	85.94
2011	1 830	747.78	5.12	13.41	93.91
2012	2 164	917.00	5.16	18.73	90.62
2013	2 464	999.15	6.33	35.84	123.42
2014	3 322	1 002.59	6.52	35.50	140.94
2015	2 272	1 161.12	8.29	69.45	154.14
2016	8 972	1 438.84	10.38	60.75	178.07
2017	11 540	1 735.26	12.41	76.21	200.37

数据来源：河南省统计年鉴 2008—2018。

表 6-12 显示，整体来看，郑州市农业信息服务业增加值增长较快，2017 年信息服务业增加值为 2007 年的 2 倍多；局部来看，郑州市农业信息服务业中各具体指标逐年增加。

3. 农业金融保险服务业

表 6-13 郑州市农业金融保险服务业

年份	就业人数（万人）	金融机构人民币贷款年底余额（亿元）	保险公司保费收入（亿元）	金融业增加值（亿元）
2007	3.35	2 939.90	60.77	141.14
2008	3.18	3 612.29	94.55	167.88
2009	3.25	4 922.19	103.07	184.28
2010	4.15	5 717.55	151.23	257.81
2011	4.69	6 112.78	158.98	303.21

续上表

年份	就业人数（万人）	金融机构人民币贷款年底余额（亿元）	保险公司保费收入（亿元）	金融业增加值（亿元）
2012	4.73	6 794.13	178.37	379.93
2013	5.01	9 342.31	222.10	487.41
2014	4.98	10 868.35	277.91	562.80
2015	5.38	12 659.48	338.53	701.44
2016	9.43	15 422.39	463.36	882.00
2017	9.06	17 992.36	655.74	1 043.18

数据来源：河南省统计年鉴 2008—2018。

表 6-13 显示，整体来看，金融业增加值显示郑州市农业金融保险服务业从 2007 年到 2017 年迅速发展；局部来看，就业人数、金融机构人民币贷款年底余额、保险公司保费收入也是逐年增长，尤其是保险公司保费收入增速较大，这说明人们的风险意识在增加。

4. 农业营销服务业

表 6-14 郑州市农业营销服务业（批发与零售业、租赁与商贸业）

年份	社会消费品乡村零售总额（亿元）	批发零售业固定资产投资（亿元）	租赁与商贸业固定资产投资（亿元）	批发零售业企业单位数（个）	租赁与商贸业从业人员数（万人）	批发与零售业增加值（亿元）	租赁与商贸业增加值（亿元）
2007	244.53	36.31	7.50	9 087	1.44	183.52	62.57
2008	297.84	36.10	5.70	11 921	1.79	185.25	45.91
2009	348.19	34.74	7.16	12 127	5.62	206.62	51.60
2010	141.44	49.48	13.51	13 538	7.25	249.41	53.16
2011	166.07	67.11	8.87	13 552	11.77	333.70	68.74
2012	191.79	67.61	23.19	19 700	12.19	412.20	70.46
2013	221.41	139.14	73.88	19 319	12.80	457.80	129.63
2014	258.58	188.77	95.52	25 608	14.03	504.37	178.56
2015	515.48	214.08	153.78	47 032	18.39	546.86	202.78
2016	332.76	77.41	111.81	59 511	22.57	615.39	249.83
2017	371.16	59.75	71.22	71 850	25.96	743.24	285.47

数据资料来源：河南省统计年鉴 2008—2018。

表 6-14 显示，整体来看，郑州市批发与零售业、租赁与商贸业从 2007—2017 年获得迅速发展；局部来看，批发零售业企业单位数、租赁与商贸业从业人员数在此期间逐年增加，而社会消费品乡村零售总额、批发零售业固定资产投

资、租赁与商贸业固定资产投资在2007—2017年呈现先增加后下降的趋势。

5. 农业科技服务业

表 6-15 郑州市农业科技服务业

年份	科技活动经费支出（万元）	从事科技活动人员数（人）	技术市场合同成交额（万元）	科学技术增加值（亿元）
2007	590 272	52 038	149 487	29.69
2008	668 424	54 854	156 492	41.31
2009	637 521	52 500	149 753	47.67
2010	571 817	73 789	160 385	62.67
2011	766 617	82 351	220 546	72.58
2012	843 185	83 574	210 881	68.69
2013	978 913	91 010	210 018	152.95
2014	1 075 900	97 250	189 660	163.20
2015	1 194 257	100 706	207 663	173.85
2016	1 448 144	114 570	269 914	199.19
2017	1 588 270	124 100	347 830	213.97

数据资料来源：河南省统计年鉴2008—2018。

表6-15显示，整体来看，科学技术增加值从2007年到2017年总体上增加；局部来看，科技活动经费支出、从事科技活动人员数、技术市场合同成交额也是逐年增加。这表明郑州市农业科技服务业不断发展。

二、郑州市农业与农业生产性服务业融合效果评价

在对农业子系统和农业服务业子系统的指标数据进行无量纲化处理的基础上，利用灰色关联分析软件GM对以上数据进行运算，得出灰色相对关联度，从整体和局部分析结果。

（一）郑州市农业与农业生产性服务业整体融合效果分析

表 6-16 郑州市农业与农业生产性服务业增加值灰色关联度结果

	交通运输与邮电业增加值	信息服务业增加值	金融业增加值	批发与零售业增加值	租赁与商贸业增加值	科学技术增加值	农林牧渔服务业增加值
农业GDP增加值	0.883 1	0.724 0	0.791 2	0.849 8	0.697 5	0.842 6	0.821 8
农林牧渔服务业增加值	0.920 0	0.848 0	0.952 5	0.960 0	0.806 9	0.969 7	——

数据资料来源：河南省统计年鉴2008—2018。

1. 灰色关联度结果分析

根据表 6-16，总体来看，郑州市农业生产性服务业与农业的融合度不够理想。从运算结果看，相比于与农业 GDP 增加值的关联度，2007 年到 2017 年郑州市农业类各服务行业与农林牧渔服务业的发展关联度整体较高。分行业看，农业配送服务业、科技服务业以及营销服务业中的批发零售业对农业和农林牧渔服务业发展影响显著，是农业发展的强劲推动力。

2. 原因分析

分析以上现象，原因可能在于：

一是郑州市的城市发展定位。郑州市作为河南省会，定位是大都市，着力于发展电子信息、汽车、高端装备等高技术产业和金融、现代物流、文化等现代服务业，结果显示这些产业与农业融合度不高。

二是郑州市农业生产性服务业发展不均衡。一方面，郑州市交通运输与邮电业、批发与零售业起步较早，科学技术业也一直是河南省的领头羊，发展都相对成熟，与农业融合度高。而信息业、金融业起步相对较晚，对农业发展的潜力作用还没有充分发挥出来；[①] 另一方面，农林牧渔服务业对农业的促进作用是直接的，虽然农业类服务行业加速了农林牧渔服务业的发展，但这些资源在农村高度分散、市场化程度不高，因而发展相对滞后、交易成本高，对农业发展促进作用不明显。[②]

（二）郑州市农业与农业生产性服务业局部融合效果分析

表 6-17　郑州市农业与农业生产性服务业子系统灰色关联度排序结果

农业生产性服务业	核心指标	关联度
农业配送服务业	农村投递线路长度	0.982 9
	货运量	0.953 4
	移动电话用户	0.923 2
	交通运输与邮电业固定资产投资	0.824 1
	邮电业务总量	0.616 1
	客运量	0.546 7

① 胡亦琴，王洪远．现代服务业与农业耦合发展路径选择——以浙江省为例［J］．农业技术经济，2014（04）：25－33.

② 李慧，阴朋莉．基于 DEA－Tobit 模型的生产性服务业对农业生产效率的影响——以河南省为例［J］．技术与创新管理，2016（06）：678－683.

续上表

农业生产性服务业	核心指标	关联度
农业信息服务业	互联网用户	0.877 5
	从业人员数	0.829 9
	信息业固定资产投资	0.768 2
	企业法人数	0.643 7
农业金融保险服务业	金融机构人民币贷款年底余额	0.818 8
	保险公司保费收入	0.790 8
	就业人数	0.691 5
农业营销服务业	租赁与商贸业从业人员数	0.859 2
	批发零售业固定资产投资	0.779 3
	租赁与商贸业固定资产投资	0.745 6
	批发零售业企业单位数	0.726 4
	社会消费品乡村零售总额	0.590 3
农业科技服务业	从事科技活动人员数	0.866 6
	技术市场合同成交额	0.790 0
	科技活动经费支出	0.767 0

数据资料来源：河南省统计年鉴 2008—2018。

1. 灰色关联度结果分析

计算农业生产性服务业各子系统与农业系统关联度的平均值，即农业配送服务业为 0.807 7，农业信息服务业为 0.779 8，农业金融服务业为 0.767 0，农业营销服务业为 0.740 2，农业科技服务业为 0.807 9，与农业关联度相对较高的依然是农业配送服务业和农业科技服务业，这与上述进行整体分析时的结果一致。

从农业生产性服务业子系统各指标与农业系统的关联度看，配送服务业中的农村投递线路长度、货运量以及移动电话用户数与农业增加值的关联度均超过 0.9，高度相关；配送服务业中的交通运输与邮电业固定资产投资、信息服务业中的互联网用户和从业人员数、金融服务业中的人民币贷款年底余额、营销服务业中的租赁与商贸从业人员数，以及科技服务业中的从事科技活动人员数等指标与农业增加值的关联度在 0.8—0.9 之间，且排名靠前，关联度较高；信息服务业中的行业固定资产投资、金融服务业中的保险公司保费收入、营销服务业中的行业固定资产投资和批发零售业企业单位数、科技服务业中技术市场合同成交额和科技活动经费支出等指标与农业增加值的关联度在 0.7—0.8 之间，排名相对居中，有一定关联；其余指标与农业的关联度相对较低，对农业的促进作用不够明显，如表 6-17 所示。

2. 原因分析

对于上述现象，有几方面说明：

一是服务业高素质的从业人员会带动服务业本身以及与农业的融合发展，信息服务业、租赁与商贸业和科技服务业对从业人员专业素质要求高，因此，这三个从业人员指标与农业的关联度相对较高，而保险业从业人员通常以销售队伍为主，进入门槛低，从业人员素质平均水平不高。

二是郑州市各服务业行业虽然固定资产投资逐年增加，但固定资产从建设到产生效益的周期长，再加上部分基础设施规划的不合理性，导致其促进农业发展的作用不够凸显。

三是郑州市是国内重要的交通枢纽，农业配送服务业中的邮电业务总量和客运量业务量大，但郑州多数是承担中转功能，其中与农林牧渔发展相关的业务量比重低，因此，这两个指标与农业融合度较低。

四是郑州市移动电话用户和互联网用户数的增加带动了农村电子商务的发展，与农业关联度高，促进了农村经济发展。

三、郑州市农业与农业生产性服务业融合发展的路径

（一）延伸农业产业链，实现农业和农业服务业深度融合发展

1. 农业＋科技

依托河南农业大学和河南省农业科学院发展农业科技服务业。一是建设农业科技研发中心，负责良种培育与高科技农业设施设备的研发，促进农业生产率的提高；二是建设农业科技推广中心，包括国内外农业先进经营理念和设施设备的引进和展示平台，以及与各市农业科技服务网络互通的集“农业科技知识传播与培训”＋“农业远程咨询”于一体的输出平台，并充分发挥各乡镇农技推广站的作用；三是建设农业科普中心，为中小学和社会公众提供农业科普服务。

2. 农业＋科技＋旅游

依托郑州城市发展都市休闲农业。在大城市周边，越来越多的休闲类农业园区成为人们假日短途旅游的选择，郑州环城交通方便，为发展都市休闲农业提供便利的交通条件。农业园区应致力于“农业＋科技＋旅游”，在科技服务方面，将园区朝向农业科研院校和机构的实验平台、先进农业设施设备的展示平台、农业科技服务培训平台以及农业科普教育推广平台等发展；在旅游市场方面，积极

打造花园式园区，对广大市民开展农业观光、采摘、住宿餐饮、娱乐度假等休闲活动，顺应郑州市城市副中心建设需求。

3. 农业＋物流＋批发零售＋信息

发展智慧型农业供应链。2017 年 10 月，国务院印发《关于积极推进供应链创新与应用的指导意见》（下文简称《意见》），指出要通过建立农业供应链体系，推进农村一二三产业融合发展，到 2020 年，基本建成覆盖重点产业的有大数据支撑、网络化共享和智能化协作的智慧型供应链体系。[①] 在《意见》的指导下，郑州市一方面可以将其重点发展的信息产业，以及物流、批发零售这两个优势产业和农业进行整合，借助互联网、大数据、物联网等技术构建智慧型采购、生产、销售、配送的农业供应链协同平台；另一方面移动互联网将农业供给方和需求方进行线上线下互联的同时，要精简线下中间环节，把利润还给供给方，这样才符合建立智慧型农业供应链的初衷。

（二）加强延伸农业产业链的支撑条件

1. 加强政策支撑

（1）强化河南省相关政策落地速度

国务院印发《关于推进农村一二三产业融合发展的指导意见》（下文简称《意见》）是在 2015 年 12 月，河南省实施《意见》的公布是在 2016 年 12 月。国务院印发《关于积极推进供应链创新与应用的指导意见》是 2017 年 10 月，河南省落地实施时间是在 2018 年 12 月。省级政府通常要 1 年左右才能制定实施意见，这样留给各地方政府完成国务院政策文件中相关目标的时间相当紧迫，因此应缩短国家政策发布到河南省人民政府推进相关政策实施意见的时间，以及加快政策出台到宣传实施的速度，对国家政策作出快速反应。

（2）相关部门的统筹协调工作在政策中要有体现

政策中每一个具体目标都需要多个部门的配合才能完成，如豫政办［2018］75 号“实施重要农产品供应链构建行动”的责任单位有省农业农村厅、发展改革委、科技厅、林业局、商务厅、文化和旅游厅、粮食和物资储备局等，在实施意见中除要明确责任单位外，更要对各责任单位权责、激励机制、监督机制给予明确规定，提高政策落实的效率。

2. 加强人才支撑

延长的农业产业链，除和物流、旅游、批发零售等传统优势产业深度融合

---

① 国务院关于积极推进供应链创新与应用的指导意见［EB/OL］.［2017－10－13］. http://www.gov.cn/zhengce/content/2017－10/13/content_5231524.htm.

外，还将大量农业科学技术、互联网和大数据技术等信息技术融合其中，产业链科技含量大幅提高，其运行质量和运行效果很大程度上取决于链条上各节点的人才质量。目前郑州市兼具农业和服务业知识背景的高端复合型人才缺口还很大。

首先，省内农业高校如河南农业大学、信阳农林学院的人文社科类专业在制定培养方案时要有与时俱进的意识，加强应用型、复合型人才的培养，重视学生实际操作能力和信息技术应用能力的培养。

其次，要加强与国内外先进企业的交流与学习，引进先进的产业链管理理念与管理经验。

最后，产业链相关企业要加强人员管理和培训。建立有吸引力的人才流动机制，吸引国内外优秀农业产业链人才的加盟；[①] 加强产业链专门人才的培训，培训对象包括对企业内部员工和农业经营者，提升从业人员的专业素质。

3. 加强金融支撑

一方面扩大金融有效供给，构建“政府＋金融机构＋保险机构＋农业产业链企业”的金融保障体系，通过人民银行的宏观调控手段，扩大金融机构涉农信贷供给规模，同时借助保险机构降低农业产业链供产销环节信贷风险，促进农业和农业服务业的融合发展。

另一方面降低涉农项目经营风险，构建“政府财政＋保险机构＋农业产业链企业”的保险保障体系，逐步达到提升产业链企业和农户的风险意识、优化涉农保险项目服务、加强农业金融风险防控，从而降低农业产业链经营风险的目的。

第四节　洛阳市农业与农业生产性服务业融合效果分析

洛阳市属温带大陆性季风气候，光照充足，土壤富含有机质，非常适合中药材、核桃等特色农作物的生长。因此，本节选取洛阳市作为河南省代表性省辖市，采用灰色关联分析方法分析洛阳市农业和农业生产性服务业融合效果，并提出促进融合的对策。

一、原始数据与数据来源

农业配送服务中邮电业务总量的 2010 年以后不包括储蓄银行，固定资产投

---

① 李学兰，王海元．新常态下蚌埠市农业与物流业耦合发展的灰色关联分析［J］．洛阳师范学院学报，2017（11）：60－68.

资2011年为新口径；农业营销服务中2009年及以前社会消费品乡村零售总额为“县以下”数据；2013年租赁与商贸业增加值根据2014年增加值指数计算所得；农业科技服务中科技活动经费支出2010年开始为R&D经费支出，2009年数据来源于国民经济和社会发展统计公报；科学技术增加值统计年鉴中包含了地质勘查业。其他数据来源河南省统计年鉴及洛阳市历年国民经济和社会发展统计公报。原始数据为表6-18至表6-23所示。

（一）洛阳市农业和农林牧渔服务业总体数据

表6-18　洛阳市农业和农林牧渔服务业增加值（单位：亿元）

年份	2008	2009	2010	2011	2012	2013	2014	2015	2016	2017
农业增加值	167.57	173.79	187.62	203.84	223.76	246.52	247.44	252.46	252.56	239.88
农林牧渔服务业增加值	9.29	10.15	10.87	12.18	13.56	14.09	15.45	16.06	18.56	19.76

数据资料来源：河南省统计年鉴2009—2018。

表6-18显示，从2008年到2017年洛阳市农林牧渔业服务业和农业实现了稳步增长，2017年农林牧渔服务业增加值为19.76亿元，是2007年的近2.1倍。相比之下，洛阳市农业增长较缓，且在2016年之后增速呈下降趋势。

（二）洛阳市农业生产性服务业子系统数据

1. 农业配送服务业

表6-19　洛阳市农业配送服务业（交通运输、邮电业）

年份	货运量（万吨）	客运量（万人）	农村投递线路长度（公里）	移动电话用户（万户）	邮电业务总量（亿元）	交通运输与邮电业固定资产投资（亿元）	交通运输与邮电业增加值（亿元）
2008	8 372	9 009	13 471	272.70	89.51	40.80	102.60
2009	10 805	11 121	13 471	313.29	101.73	34.00	102.09
2010	13 384	13 349	13 223	360.31	119.85	47.17	103.81
2011	16 276	16 020	13 223	394.16	47.20	95.10	115.86
2012	18 847	17 401	13 474	982.40	54.41	115.92	122.15
2013	21 222	18 878	14 026	537.25	60.65	81.22	138.74
2014	16 570	11 688	14 007	575.81	81.26	111.32	146.92
2015	17 524	12 855	12 098	593.73	106.71	113.87	158.07
2016	22 045	11 456	12 051	602.72	170.17	181.08	164.03
2017	24 287	10 966	12 314	652.40	143.64	265.91	193.20

数据资料来源：河南省统计年鉴2009—2018。

表6-19显示，整体来看，洛阳市交通运输与邮电业增加值显示洛阳市农业

配送服务业在2008—2017年间不断发展。局部来看，货运量、移动电话用户、交通运输与邮电业固定资产投资呈现增加、减少、增加的趋势；客运量、邮电业务总量在2007—2017年间变化多样，但总体上有所增加，客运量增加幅度较小；农村投递线路长度总体上有所减少。

2. 农业信息服务业

表6-20　洛阳市农业信息服务业（信息传输、软件和信息技术服务业）

年份	企业法人数（个）	互联网用户（万户）	从业人员（信息传输、软件和信息技术服务业）（万人）	信息业固定资产投资（亿元）	信息服务业增加值（亿元）
2008	519	43.61	0.18	1.39	17.68
2009	528	55.68	0.20	10.87	18.94
2010	537	270.94	0.90	9.34	24.03
2011	563	324.78	3.00	2.78	30.95
2012	725	402.00	14.47	11.72	33.49
2013	504	449.32	2.96	7.83	44.39
2014	620	450.55	7.13	32.61	57.04
2015	1 095	519.28	3.56	34.99	72.34
2016	1 852	618.22	4.50	47.80	101.25
2017	2 245	840.18	5.13	45.24	124.43

数据资料来源：河南省统计年鉴2009—2018。

表6-20显示，整体来看，洛阳市信息服务业增加值显示洛阳市农业信息服务业在2007—2017年间不断发展，且增长较快。局部来看，企业法人数呈现增加、减少、增加趋势；互联网用户不断增加；从业人数从2008年到2012年迅速增加，随后有大幅度减少，但总体上是增加的；信息业固定资产投资在2007—2017年间变化较多，但总体上是增加的。

3. 农业金融保险服务业

表6-21　洛阳市农业金融保险服务业

年份	就业人数（万人）	金融机构人民币贷款年底余额（亿元）	保险公司保费收入（亿元）	金融业增加值（亿元）
2008	1.31	663.27	50.32	35.19
2009	1.38	867.03	50.58	52.66

续上表

年份	就业人数（万人）	金融机构人民币贷款年底余额（亿元）	保险公司保费收入（亿元）	金融业增加值（亿元）
2010	1.99	1 113.88	65.24	59.67
2011	2.22	1 366.59	66.15	68.43
2012	2.27	1 645.34	64.43	96.30
2013	2.30	1 965.98	70.81	111.82
2014	2.23	3 744.58	81.45	171.44
2015	2.39	2 635.68	89.88	195.29
2016	2.75	3 011.90	111.07	226.80
2017	1.87	3 474.28	142.50	265.33

数据资料来源：河南省统计年鉴 2009—2018。

表 6-21 显示，整体来看，洛阳市金融业增加值表明洛阳市农业金融保险服务业在 2008—2017 年间不断发展，且增长较快。局部来看，金融机构人民币贷款年底余额呈现增加、减少、增加趋势；保险公司保费收入不断增加，洛阳市居民风险意识在加强；相比于 2008 年，就业人数在 2017 年是有所增加的。

4. 农业营销服务业

表 6-22 洛阳市农业营销服务业（批发与零售业、租赁与商贸业）

年份	社会消费品乡村零售总额（亿元）	限额以上批发与零售企业商品销售总额（亿元）	批发零售业固定资产投资（亿元）	租赁与商贸业固定资产投资（亿元）	批发零售业企业单位数（个）	租赁与商贸业从业人员数（万人）	批发与零售业增加值（亿元）	租赁与商贸业增加值（亿元）
2008	143.73	439.74	18.73	2.02	3 110	0.79	85.18	17.11
2009	170.84	346.20	33.68	2.65	3 902	0.81	120.58	21.62
2010	84.32	545.20	34.93	2.85	4 117	1.92	141.33	25.27
2011	119.55	747.00	34.16	3.19	4 113	3.68	173.73	27.86
2012	138.97	844.70	44.74	11.01	4 115	3.22	208.01	33.00
2013	159.54	1 040.21	47.64	20.39	7 833	3.48	231.44	63.94
2014	181.47	1 172.74	91.20	27.88	7 902	4.61	252.80	72.64
2015	255.31	1 177.22	92.45	21.72	11 741	5.04	275.34	85.15
2016	231.67	1 345.72	135.77	44.34	15 799	5.55	308.43	110.29
2017	260.84	1 293.94	109.15	66.66	17 865	6.08	334.41	129.63

数据资料来源：河南省统计年鉴 2009—2018。

表 6-22 显示，整体来看，2008 年到 2017 年间洛阳市批发与零售业增加值、租赁与商贸业增加值不断增加，表明洛阳市农业营销服务业迅速发展。局部来看，从 2008 年到 2017 年间租赁与商贸业从业人员数逐年增加；限额以上批发与零售企业商品销售总额、批发零售业固定资产投资在 2016 年达到最高，随后有所下降；社会消费品乡村零售总额、租赁与商贸业固定资产投资、批发零售业企业单位数变化较多，总体上是增加的，其中租赁与商贸业固定资产投资增速较大。

5. 农业科技服务业

表 6-23　洛阳市农业科技服务业

年份	科技活动经费支出（万元）	从事科技活动人员数（人）	技术市场合同成交额（万元）	科学技术增加值（亿元）
2008	37.22	24 146	41 914	44.36
2009	37.83	23 000	53 763	61.40
2010	36.44	29 949	49 126	68.52
2011	39.13	32 577	59 899	77.40
2012	49.38	37 681	95 882	87.94
2013	49.95	39 275	105 333	90.17
2014	52.97	40 613	10 514	98.01
2015	60.97	39 714	199 003	106.89
2016	67.32	45 203	224 813	132.15
2017	86.38	54 000	299 742	152.35

数据资料来源：河南省统计年鉴 2009—2018。

表 6-23 显示，整体来看，洛阳市科学技术增加值逐年增加，表明 2008 年到 2017 年洛阳市农业科技服务业不断发展。局部来看，科技活动经费支出、从事科技活动人员数、技术市场合同成交额在 2008—2017 年间总体上呈现增加趋势，其中技术市场合同成交额增速较快。

二、洛阳市农业与农业生产性服务业融合效果评价

利用灰色关联分析软件 GM 对以上数据进行运算，得出下列图表和结论。

（一）洛阳市农业与农业服务业整体融合效果评价

表 6-24　洛阳市农业与农业生产性服务业增加值灰色关联度计算结果

	交通运输与邮电业增加值	信息服务业增加值	金融业增加值	批发与零售业增加值	租赁与商贸业增加值	科学技术增加值	农林牧渔服务业增加值
农业增加值	0.971 3	0.598 7	0.571 5	0.620 4	0.578 8	0.669 2	0.838 4
农林牧渔服务业增加值	0.818 9	0.645 9	0.605 6	0.678 0	0.616 4	0.750 1	—

数据资料来源：河南省统计年鉴 2009—2018。

根据表 6-24，总体来看，洛阳市农业与农业生产性服务业各子系统的融合效果不理想。除交通运输与邮电业外，各农业生产性服务子系统与农业牧渔服务业的关联度高于其与农业的关联度。交通运输与邮电业与农业的关联度最高，达到 0.971 3；其次是科学技术和农业的关联度为 0.669 2，低于 0.7；其他农业生产性服务业子系统与农业的关联度都低于 0.6。从整体来看，农业生产性服务业并没有与农业进行有效融合，显著促进农业的发展。

（二）洛阳市农业与农业服务业局部融合效果评价

表 6-25　洛阳市农业与农业生产性服务业子系统灰色关联度排序结果

农业服务业	核心指标	关联度
农业配送服务业	客运量	0.830 3
	移动电话用户	0.684 3
	货运量	0.673 2
	邮电业务总量	0.661 2
	交通运输与邮电业固定资产投资	0.617 8
	农村投递线路长度	0.604 2
农业信息服务业	企业法人数	0.758 8
	互联网用户	0.523 3
	信息业固定资产投资	0.513 9
	从业人数（信息传输、软件和信息技术服务业）	0.508 1

续上表

农业服务业	核心指标	关联度
农业金融服务业	保险公司保费收入	0.817 5
	就业人数	0.777 7
	金融机构人民币贷款年底余额	0.587 8
农业营销服务业	社会消费品乡村零售总额	0.831 1
	限额以上批发与零售企业商品销售总额	0.671 2
	批发零售业企业单位数	0.620 8
	批发零售业固定资产投资	0.575 6
	租赁与商贸业从业人员数	0.553 4
	租赁与商贸业固定资产投资	0.522 6
农业科技服务业	科技活动经费支出	0.951 9
	从事科技活动人员数	0.835 5
	技术市场合同成交额	0.615 8

数据资料来源：河南省统计年鉴 2009—2018。

1. 灰色关联度结果分析

根据表 6-25，从每类农业服务业核心指标与农业系统的关联度看，具体分析如下：

一是农业配送服务业中客运量与农业的关联度为 0.830 3，达到良好的相关程度；移动电话用户、货运量等其他方面与农业的关联度都低于 0.7，表明总体上，农业配送服务并没有显著促进农业的发展。

二是农业信息服务业中洛阳市的企业法人数与农业的关联度最高，达到 0.758 8，而互联网用户、行业固定资产投资、从业人数与农业的关联度都低于 0.6，显示各方面并没有与农业进行有效融合。

三是农业金融保险服务业中保险公司保费收入与农业的关联度为 0.817 5，说明保险服务与农业发展有较强的关联性，而就业人数与农业的关联度为 0.777 7、与农业达到中等关联，金融机构人民币贷款年底余额与农业的关联度仅为 0.587 8，可见洛阳市银行等金融机构并没有显著促进农业的发展。

四是农业营销服务业中社会消费品乡村零售总额与农业的关联度最高，达到 0.831 1，但其他指标与农业的关联度都低于 0.7，说明总体上农业营销服务并没有显著促进洛阳市农业的发展水平。

五是农业科技服务业中科技活动经费支出与农业的关联度高达 0.951 9，其次是从事科技活动人员数与农业的关联度，为 0.835 5，而技术市场合同成交额与农业的关联度最低，仅为 0.615 8。总体来看，农业科技服务业与农业的关联性较低，没有促进农业发展。总体上，洛阳市农业和农业配送、信息、金融、销售和科技服务业没有取得良好的融合效果。

2. 原因分析

分析以上现象，原因可能在于：

一是农业经营参与者方面。洛阳市农业经营主体总体存在规模小的问题[①]，且农业龙头企业市场开拓能力薄弱，对农户的带动能力不足；农业专业合作社没有充分发挥推广农技、组织农户开拓市场等作用[②]。

二是农业技术服务方面。洛阳市农业技术服务业从业人员数量不足且专业素质有待提高，政府对科技资金投入不足，并且推广制度不完善[③]，难以促使农业种植者普遍采用专业的农业技术。

三是农产品结构方面。洛阳市农产品同质化严重，缺乏特色产品。

四是政府支持方面。2014 年，河南省委、省政府为加快都市生态农业发展，将洛阳市确作为试点城市，并且加快发展其休闲农业，但政府总体财政支持不足[④]，且休闲农业主体难以获得政策倾斜和信贷优惠[⑤]，导致休闲农业发展滞后。

三、促进洛阳市农业与农业生产性服务业融合发展路径

（一）加强政府支持，完善政策体系

将生态农业和休闲农业发展纳入洛阳市发展战略规划中，与城镇化、土地利用规划相协调，促进整体利用效率的提高。在支持休闲农业和生态农业发展中，要制定一揽子政策，在资金上给予倾斜，同时，引导和鼓励民营资本以参股、独资和合作等形式参与生态和休闲农业项目，促进休闲农业发展吸纳更多资金。

---

① 王秀存，栗慧．洛阳市特色农业发展成效及应对策略［J］．农业科技通讯，2018（2）：23—25.

② 韩太国．洛阳市发展高校特色农业的现状及对策［J］．农业科技通讯，2015（2）：16—21.

③ 韩太国．关于洛阳发展特色高效农业的几点建议［J］．农业农技推广，2014（12）：9—10.

④ 王秀存．洛阳市都市生态农业发展现状与对策［J］．农业科技通讯，2016（1）：47—49.

⑤ 张桂彬，鲁燕，白春明，等．洛阳市休闲农业发展中存在的问题及对策研究［J］．种子科技，2017（6）：11—12.

（二）突出特色，提高特色产业效益

1. 加快实施规模化经营

基于洛阳市提出的实施优质杂粮、绿色蔬菜、优质水果、中药材、核桃“五个百万亩”计划，根据地区种植特点，建立特色农产品地区或村镇，解决分散化和跟风化生产的问题，从而促进规模化生产或养殖。并鼓励农户将闲置土地进行转包、互换、出租等，加快培育农业大户、家庭农场等，实现规模发展。

2. 加快培育一批龙头企业

加快培育一批龙头企业，引导和补贴其不断加强品牌建设和制度建设，发挥对农户和农业合作社的带动作用。具体来看，一是解决龙头企业的融资难问题。政府应建立专项资金，扶持特色龙头企业的发展，加快其进行品牌建设。二是引导和鼓励农信社等农业金融机构创新农贷产品，拓展融资渠道。

（三）完善农技服务体系，提高农技效率

1. 建立多元化农技推广服务体系

一是完善公益性农技推广服务体系。充分发挥政府在提供公益性农业技术推广服务中的主导作用，不断加强对农民专业合作社和群众性科技组织的资金和科技人才投入，提高其服务质量，确保农技服务满足广大农民的需求。并且，加强农业院校和科研院参与公益性农技推广服务，及时了解农户需求，提高农业科技商业化效率和应用率。二是加快发展营利性农技推广服务体系。通过政策支持农资企业、社会团体参与到农技推广服务中，为农民提供产前、产中和产后的优质服务。

2. 加强农技队伍建设

以基层农技推广机构为依托，组建专家团队制定农技人员的定期培训计划，切实提高农技人员的技术水平和专业素质。同时，鼓励高校农业专业的大学生积极深入农业合作社、种植大户中实习，并建立人才机制，吸引大学生加入基层农技推广服务中。

3. 畅通农技推广供需渠道

充分利用基层农技推广机构和推广人员直接接触农民的优势，促使其及时了

解和反馈不同地区农民对农技服务的需求，定期组织包括农业高校科研人员、科研团队的团队深入农村开展农技推广工作。此外，培养一批农技水平高的农民，促使其发挥带头作用。

第五节　漯河市农业与农业生产性服务业融合效果分析

漯河市横跨淮河的两大支流沙河、澧河，其食品加工产业特色优势突出，孕育出许多知名食品企业，其中双汇集团成为亚洲最大的肉类加工企业，卫龙辣条也逐渐成为国内小食品中的一颗新星。随着漯河市农业的发展，其成为全国食品安全信用体系和保证体系建设双试点市、全国首家农业标准化综合示范市。因此，本节选取漯河作为河南省代表性省辖市，采取灰色关联方法分析漯河市农业和农业生产性服务业融合效果，并提出促进融合的对策。

一、原始数据与数据来源

邮电业务总量中，2010 年以后不包括储蓄银行，固定资产投资 2011 年为新口径；销售服务业指标中，2009 年及以前社会消费品乡村零售总额为“县以下”数据；2013 年租赁与商贸业增加值根据 2014 年增加值指数计算所得。其他数据来源于河南省统计年鉴及漯河市历年国民经济和社会发展统计公报。原始数据如表 6-26 至表 6-31。

（一）漯河市农业和农林牧渔服务业总体数据

表 6-26　漯河市农业和农林牧渔服务业增加值（单位：亿元）

年份	2008	2009	2010	2011	2012	2013	2014	2015	2016	2017
农业增加值	78.59	78.70	86.66	94.91	98.01	107.53	110.71	108.25	116.28	111.89
农林牧渔服务业增加值	1.79	1.86	1.21	1.30	1.40	1.50	1.60	1.84	2.40	2.20

数据资料来源：河南省统计年鉴 2009—2018。

根据表 6-26 可知，在 2008 年到 2017 年漯河市农林牧渔业服务业和农业实现了稳步增长。此外，增长幅度到 2017 年都有所下降。

（二）漯河市农业生产性服务业子系统数据

1. 农业配送服务业

表 6-27　漯河市农业配送服务业（交通运输、邮电业）

年份	货运量（万吨）	客运量（万人）	农村投递线路长度（公里）	移动电话用户（万户）	邮电业务总量（亿元）	交通运输与邮电业固定资产投资（亿元）	交通运输与邮电业增加值（亿元）
2008	2 645	2 132	3 561	104.21	27.80	15.49	9.98
2009	3 106	3 063	3 561	109.33	31.95	21.92	10.81
2010	3 596	3 538	3 580	119.15	37.70	29.59	12.26
2011	4 281	4 050	3 580	135.03	14.95	17.71	13.97
2012	4 906	4 331	3 691	143.4	17.31	15.86	15.46
2013	5 509	4 684	3 708	177.22	18.43	43.84	17.57
2014	5 322	2 155	3 791	188.02	25.59	43.23	40.52
2015	5 762	2 240	3 862	192.24	33.12	42.54	44.10
2016	5 947	2 338	3 862	194.91	50.15	75.60	46.50
2017	5 620	2 112	3 862	209.78	54.79	69.63	52.12

数据资料来源：河南省统计年鉴 2009—2018。

根据表 6-27，从整体来看，从 2008 年到 2017 年漯河市交通运输与邮电业增加值逐年增加，表明漯河市农业配送服务业实现了稳步发展。局部来看，2008 年到 2017 年期间，货运量、交通运输与邮电业固定资产投资变化多样，总体上是增加的；客运量到 2017 年有所下降；移动电话数不断增加；邮电业务总量呈现增加、减少、增加的趋势。

2. 农业信息服务业

表 6-28　漯河市农业信息服务业（信息传输、软件和信息技术服务业）

年份	企业法人数（个）	互联网用户（万户）	从业人员（信息传输、软件和信息技术服务业）（万人）	信息业固定资产投资（亿元）	信息服务业增加值（亿元）
2008	17	13.26	0.11	0.00	4.37
2009	18	16.81	0.11	2.09	4.40
2010	20	76.79	0.17	1.02	4.58

续上表

年份	企业法人数（个）	互联网用户（万户）	从业人员（信息传输、软件和信息技术服务务业）（万人）	信息业固定资产投资（亿元）	信息服务业增加值（亿元）
2011	18	97.15	1.02	1.96	5.23
2012	18	128.00	0.86	0.91	5.69
2013	82	143.32	0.90	0.20	7.15
2014	95	143.70	0.88	0.56	8.10
2015	135	167.09	0.92	0.00	9.82
2016	179	191.75	0.98	5.40	11.99
2017	181	234.19	1.16	18.87	14.72

数据资料来源：河南省统计年鉴 2009—2018。

根据表 6-28，从整体来看，从 2008 年到 2017 年漯河市信息服务业增加值逐年增加，表明漯河市农业信息服务业实现了逐年发展。局部来看，2008 年到 2017 年期间，企业法人数、从业人员数、信息业固定资产投资总体上是增加的；互联网用户逐年增加。

3. 农业金融保险服务业

表 6-29　漯河市农业金融保险服务业

年份	就业人数（万人）	金融机构人民币贷款年底余额（亿元）	保险公司保费收入（亿元）	金融业增加值（亿元）
2008	0.48	206.37	14.65	3.99
2009	0.44	247.39	16.15	4.07
2010	0.47	301.20	22.50	4.59
2011	0.52	303.05	22.79	4.92
2012	0.59	310.92	22.96	5.03
2013	0.61	343.92	24.87	5.77
2014	0.59	753.64	27.43	8.78
2015	0.59	504.18	35.34	11.31
2016	0.60	641.23	38.33	13.08
2017	0.59	713.56	46.10	15.04

数据资料来源：河南省统计年鉴 2009—2018。

根据表 6-29，从整体来看，从 2008 年到 2017 年漯河市金融业增加值逐年增加，表明漯河市农业金融保险服务业实现了稳步发展。局部来看，2008 年到 2017 年期间，就业人数、金融机构人民币贷款年底余额变化多样，总体上是增加的；保险公司保费收入逐年增加。

4. 农业营销服务业

表 6-30　漯河市农业营销服务业（批发与零售业、租赁与商贸业）

年份	社会消费品乡村零售总额（亿元）	限额以上批发与零售企业商品销售总额（亿元）	批发零售业固定资产投资（亿元）	租赁与商贸业固定资产投资（亿元）	批发零售业企业单位数（个）	租赁与商贸业从业人员数（万人）	批发与零售业增加值（亿元）	租赁与商贸业增加值（亿元）
2008	20.15	143.57	5.91	0.06	845	0.44	22.46	2.22
2009	22.53	112.82	10.19	0.49	1 013	0.47	25.51	0.55
2010	49.75	141.20	10.05	0.35	1 006	0.47	29.24	0.81
2011	48.91	183.49	14.96	2.85	1 015	0.76	33.70	0.97
2012	57.38	206.71	21.73	0.12	1 000	0.69	38.33	1.09
2013	65.37	251.01	15.51	0.00	2 227	0.78	42.74	4.06
2014	77.99	312.63	27.27	0.86	2 250	0.88	46.91	4.78
2015	65.84	381.55	44.47	2.84	2 768	1.12	50.25	6.30
2016	99.15	419.46	54.81	0.00	2 905	1.49	55.19	7.71
2017	109.64	432.95	56.65	12.14	3 193	1.09	66.08	10.02

数据资料来源：河南省统计年鉴 2009—2018。

根据表 6-30，从整体来看，从 2008 年到 2017 年漯河市批发与零售业增加值逐年增加，租赁与商贸业增幅较小，仍表明漯河市农业营销服务业实现了稳步发展，主要依赖于批发与零售业的发展。局部来看，2008 年到 2017 年期间，各具体指标变化多样，总体呈现增加趋势。

5. 农业科技服务业

表 6-31　漯河市农业科技服务业

年份	科技活动经费支出（万元）	从事科技活动人员数（人）	技术市场合同成交额（万元）	科学技术增加值（亿元）
2008	3.60	2 142	5 100	0.43
2009	3.70	2 242	4 970	0.55
2010	3.84	4 964	4 880	0.63
2011	4.95	5 047	10 500	0.67

续上表

年份	科技活动经费支出（万元）	从事科技活动人员数（人）	技术市场合同成交额（万元）	科学技术增加值（亿元）
2012	4.95	4 805	4 913	0.78
2013	5.09	5 136	3 426	4.23
2014	6.11	5 199	175	4.83
2015	7.69	5 730	0	5.95
2016	8.84	6 038	0	8.12
2017	11.10	4 400	0	9.18

数据资料来源：河南省统计年鉴 2009－2018。

根据表 6-31，从整体来看，从 2008 年到 2017 年漯河市科学技术增加值逐年增加，从 2013 年开始增幅大幅度提升，显示出漯河市农业科技服务业实现了稳步发展。局部来看，2008 年到 2017 年期间，科技活动经费支出逐年增加，从事科技活动人员数在 2016 年最大，随后减少；技术市场合同成交额先增加，后减少，甚至在 2015—2017 年出现零的情况。可见漯河市农业科学服务业发展水平有待进一步提高。

二、漯河市农业与农业生产性服务业融合效果评价

利用灰色关联分析软件 GM 对数据进行分析得到灰色关联度，接下来对统计结果进行分析，具体如下。

（一）漯河市农业与农业生产性服务业整体融合效果评价

表 6-32　漯河市农业与农业生产性服务业增加值灰色关联度结果

	交通运输与邮电业增加值	信息服务业增加值	金融业增加值	批发与零售业增加值	租赁与商贸业增加值	科学技术增加值	农林牧渔服务业增加值
农业增加值	0.598 3	0.716 2	0.674 8	0.686 2	0.738 5	0.523 2	0.682 7
农林牧渔服务业增加值	0.535 9	0.579 0	0.563 9	0.568 0	0.587 1	0.508 5	——

根据表 6-32，从整体上看，漯河市农业生产性服务业各指标与农业增加值的关联度均低于 0.8，与农林牧渔服务业增加值的关联度都低于 0.6，表明总体上融合效果不理想。

从农业生产性服务业子系统来看，信息服务业、租赁与贸易分别与农业增加值的关联度在 0.7－0.8 之间，表明这两方面在一定程度上促进了漯河市农业发展；其他行业与农业增加值的关联度低于 0.6，表明配送服务业、营销服务业和

科技服务业并没有对农业产生显著的促进作用。

（二）漯河市农业与农业生产性服务业局部融合效果评价

表 6-33　漯河农业与农业生产性服务业子系统的灰色关联度排序结果

农业生产性服务业系统	评价指标	灰色关联度
农业配送服务业	客运量	0.797 8
	移动电话用户	0.785 3
	邮电业务总量	0.711 8
	货运量	0.691 3
	农村投递线路长度	0.648 8
	交通运输与邮电业固定资产投资	0.611 8
农业信息服务业	企业法人数（个）	0.547 5
	从业人数（信息传输、软件和信息技术服务业）	0.528 8
	互联网用户	0.519 7
农业金融保险服务业	金融业就业人数	0.810 2
	保险公司保费收入	0.683 1
	金融机构人民币贷款年底余额	0.642 0
农业科技服务业	技术市场合同成交额	0.934 8
	科技活动经费支出	0.738 5
	从事科技活动人员数	0.628 4
农业营销服务业	限额以上批发与零售企业商品销售总额	0.693 6
	租赁与商贸业从业人员数	0.673 4
	批发零售业企业单位数	0.636 0
	社会消费品乡村零售总额	0.576 9
	批发零售业固定资产投资	0.547 7
	租赁与商贸业固定资产投资	0.506 7

1. 灰色关联度结果分析

根据表 6-33，从农业生产性服务业子系统核心指标与农业系统的关联度看，具体包括：

一是农业配送服务业中客运量、移动电话用户、邮电业务总量与农业的关联度在 0.7—0.8 之间，达到中等的相关融合度，而其他三个指标与农业关联度低于 0.7。

二是农业信息服务指标中，各指标分别与农业的关联度均低于 0.6，显示出漯河市农业信息服务业的发展与农业发展没有很强的关联性。

三是农业保险服务业中，仅有金融业就业人数与农业的关联度达到 0.8 以上，而保险公司的保费收入、金融机构人民币贷款年底余额与农业的关联度都低于 0.7。

四是农业科技服务业中技术市场合同成交额与农业的关联度最高，为 0.934 8；其次是科技活动经费支出与农业的关联度，为 0.738 5；从事科技活动人员数与农业的关联度最低。表明漯河市农业科技服务与农业发展的关联性较低。

五是农业营销服务中限额以上批发与零售企业商品销售总额与农业的关联度最高，为 0.693 6，且其他指标与农业的关联度都低于 0.7，说明总体上漯河市农业营销服务并没有显著促进洛阳农业的发展水平。

2. 原因分析

综上所述，农业生产性服务业各子系统与农业的整体融合效果较差。原因可能在于：

第一，尽管漯河市通过农技推广微信公众号、农信通等各种渠道推广农技热线 12316，并建立市级农技人员专家库定期开展农技服务，建立基层农技推广区域站，但基层农技区域站中员工的稳定性差，专业素质水平较低，无法提供更好的农技服务。[①]

第二，漯河市有一定数量的农业龙头企业，但多数企业规模较小，管理水平落后，没有充分发挥对地区农户的带动作用，促进农户种植的规模化、专业化。[②]

第三，农产品同质化严重，处于产业链底端，缺乏市场竞争力，农民种植与企业加工脱节，导致农产品销售困难。[③]

三、促进漯河市农业与农业生产性服务业融合发展路径

（一）加强基层农技推广区域站的建设

为了提高农技人员服务水平，需要从制度上切实保证区域站服务于农民，具体措施包括：

---

① 李家宁．漯河市基层农技推广区域站发展情况调研［J］．河南农业，2018（13）：9.

② 孟桂霞．漯河市农业产业化经营现状及优化措施［J］．中国农技推广，2019，35（6）：22－23.

③ 董芳．新时代农村一二三产业融合发展的理论、实践与探索——以河南省漯河市为例［J］．南方论坛，2019（8）：44－47.

1. 人员选拔方面

需根据各区域对农技的需求、种植农户的数量，确定人员的数量和质量要求，选拔服务意识强和农技经验丰富的农技人员。

2. 人员培训方面

对接漯河市农技专家库和农业龙头企业的农产品需求，建立农业大户参与的工作团队，科学规划人员培训的内容和形式，建议进行实地培训、现场检测、及时检验的制度。

3. 绩效考核和奖励方面

建立与服务效果相关的绩效考评体系，考评等事项指标应包括解决农民问题的及时性和专业性、农忙期间到田间的技术指导和培训等事项，将农民、同事、上级、自己都纳入考评主体中，并设置事业编制鼓励员工之间进行良性竞争，树立典型，主要以物质来奖励优秀个人和团队，辅之精神奖励。

（二）完善农业龙头企业的培育体系

为提高漯河市龙头企业对农户种植的带动作用，需要从以下方面增强农业龙头企业的能力，包括：

1. 提高管理水平

农业龙头企业应加强对管理者的培训，提高企业管理能力，采用市场化管理思想，及时了解农产品市场需求变化，并采用先进管理技术来及时响应市场需求的改变。

2. 促进企业产品转型升级

建立完善的人才吸引机制，采用拉式策略，提高新产品研发投入水平，推动产品逐步向高品质和高附加值转型，满足现有消费者对安全、营养、高质量农产品需求。

3. 完善配套体系

政府完善食品企业的人才引进、科技创新等方面的优惠政策，并且要充分发挥农业行业协会的作用，即明确协会的职责和权限，促进企业与农业科研机构、高校在农业科研方面的合作。

（三）发挥地区特色农产品优势，提高产品质量

1. 加强特色农产品的发展

坚持“一村一品、一县一业”的发展思路，根据漯河市农业龙头企业的农产品需求和生产基地，优化漯河市农业种植结构，形成区域特色产品。

2. 增加农业标准化的推广力度

加快推广《漯河市农业标准化生产实施全书》，充分发挥基层农技区域站、农业合作社推广农业标准化的作用，并且确保农业企业按照标准组织生产、加工、包装和存储，尤其是积极宣传加强漯河市新型农民、种植大户的安全意识，加强对其进行农业标准化的培训。此外，提高农业标准化生产示范基地的数量和规模，促使其服务到各地区农产品的种植。

3. 加强农产品质量监管

一方面要增强乡镇农产品质量安全监管站技术人员的专业检测能力；另一方面构建检测机制，建立农业生产档案，定期抽样检测农产品，及时发现存在的问题，对存在问题的农业生产者依法给予严厉惩罚。

第六节　信阳市农业与农业生产性服务业融合效果分析

信阳市地跨淮河，气候温暖湿润，能满足多种动植物生长所需的环境要求。因此，本节选取信阳作为河南省代表性省辖市，采用灰色关联方法分析信阳市农业和农业生产性服务业融合效果，并提出促进融合的对策。

一、原始数据与数据来源

信阳市农林牧渔增加值的数据来源于河南省统计年鉴的国民经济核算模块，数值与农业板块中农业 GDP 增加值相同。此外，邮电业总量中自 2010 年后统计值中不包括储蓄银行的业务量，交通运输与邮电业固定资产投资的数据从 2011 年采用新口径；农业营销服务中 2007—2009 年社会消费品乡村零售总额的数据为县级以下统计数据，2013 年租赁与商贸业增加值根据 2014 年增加值指数计算所得；农业科技服务中，2010 年开始科技活动经费支出为 R&D 经费支出；其他所有数据来源于河南省统计年鉴和信阳市历年国民经济和社会发展统计公报。原

始数据如表 6-34 至表 6-39 所示。

（一）信阳市农业和农林牧渔服务业总体数据

表 6-34　信阳市农业和农林牧渔服务业增加值

年份	2007	2008	2009	2010	2011	2012	2013	2014	2015	2016	2017
农业增加值	180.81	222.29	234.83	288.04	330.05	377.64	419.53	439.81	461.70	466.65	459.36
农林牧渔服务业增加值	4.06	4.54	4.72	5.08	5.64	6.11	6.11	7.10	19.21	20.59	21.45

数据资料来源：河南省统计年鉴 2008—2018。

根据表 6-34 可知，农业增加值从 2007—2016 年逐年增加，到 2017 年有所下降；农林牧渔服务业在 2014 年后增加较快，总体上显示出信阳市农业和农林牧渔服务业在不断发展。

（二）信阳市农业生产性服务业子系统数据

1. 农业配送服务业

表 6-35　信阳市农业配送服务业（交通运输、邮电业）

年份	货运量（万吨）	客运量（万人）	农村投递线路长度（公里）	移动电话用户（万户）	邮电业务总量（亿元）	交通运输与邮电业固定资产投资（亿元）	交通运输与邮电业增加值（亿元）
2007	5 389	8 339	15 248	137.64	42.61	51.18	41.58
2008	6 509	10 441	15 703	189.13	53.54	40.09	51.02
2009	6 389	8 494	15 846	213.71	64.78	49.54	44.48
2010	7 065	9 976	17 031	233.19	76.72	47.09	50.40
2011	8 980	11 811	17 031	269.10	29.69	36.91	58.12
2012	10 193	12 685	15 846	295.80	33.40	73.59	65.37
2013	11 689	13 720	16 050	378.93	37.64	74.36	74.28
2014	8 571	9 012	15 623	413.23	50.04	83.22	59.86
2015	8 802	9 236	15 538	412.40	65.95	127.14	55.91
2016	7 109	6 174	15 852	418.30	104.41	162.09	58.51
2017	7 433	5 457	15 822	465.73	88.09	196.2	63.67

数据资料来源：河南省统计年鉴 2008—2018。

根据表 6-35，整体来看，从 2007 年到 2017 年交通运输与邮电业增加值显示出信阳市农业配送服务业在不断发展。局部来看，从 2007 年到 2017 年客运量总体有所下降；其他各具体指标总体来说是增加的。

2. 农业信息服务业

表 6-36 信阳市农业信息服务业（信息传输、软件和信息技术服务业）

年份	互联网用户（万户）	从业人员（信息传输、软件和信息技术服务业）（万人）	信息业固定资产投资（亿元）	信息服务业增加值（亿元）
2007	13.51	0.38	5.95	14.43
2008	19.99	0.39	5.94	27.70
2009	26.34	0.37	6.72	22.96
2010	157.67	0.55	6.12	25.55
2011	195.15	2.26	1.44	28.01
2012	258.00	11.24	0.85	31.80
2013	288.96	10.16	1.76	34.58
2014	289.72	9.51	1.62	38.38
2015	339.65	7.46	3.18	47.99
2016	429.91	6.35	6.57	57.18
2017	470.88	2.35	5.50	68.01

数据资料来源：河南省统计年鉴 2008—2018。

根据表 6-36，整体来看，信阳市信息服务业增加值表现出增长趋势，表明 2007 年到 2017 年间信阳市农业信息服务业不断发展。局部来看，2007 年到 2017 年间互联网用户不断增加，在 2010 年开始大幅度增加；从业人员在 2012 年增加到最大值，后逐年下降；信息业固定资产投资不太均衡，2011 年到 2015 年，固定资产投入有大幅降低，这说明在这几年信阳市对信息业的发展重视力度不够，2016 年以后重视力度才有所提升。

3. 农业金融保险服务业

表 6-37 信阳市农业金融保险服务业

年份	就业人数（万人）	金融机构人民币贷款年底余额（亿元）	保险公司保费收入（亿元）	金融业增加值（亿元）
2007	1.02	359.27	15.47	9.89
2008	1.09	353.63	33.32	10.68
2009	1.16	470.87	33.46	12.28
2010	1.23	570.09	42.92	17.08
2011	1.26	631.58	39.16	27.00

续上表

年份	就业人数（万人）	金融机构人民币贷款年底余额（亿元）	保险公司保费收入（亿元）	金融业增加值（亿元）
2012	1.37	740.80	42.52	33.27
2013	1.52	909.49	42.21	40.25
2014	1.50	1 107.74	51.34	55.38
2015	1.54	1 290.94	62.56	65.54
2016	1.27	1 442.69	74.11	73.89
2017	1.49	1 582.19	106.51	83.19

数据资料来源：河南省统计年鉴 2008—2018。

根据表 6-37，整体来看，2007 年到 2017 年，信阳市金融业增加值不断增加，表明信阳市农业金融保险服务业逐年迅速发展。局部来看，就业人数、金融机构人民币贷款年底余额、保险公司保费收入从 2007—2017 年总体上是增加的，尤其保险公司保费收入的增速最大，也说明了信阳市居民风险意识的增加。

4. 农业营销服务业

表 6-38　信阳市农业营销服务业（批发与零售业、租赁与商贸业）

年份	社会消费品乡村零售总额（亿元）	限额以上批发与零售企业粮油、食品类消费总额（亿元）	批发零售业固定资产投资（亿元）	批发零售业企业单位数（个）	租赁与商贸业从业人员数（万人）	批发与零售业增加值（亿元）	租赁与商贸业增加值（亿元）
2007	84.86	98.97	11.18	1 322	0.58	40.75	2.54
2008	101.56	164.72	11.69	1 858	0.57	38.46	3.49
2009	120.98	131.05	16.06	1 932	0.51	42.47	3.64
2010	85.64	156.29	24.69	1 822	0.64	48.92	4.90
2011	99.31	211.12	24.36	1 830	0.66	57.25	6.73
2012	114.17	254.40	27.34	2 218	1.00	66.40	7.88
2013	128.95	317.19	35.44	2 587	3.58	73.93	17.00
2014	147.67	460.79	54.50	3 021	3.73	81.21	20.01
2015	247.73	598.20	68.28	4 652	4.13	87.57	25.00
2016	181.01	731.43	52.68	4 599	4.36	94.05	33.39
2017	199.4	667.85	64.35	6 531	4.33	100.97	39.96

数据资料来源：河南省统计年鉴 2008—2018。

根据表 6-38，整体来看，2007 年到 2017 年，信阳市批发与零售业、租赁与商贸业增加值总体上不断增加，表明信阳市农业营销服务业不断发展。局部来看，各项具体指标从 2007 年到 2017 年总体上呈现增加趋势。

5. 农业科技服务业

表 6-39　信阳市农业科技服务业

年份	科技活动经费支出（万元）	从事科技活动人员数（人）	技术市场合同成交额（万元）	科学技术增加值（亿元）
2007	18 201	2 240	5 647	1.51
2008	12 720	2 438	3 758	2.01
2009	21 529	7 700	3 132	2.33
2010	11 307	4 364	5 013	2.52
2011	31 225	6 372	20	2.91
2012	35 231	4 936	3 200	3.38
2013	47 990	6 750	2 247	14.54
2014	57 089	6 576	2 700	16.45
2015	64 662	7 510	0	20.96
2016	72 389	7 465	0	23.17
2017	84 889	11 700	2 392	27.35

数据资料来源：河南省统计年鉴 2008—2018。

根据表 6-39，整体来看，2007 年到 2017 年，科学技术增加值逐年增加，显示出信阳市农业科技服务业不断发展。局部来看，科技活动经费支出稳步增长；从事科技活动人员数呈现增长趋势，在 2017 年获得大幅度提升；技术市场合同成交额变化幅度较大，有减少趋势，并且据河南省统计年鉴数据显示，个别年份数据为 0，这可能是由于信阳市企业在技术创新方面越来越倾向于自主研发。

二、信阳市农业与农业生产性服务业融合效果评价

利用灰色关联分析软件 GM 对以上数据进行分析得到灰色关联度，接下来对统计结果进行分析，具体如下：

（一）信阳市农业与农业生产性服务业整体融合效果评价

表 6-40 农业与农业生产性服务业增加值灰色关联度结果

	交通运输与邮电业增加值	信息服务业增加值	金融业增加值	批发与零售业增加值	租赁与商贸业增加值	科学技术增加值	农业增加值
农林牧渔服务业增加值	0.659 4	0.937 6	0.727 4	0.753 9	0.641 1	0.613 1	0.884 9
农业增加值	0.707 1	0.836 9	0.675 0	0.829 8	0.608 6	0.587 1	—

数据资料来源：河南省统计年鉴 2008—2018。

从整体上看，信阳市农业与农业生产性服务业的融合效果不理想，仅信息服务业、批发与零售业分别与农业的灰色关联度为 0.836 9、0.829 8，达到了良好的融合效果，表明信息传输、软件和信息技术服务业，批发与零售业的发展在很大程度上促进了信阳市农业的发展。然而，信阳市其他农业生产性服务业子系统与农业的关联度低于 0.8，其中金融业与农业的关联度为 0.675 0，表明信阳市金融业的发展还有待进一步完善；并且交通运输和邮电业、租赁和商贸业、科学技术服务业与农业的相对灰色关联度均表明这三方面并没有发挥促进农业发展的作用。

（二）信阳市农业与农业生产性服务业局部融合效果评价

表 6-41 信阳市农业与农业生产性服务业子系统灰色关联度排序结果

农业生产性服务业系统	评价指标	灰色关联度
农业配送服务业	移动电话用户	0.885 9
	交通运输与邮电业固定资产投资	0.817 7
	货运量	0.777 8
	邮电业务总量	0.703 5
	客运量	0.613 1
	农村投递线路长度	0.548 9
农业信息服务业	信息业固定资产投资	0.685 9
	信息传输、软件和信息技术服务业从业人数	0.542 1
	互联网用户	0.532 5

续上表

农业生产性服务业系统	评价指标	灰色关联度
农业金融保险服务业	金融机构人民币贷款年底余额	0.860 7
	保险公司保费收入	0.734 9
	金融业就业人数	0.668 6
农业科技服务	科技活动经费支出	0.898 5
	技术市场合同成交额	0.805 8
	从事科技活动人员数	0.786 8
农业营销服务业	批发零售业企业单位数	0.924 1
	社会消费品乡村零售总额	0.825 4
	批发零售业固定资产投资	0.731 1
	限额以上批发与零售企业商品销售总额	0.704 3
	租赁与商贸业从业人员数	0.683 3
	租赁与商贸业固定资产投资	0.593 9

数据资料来源：河南省统计年鉴 2008－2018。

根据表 6-41，从农业生产性服务业子系统来看，具体包括以下五个方面：

1. 农业配送服务业方面

移动电话用户、交通运输与邮电业固定资产投资与农业的相对关联度均在 0.8—0.9 之间，其他方面与农业的关联度都低于 0.8，对农业没有产生良好的促进作用，其中货运量、邮电业务总量与农业的关联度均在 0.7—0.8 之间，表明其与农业达到了中等融合程度，而客运量、农村投递线路长度与农业的关联度低于 0.7，显示出农业配送服务业的发展并没有促进信阳市农业的进一步发展。

究其原因，尽管在政策的指引下，信阳市加快利用电子商务促进农产品的销售，并构建了大别山农产品物流中心，促进了信阳农业的发展。但是农产品供应主要来源于农民散户，没有形成规模效益，导致配送成本较高；并且，配送服务无法满足农产品配送的需求，导致农产品产生较高库存。因此，需要进一步构建完善的农产品配送体系，促进农业发展。

2. 农业信息服务方面

信阳市的信息业固定资产投资与农业的关联度最高，为 0.685 9，而信息传输、软件和信息技术服务业从业人数，互联网用户与农业的关联度都低于 0.6，可见农业信息服务各方面并没有与农业进行有效融合。

究其原因，尽管信阳市积极发展“互联网＋农业”，加快农村网络基础设施的建设，但农村计算机持有的家庭占比低于30%，农业数据资源的利用率较低且数据难以共享，[①] 老龄化的信阳农业生产者并没有能力通过网络获取农业信息；并且，信阳市通信基础设施仍存在严重不足，尤其是缺乏光纤网络，网速较差，[②] 导致没有充分促进基于互联网的农产品电子商务的发展。

3. 农业金融保险服务方面

金融机构贷款年底余额与农业的关联度最高，为0.860 7，说明服务农业的金融机构在很大程度上促进了信阳市农业的发展；保险公司保费收入与农业关联度为0.734 9，与农业达到中等的融合程度；而金融业就业人数与农业的关联度最低，为0.668 6，在一定程度上没有表现出对信阳农业发展的促进作用。

究其原因，近年来信阳市农信社等金融机构为促进农业发展推出金融产品，如人行信阳市分行开展应收账款融资服务，以及积极探索的农村资金互助合作社，在很大程度上促进了信阳市农业生产性服务业与农业的融合，但多数的农业合作社、种植大户仍面临融资难问题，尤其是无金融机构认可的抵押资产导致无法获得贷款，[③] 难以促进信阳市农业进一步发展。

4. 农业科技服务方面

科技活动经费支出与农业的关联度最高，达0.898 5，表明农业科技活动对信阳市农业发展水平的提高有明显促进作用，且技术市场合同成交额与农业的关联度为0.805 8，与信阳市农业达到良好融合效果，而从事科技活动人员数与农业的关联度最低，为0.786 8。

多年来，信阳市依托信阳市农业科研院不断创新农作物新品种和新技术，且依托农业科技人员不断推广农业科技，促进农业种植户利用科技提高农业生产效率，但信阳市近70%的农户仍依赖传统经验种植，仅10%的农户能够基本掌握基本农业科技，且农业技术实际应用效果不理想（周波 2017）。因此，信阳市仍需要完善农业科技服务体系。

5. 农业营销服务方面

批发零食业企业数、社会消费品乡村零售总额分别与农业的关联度为0.924 1和0.825 4，与农业达到了良好的融合效果，而限额以上批发与零售企业商品销

---

① 韩冰．信阳市发展互联网＋农业的现状及面临的挑战［J］．现代农村科技，2015（14）：76—77.

② 潘玉辰．信阳市农产品电子商务发展研究［J］．市场研究，2016（4）：48—49.

③ 周波．“十三五”时期信阳市现代农业发展与粮食安全战略研究［J］．全国流通经济，2017（14）：58—61.

售总额、批发零售业固定资产投资与农业的关联度在 0.7—0.8 之间，租赁与商贸业固定资产投资与农业的关联度最低，为 0.593 9。

由于信阳市许多县生产的产品在性能、外观、营销等方面趋同，且没有注册品牌，不利于农产品营销策略制定，尤其是广告宣传策略，很大程度上阻碍农产品的品牌建设。①

三、促进信阳市农业与农业生产性服务业融合发展路径

(一) 加快促进农产品电子商务的发展

1. 政府主导加快电商基础设施建设

信阳市虽然有电子商务产业园区，但是农村地区通信基础设施仍薄弱，在很大程度上阻碍农产品电子商务的发展。信阳市政府需与联想、移动或电商运营商合作，加强农村通信网络的建设，尤其是加强光纤建设，提高网速。此外，降低宽带收费标准，制定适合农民使用的优惠套餐，鼓励农民利用互联网发展农产品营销。

2. 加强农产品品牌建设

信阳市农产品生产者以散户为主，没有意识和能力进行品牌建设，竞争优势不足。为了扩展信阳农产品的销售渠道，必须加快品牌建设，获得品牌溢价。

一是建立特色农产品标准。应以信阳市农产品龙头企业为主导，在信阳市政府的引导下组织相关专家制定特色农产品的质量标准。比如，对于信阳毛尖的质量标准，引导文新、卢氏等公司建立统一质量标准。针对固始土鸡，应根据重量等建立质量标准，便于生产者进行分类和检查，确保农产品质量；二是依托信阳供销电子商务公司，加强农产品营销。信阳市与阿里巴巴、京东等企业合作，建立信阳供销电商商务公司。应充分发挥该公司的作用，促进农产品统一包装、宣传，完善信阳市农产品的营销策略。

3. 培育本土化电商人才

受制于农村的经济和生活条件，信阳市难以吸引专业的电商人才，而多数农户电商知识有限，阻碍了农产品电商的发展，因此需要加快培育本土化农产品电商人才。信阳市政府应依托信阳电子商务产业园和信阳农林学院开展培训班，结合淘宝大学的培训资料，精心进行课程、师资队伍和教学内容的安排，

① 潘辰．信阳市农产品电子商务发展研究［J］．市场研究，2016（4）：48—49.

为农户提供手机端的可视化、实操性强的培训课程。并且，依托市政府，与信阳农林学院合作建立电子商务人才专项计划，吸引和促进农产品电商人才毕业留在信阳市。

（二）加强金融保险支持力度

1. 建立农户贷款信用体系

加强信阳市地区精神文明建设，营造良好的信贷环境。并积极构建农户信用体系，建立种植大户的信用档案，完善农户档案信息，对信用农户给予优先贷款、利率等方面的优惠。此外，农信社等金融机构应加强金融知识和金融产品的宣传，促进农户了解贷款的风险，从而更好地选择满足自身需要的贷款服务。

2. 完善农业金融服务体系

一是商业金融机构、农村互助资金合作社和政府三者相结合建立协调、高效的农业金融体系，通过多渠道满足农业生产主体的金融产品需求。

二是金融机构应针对不同农产品、种植户，有针对性地推出金融产品和保险产品，并且进一步根据农户实际情况扩大农业抵押物范围，以政府为主导建立和培育涉农担保组织，促进满足不同农户的资金需求。

三是加强政府支持力度，监督不同补贴方式的促进效果，不断完善财政补贴机制，如通过投资、税收减免等方式激励农业主体努力经营。

（三）完善农业科技服务体系

1. 加强科研合作与科技交流

信阳农业科研院和信阳农林学院为信阳市农业科技发展发挥了重要作用。为进一步促进信阳市农业发展，信阳市农科院仍需与河南农科院、河南农业大学等机构建立长期合作关系。此外，为提高农机贡献率，信阳农科院应建立交流渠道，加强与农业经营主体的交流，了解农户对农业生产科技的实际需求，对新技术、新品种建立示范基地进行示范推广。

2. 完善农业科技支撑体系

一是加强农业技术的推广力度。依托基层农业服务站和乡镇农技推广人员，定期在示范基地进行农业科技示范，尤其是要充分发挥种植大户和示范户的作用，积极树立利用科技提高农产品效益的典型，不断宣传，促使农户纷纷效仿，不断提高农户对农业科技的认识。

二是加强对农民的农业科技培训力度。以政府为主导，结合农科院、信阳市农林学院和农业服务站，定期开展农业科技培训，确保农民掌握农业科技的运用。并开展服务热线，及时帮助农民解决农技问题，以及以视频形式发送到农民手机端，增强技术的可视化。

第三篇

河南省农业科技资源发展现状

第七章　科技创新：河南省农业科技资源配置效率研究

中国作为农业大国，解决农业、农村和农民问题是我国经济发展中的重要工作，是关系到我国国计民生的一个根本性问题。近年来，随着我国经济发展，我国的乡村建设路径已经从脱贫攻坚逐步向乡村振兴过渡，粗放式的要素投入转变成了科技驱动农业发展，更加注重农业产业结构优化和农业资源配置优化。随着《创新驱动乡村振兴发展专项规划（2018—2022年）》的颁布，我国农业现代化发展道路迈向新征程。正视农业现代化发展中的不足之处并解决问题，是加快农业现代化发展的必要任务。农业科技是农业生产性服务业中的一个重要行业，也是促进农业发展的重要驱动力。不管是从研究结果看，还是从农业发展实践经验看，河南省甚至全国，农业发展中还普遍存在农业科技资源错配、农业科技供给和需求矛盾等问题，如何用科技兴农，进一步提高农业科技资源配置效率，是河南省实行创新驱动乡村振兴发展道路中必须解决的问题，创新驱动农业生产性服务业和农业发展，也是今后河南省农业发展的新趋势。

第一节　河南省发展农业科技的社会背景与理论背景

一、河南省发展农业科技的社会背景

（一）全球层面：中国农业科技差距明显

近几年，农业机械化和信息化技术实现了融合发展，数字化技术在农业领域不断得到应用，尤其是在发达国家，农业智能化管理研发起步早。尽管我国起步比较晚，但发展相对比较快。

1. 大田种植自动化作业方面

澳洲、北美和西欧等发达国家，由于大中型农场较多，自动化农业生产开展

较早，也有较稳定的技术和装备基础。美国的自动导航驾驶系统可以实现联合收割机的自动化作业；2016 年，约翰迪尔推出的自动化拖拉机和配套农具，能够通过感应装置自动避开障碍物，在平台管理下实现远程检测和操作作业。

在日本和韩国等亚洲国家，由于从事农业的人口不多，也开始推广农业自动化作业。2018 年，日本久保田公司推出了可实现自动驾驶的收割机和拖拉机，能够减轻司机的疲劳驾驶。我国在大田种植中已经开始推广农机的自动导航驾驶系统，目前处在单机作业向多机协同作业发展阶段，但在自动化农机产品的技术创新和制造水平等方面，还有较大提升空间，与发达国家有一定差距。

2. 自动化设施方面

英国、美国和日韩等发达国家，已基本实现自动环境监控、无人化生产、智能化包装等农作业。日本农业机器人应用广泛，在育苗、嫁接、植保等方面可以经常看到机器人作业。我国自动化农业机械率较低，仅 30%左右，我国虽然也有自主研发的农业机器人，但未实现大规模商业推广。

（二）国家层面：高度重视农业科技创新

我国一直重视农业科技发展。2001 年，国务院组织召开第二次全国农业科技大会，在大会上，讨论通过了《农业科技发展纲要（2001—2010 年）》，大力重视农业科技发展；2003 年，农业部为引导全社会对农业科技的重视和支持，开展了“全国农业科技年”活动，并制定了“十一五”期间的农业科技发展规划；2004 年到 2009 年期间，中央为加强农业科技工作，连续发布了 6 个中央一号文件，旨在解决三农问题；2017 年，科技部同多部门联合发布《“十三五”农业农村科技创新专项计划》，专项计划从深化农业科技体制改革、构建农业科技创新体系、改革农业科技评价制度等方面做出指示；2018 年，国家发改委等多部门联合印发《关于“科技兴粮”的实施意见》，以进一步提高农业科技水平；2019 年 1 月，为落实《乡村振兴战略规划（2018－2022 年）》，科技部制定了《创新驱动乡村振兴发展专项计划（2018－2022 年）》，以创新驱动乡村振兴。

随着创新驱动发展战略的实施，科技兴农、科技兴粮战略被提到了前所未有的高度，一系列政策和文件的颁布实施，充分显示了党中央对于发展农业科技的决心，也给农业科技工作创造了良好的发展环境。

（三）河南省层面：农业科技支撑乡村振兴

为强化科技在农业农村发展中的引领作用，2018 年 10 月，河南省政府颁布了《河南省科技支撑乡村振兴三年行动计划》，明确了三年期间河南省农业科技创新体系、农业科技成果转化体系、农业科技人才队伍建设等方面的具体目标和方向，为河南省科技支撑乡村振兴和农业科技的发展都指明了方向；2020 年 12

月，河南省委十届十二次会议闭幕，这次会议提出了要推动河南省农业高质量发展、建设现代化河南的要求。省农业农村厅副厅长刘保仓在会后传达了促使农业高质量发展的十大行动，其中就包括“现代农业产业园创建行动”“数字乡村建设行动”“农业科技支撑行动”等，从建设农业现代化示范园区、发展智慧农业、科技化改造农业产业链等方面提升农业科技水平，推动产业兴旺和农业高质量发展。

从河南省农业农村厅官网公布数据看，2019 年，河南省农业科技贡献率已达到 60.7%，主要农作物机械化率为 82.6%，均高于全国平均水平。这是河南省近几年重视农业科技发展的结果，农业科技含量稳步增长，同时，也应该看到与农业发达省份的差距，河南省在科技兴农道路上依然任重道远。

二、河南省发展农业科技的理论背景

（一）相关概念

1. 农业科技与农业科技资源

农业科技，通常是指用于农业生产过程的科学技术和用于农产品加工的简单技术。包括农作物种植技术、畜牧养殖技术、农药化肥科学用法、灌溉技术、新品种的培育技术、新型农业生产方式以及生产资料鉴别技术等多方面。要想促进传统农业向现代农业的转变，就必然需要大力进行农业科技研究，并将科研成果充分向农业生产领域渗透，才能缩短中国与发达农业国家的差距。

农业科技资源，主要指在农业科技研发、推广以及成果转化等过程中投入的资源，包括人力资源、物力资源、财力资源、信息资源等。这些资源的投入并不是越多越好，投入过多会产生冗余、投入过少则产出不足，只有每种资源用合理比例配置，才能让农业科技有高效的产出。

2. 农业科技创新效率

（1）科技创新效率

首先需要了解科技创新效率的含义。池仁勇和唐根年（2004）认为技术创新效率指多种技术创新投入要素向技术创新绩效的转化程度。① 余建斌和董运来（2014）认为，技术创新效率指在市场价格和生产技术固定的情况下，生产一定

① 池仁勇，唐根年．基于投入与绩效评价的区域技术创新效率研究［J］．科研管理，2004（04）：23－27.

数量产品所需的最小资源投入与实际投入之间的比例。[①] 在农业科技创新过程中，需要资源的不断投入。可见，科技创新效率指在既定的科技投入和技术资源的情况下，如何实现对资源的最大化利用或最大化产出。同样地，在农业科技创新过程中需要农业技术人才、资金、技术等农业科技资源的投入，并需要关注农业科技成果的产出。

（2）农业科技创新效率

在科技创新效率概念的基础上，我国学者对农业科技创新效率的概念进行了界定。陈建伟（2012）提出农业科技创新效率是衡量农业科技创新投入与产出的关系，并将投入和产出的关系分为两个层面，即实际层面上，农业科技创新实际有效产出与投入之比，称之为实际效率，反映农业科技资源利用后有效产出的实际情况；可能层面上，基于农业科技创新生产前沿面估计基础上的投入、产出关系，称之为前沿效率，主要反映研究对象将农业科技资源转化为最大有效产出的可能状况。[②] 赵丽娟等人（2016）认为农业科技创新效率反映农业科技资源的配置情况和运营能力，其高低衡量了农业科技创新能力。[③]

河南省作为农业大省，为提高河南省农业科技能力，需要有效地、合理地配置农业科技资源，以有限的资源投入获得最大的产出。本著作基于农业科技创新效率的概念，对河南省省级和地市级层面农业科技创新效率进行测量。

（二）研究基础

我国学者对农业科技创新的研究主要涉及农业科技创新模式、农业科技创新能力、农业科技创新效率三方面。

1. 农业科技创新模式

在农业科技创新基本模式方面，张静（2011）将我国农业科技创新模式总结分为政府推动模式、农户主导模式、“农民合作组织＋农户”模式、“农业科教单位＋基地＋农户”模式、“公司＋基地＋农户”模式、以及农业科技示范园区模式。

2. 农业科技创新能力

我国学者基于省级层面的数据对区域农业科技创新能力进行研究，主要集中于对区域创新能力的评价。

---

① 余建斌，董运来．农业企业的技术效率差异及成因——来自广东农业产业化龙头企业的实证分析［J］．南方农村，2014，30（12）：27－32.

② 陈建伟．我国农业科技创新效率研究［M］．北京：中国农业科学技术出版社，2012.

③ 赵丽娟，张玉喜，潘方卉，等．科技人力资源与资金对农业科技创新效率影响研究［J］．华东经济管理，2016，30（01）：100－105.

曹琼和李成标（2013）构建涉及农业科技创新潜力、投入能力与产出能力的23个指标体系，采取熵权TOPSIS方法确定各指标权重，从而评价湖北省2004—2011年的农业科技创新能力。结果表明，第一产业固定资产投资、科研经费内部支出、专利授权数是影响湖北省农业科技创新能力的关键因素，并从农业科技创新体系、农业科技投入和农业科技产出能力三方面提出提高湖北省农业科技创新能力的对策。①

吕阳（2015）从农业科技创新投入能力、农业科技创新支撑能力、农业科技创新产出能力和农业科技创新可持续发展能力四个方面构建评价指标体系，采用因子分析法对中部六省农业科技创新能力进行评价，找出导致中部六省农业科技创新差异的主要原因，并结合各省的优劣势提出改善对策。②

陈耀（2018）构建包括创新基础能力、创新投入能力、科研活动能力、成果产出能力及转化扩散能力的农业科技创新能力评价指标体系，采用TOPSIS方法，评价中国31省份的农业科技创新能力，研究发现，国际化、原始创新、成果转化与推广等方面阻碍各省农业科技创新能力的增强，各省农业科技创新能力总体较弱，且存在较大差异，北京、广东、江苏、山东、湖北、黑龙江和浙江7个省市的农业科技创新水平处于较高和高阶段，其他24个省份相对较低。③

赵丽娟等人（2020）基于信息集结视角构建速度特征的动态综合评价模型，测算我国30个省份2008—2017年农业科技创新能力，结果显示，东部地区农业科技创新能力较强，变化速度逐渐放慢，而西部地区农业科技创新能力较弱，且变化速度逐渐加快。④

梁俊芬（2020）从绿色发展视角出发，通过熵值法对2011—2016年我国各省农业科技创新水平进行测量，结果表明，东部地区农业科技创新能力高于中西部地区，但科技创新并没有表现出对该地区农业绿色发展有显著的支撑效果，而西部多数省区在环境友好和资源利用方面做得较好。⑤

3. 农业科技创新效率

我国学者基于不同层面，采取不同方法测量我国农业科技创新效率。

---

① 曹琼，李成标．基于熵权TOPSIS法的农业科技创新能力评价——以湖北省为例［J］．南方农业学报，2013，44（10）：1751—1756.

② 吕阳，李成标．基于因子分析法的农业科技创新能力评价研究——以中部六省为例［J］．湖北农业科学，2015，54（23）：6109—6113.

③ 陈耀，赵芝俊，高芸．中国区域农业科技创新能力排名与评价［J］．技术经济，2018，37（12）：53—60.

④ 赵丽娟，胡畔，李杨薇．农业科技创新能力动态综合评价——基于速度特征［J］．科技管理研究．2020，40（18）：72—79.

⑤ 梁俊芬，方伟，万忠，等．中国省域农业科技创新能力评价——基于绿色发展视角［J］．科技管理研究．2020，40（09）：60—67.

（1）跨省区域层面的研究

赵丽娟等人（2016）采用SFA模型对2004—2013年省级面板数据进行统计分析，结果表明，我国农业科技创新效率的平均值为0.469，东部地区农业科技创新效率比中西部地区较高，但东部、中部和西部地区效率差距逐年缩小。并且，农村生产力发展水平、市场化程度、农村经济发展水平与农业科技创新效率存在正相关关系，而劳动者素质并没有显著促进农业科技创新效率的提高。①

邓灿辉等人（2020）以全国29个区域为研究对象，通过超效率DEA模型分析2007—2016年的样本数据，以测算和评估我国农业科技资源配置效率，进一步将所研究区域分为4个效率梯队。结果显示，整体上我国农业科技资源配置效率处于较低水平，但会逐年缓慢增加，呈现增长趋势；4个梯队的效率差异较大，因技术效率的提高促使差距逐渐缩小；中西部地区的农业科技创新效率远低于东部地区，第二梯队的新疆、广西等地区农业科技创新成果转化率低。②

郭婧煜和樊帆（2020）采用超效率SBM模型和Tobit模型，研究发现，长江经济带在2009—2017年农业科技创新效率呈现先上升后下降再上升的波动变化趋势，地区差距明显，并且从业人员素质、市场化程度、政府支持力度、涉农企业自主创新基础水平有助于农业科技创新效率的提升，农村经济发展水平阻碍农业科技创新效率的提高，并进一步提出提高长江经济带农业科技创新效率的对策。③

（2）省级层面的研究

李勇辉和白利鹏（2019）通过DEA模型分析发现2002—2016年云南省农业科技创新的综合效率为0.984，呈现出不稳定的波动趋势，并且云南省农业科技创新过程中不断投入的技术、人力、资金促使农业科技创新效率维持在较高的水平。④

姚凤民等人（2019）通过超效率DEA模型和Malmquist指数法对2010—2016年广东省各市的面板数据进行分析来测量广东省农业科技创新效率，静态分析结果显示，广东省在研究期间的农业科技创新效率值均大于1，农业科技创新水平较高，但粤北与珠三角、粤西、粤东的效率差异明显；动态分析结果表明，2010—2016年广东省20个市整体的全要素生产率指数平均值大于1，技术

---

① 赵丽娟，张玉喜，潘方卉，等．科技人力资源与资金对农业科技创新效率影响研究[J]．华东经济管理，2016，30（1）：100—105.

② 邓灿辉，马巧云，魏莉丽．我国农业科技创新效率的区域差异及其影响因素研究[J]．中国农业资源与区划，2020，41（05）：231—237.

③ 郭婧煜，樊帆．长江经济带农业科技创新效率及影响因素研究[J]．科学管理研究，2020，38（3）：126—131.

④ 李勇辉，白利鹏．云南省农业科技创新资源配置效率及影响因素研究[J]．中国农业资源与区划，2019，40（6）：63—69.

效率变化指数小于1，技术进步指数大于1，技术效率制约全要素生产率的提高。[①]

袁诗奇和吴丽君（2021）以2013—2018年江苏省各市的面板数据为样本，采用DEA模型和Malmquist指数对江苏省农业科技创新效率进行评价，结果显示，整体来看，江苏省全要素生产力指数均值大于1，其变动主要来源于技术进步；从各市农业科技的全要素生产力指数的构成来看，宿迁的技术效率小于1，没有达到DEA有效，受到纯技术效率的限制；常州的技术效率也小于1，究其原因主要为规模效率的无效，并进一步提出提高江苏省农业科技创新效率的对策。[②]

马艳艳等人（2021）采用DEA模型对2000—2018年宁夏农业科技创新的投入和产出数据进行分析，结果显示，宁夏农业科技资源配置综合效率平均值小于1，呈现阶段性不稳定波动趋势，且投入要素存在冗余现象。[③]

（3）地市级层面的研究

张一扬等人（2018）采用Malmquist指数法，测算2006—2015年曲靖市9个县（市、区）烟草农业科技创新效率，分析结果显示，曲靖市烟草农业科技创新效率在2006—2015年期间的平均增长率为5%，技术进步的平均增长率达到4.8%；宣威市烟草农业科技创新效率的增长率下降2%，其余县都获得了正增长。总体来看，曲靖市烟草农业科技创新效率的高低主要取决于技术进步效率的高低。[④]

赵连明（2018）采用层次分析法和模糊评判综合评价重庆市农业科技资源配置效率，结果表明，重庆市农业科技创新资源的配置效率综合得分为81.08，高层次农业科技人才不足、成果转化率低、资源配置方式不合理、农业科技市场机制不完善等问题影响重庆市农业科技创新效率的提高。[⑤]

---

① 姚凤民，朱美金，查梓琰．广东农业科技创新效率研究——基于超效率DEA模型和Malmquist指数法［J］．科技和产业，2019，19（09）：83—89.

② 袁诗奇，吴丽君．精准扶贫背景下江苏省农业科技创新效率研究［J］．科技和产业，2021，21（03）：69—75.

③ 马艳艳，郤一博，吕佳莹．基于DEA模型的宁夏农业科技资源配置效率评价［J］．江苏农业科学，2021，49（03）：224—231.

④ 张一扬，方丽婷，高华峰，等．基于Malmquist指数法的曲靖市烟草农业科技创新效率实证分析［J］．云南农业大学学报（社会科学），2018，12（02）：20—26.

⑤ 赵连明．重庆市农业科技创新资源配置效率及影响因素研究［J］．中国农业资源与区划，2018，39（07）：92—98.

第二节 河南省农业科技发展现状

河南省农业科技发展状况，主要从两个方面观测，一方面是农业科技的投入状况，另一方面即农业科技的产出状况。当然在介绍这两方面之前，先了解下河南省农业科技发展的经营环境，有利于从宏观上整体把握河南省农业科技发展情况。

一、河南省农业科技发展的经营环境

（一）制度环境良好

河南省作为粮食主产地，一直重视和发挥粮食对国家发展的战略支撑作用，而科学技术是第一生产力，河南省也一直大力支持农业科技创新工作，在国家提出创新驱动发展战略背景下，不断落实“粮藏于地、粮藏于计”的科技兴农战略。

2018 年，全国农村农业科技工作会议在杭州召开，科技部副部长徐南平在会上强调，“要打造农业科技战略力量，走中国特色创新驱动乡村振兴发展道路”。河南省积极响应，2018 年 7 月，河南省科技厅发布深入推进科技创新以助力脱贫攻坚工作的十条举措，以科技助力全省脱贫攻坚工作；在随后的 2018 年 10 月，河南省委办公厅、河南省人民政府办公厅发布《河南省科技支撑乡村振兴三年计划》，从推进政策体系、服务体系和经营主体等方面，部署各种举措提升乡村创新创业能力；2019 年 1 月，为实施乡村振兴战略，科技部印发《创新驱动乡村振兴发展专项规划（2018－2022 年）》；2019 年 9 月，习近平总书记视察河南，对鄂豫皖革命老区及黄河流域高质量发展等提出要求；2020 年 7 月，为贯彻落实习近平总书记在河南视察讲话精神、推进大别山革命老区的振兴发展，河南省科技厅制定了如壮大创新主体、强化项目支撑、加快平台建设、加大人才培养和引进、优化创新环境等若干支持发展意见，多方面支持革命老区的乡村振兴战略。

虽然与浙江等科技强省在农业技术推广、农业科技成果转化、智慧农业发展等方面还存在显著的差距，但总体来看，河南省发展农业科技的政策环境在不断改善，这有利于农业科技创新和乡村振兴发展。

（二）农业科技软实力不高

1. 农业科技创新能力有差距

（1）在科学技术获奖方面

从河南省科技厅官网公布数据看，2018 年，河南省 3 项主持项目获得国家科技进步奖二等奖、1 项参与项目获国家技术发明二等奖、2 项参与项目获国家科技进步奖一等奖、9 项参与项目获国家科技进步奖二等奖。在省级自然科学奖、技术发明奖和技术进步奖项方面，有 331 项获奖。2019 年，河南省 1 项主持项目获得国家技术发明奖二等奖，与 2018 年相比有明显下降，2 项参与项目获得国家技术发明奖二等奖、1 项参与项目获得国家科技进步奖一等奖、12 项参与项目获得国家科技进步奖二等奖，参与项目获奖方面比 2018 年多 4 项。在省级自然科学奖、技术发明奖和技术进步奖项方面，有 292 项获奖。纵观河南省科学技术发展状况，2019 年在国家科学技术奖方面有所下滑，且与北京 71 项、上海 52 项、浙江 27 项等相比，还是存在差距。

（2）在技术市场成交合同方面

从技术市场统计年报看，2018 年河南省技术合同成交数 7 298 项、成交额 149.74 亿元、全国排名 21，比 2017 年上升 3 个名次；吸纳技术合同数 9 084 项，成交额 372.52 亿元，全国排名 14；副省级城市技术合同成交情况，郑州市未入前 10。2019 年全国技术合同成交额中，河南省全国排名 17，技术合同数9 310 项，成交额 234.07 亿元，如表 7-1 所示。

表 7-1　河南省 2017—2019 年度技术合同成交情况

年份	项数	成交额	成交额排名
2017	5 877	76.93	24
2018	7 298	149.74	21
2019	9 310	234.07	17

数据资料来源：2019 全国技术市场统计年报、河南省统计局。

（3）在国家技术转移机构方面

目前河南省拥有国家技术转移示范机构 6 家，分别是河南省 863 软件孵化器有限公司、郑州高新区大学科技园发展有限公司、河南省中国科学院科技成果专一转化中心、河南省科学技术信息研究院、郑州市科学技术开发中心、洛阳大学科技园发展有限公司，而截止到第 6 批，国家已经认定 455 家机构成为国家技术转移示范机构，河南省仅占 1.3%，与北京的 59 家、上海的 26 家、广东的 20 家相比，科技创新环境还需要不断完善。科技成果转移机构的欠缺，也从一定程度上影响了科技成果的推广与应用。

2. 农业科技研发主体实力参差不齐

2019年，河南省有研究与试验发展活动的单位数 5 393 个，从事 R&D 活动人员 296 349 个，其中博士毕业人员 4 673 个，硕士毕业人员 17 465 个，本科毕业人员 124 731 个，博士学历占比仅 1.6%。从部门分组看，有研究与试验发展活动的科研机构有 67 个，科研机构从事 R&D 活动人员 14 754 个，博士毕业人员 1 020 个，硕士毕业人员 5 957 个；有研究与试验发展活动的高等院校 198 个，高等院校从事 R&D 活动人员 3 923 个，博士毕业人员 2 070 个，硕士毕业人员 1 029 个；有研究与试验发展活动的企业 5 003 个，其中大中型企业 1 543 个，企业从事 R&D 活动人员 86 071 个，博士毕业人员 1 396 个，硕士毕业人员 10 015 个，如表 7-2 所示。

从上述数据看，高等院校从事 R&D 活动人员学历层次相对较高，硕士及以上学历占比 80%，科研机构次之，硕士及以上人才占 47%，企业单位科研人员素质普遍偏低，硕士及以上人才仅 13%。而科研成果转化中贡献较大的通常是企业和科研机构，科研人员素质偏低会限制这些机构的研发与技术推广水平。

表 7-2　2019 年度河南省主要执行部门研究与试验发展活动情况

指标	河南省总数	科研机构	高等院校	企业
有 R&D 活动单位数（个）	5 390	67	198	5 003
从事 R&D 活动人员（个）	296 349	14 754	3 923	86 071
博士毕业人员（个）	4 673	1 020	2 070	1 396
硕士毕业人员（个）	17 465	5 957	1 029	10 015

数据资料来源：2020 河南省统计年鉴。

（三）各省辖市农业科技发展不均衡

由于不同地区发展环境不一样，河南省各省辖市的农业科技创新水平差异较大。原因有几点：一是由于历史原因和资源要素的限制，各省辖市产业发展重点不一样，如郑州市着力打造国家中心城市，平顶山市是典型的煤炭城市，信阳市则在建设宜居和旅游城市，南阳、周口、商丘等地则承担着河南省主粮食产区重担，因此不同省辖市对农业科技发展需求不一样；二是各地区所拥有的科研机构和高等院校数量不同，因此造成科研人员数量和人员素质存在差异。

1. 各省辖市 R&D 活动产出情况的差异

R&D 活动产出情况，可以反映各省辖市农业科技水平的不同。从 2020 河南省统计年鉴数据可以很明显看出，郑州市在专利发明、科技论文发表和出版科技著作数量上都保持着领先地位。2019 年，郑州市的有效发明专利数是 16 613 件，排在第 2 位的是洛阳市，拥有有效发明专利 8 829 件，仅是郑州市的一半。其次是新乡市的 4 500 件、南阳市的 2 874 件、焦作市的 2 855 件，最少的是济源市 309 件。这样看，河南省有效发明专利在各省辖市分布很不均衡，1 000 件以下的有 8 个省辖市，郑州市是这些城市的 17 倍到 54 倍，当然这与地域范围大小以及科研资源多少不无关系，但农业科技水平的差异也确实客观存在。

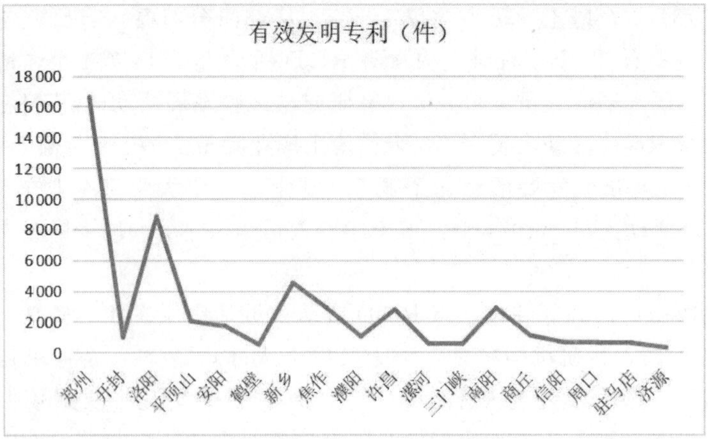

数据资料来源：2020 河南省统计年鉴。

图 7-1　2019 年度各省辖市有效发明专利

2. 各省辖市技术合同成交额的差异

技术市场上技术合同成交额，也是反映各省辖市农业科技发展水平的一项指标。与有效发明专利一样，排在河南省前 5 位的依然是郑州、洛阳、新乡、焦作和南阳，但差距也比较明显，从图 7-2 可以看出，郑州市技术合同成交额达 127 亿元之多，排在第 2 位的洛阳市 48 亿元，而第 5 位的南阳市仅 8 亿元左右，商丘市在 2019 年度技术合同成交额最少，只有 963 万元。

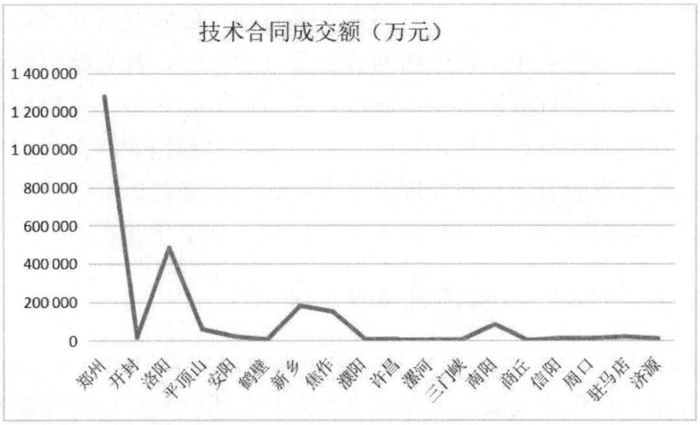

数据资料来源：2020 河南省统计年鉴。

图 7-2　2019 年度河南省各省辖市技术合同成交额

3. 粮食主产区科技水平发展不理想

从上述内容还可以看出，在粮食主产区，南阳市的科学技术发展相对较好，像商丘、信阳、周口和驻马店等地，科技发展水平在全省范围内属于中等偏下，科技水平的落后会限制农业的高质量发展。

特别是，虽然用“R&D 活动产出指标”和“技术合同成交额”等科技发展水平指标衡量当地农业科技水平存在着一定误差，但农业科技水平受该地区科学技术发展总体水平的影响，这是毋庸置疑的。因此，在指标数据获取受限的情况下，以科学技术产出指标，从侧面反映一个地区农业科技发展水平具有一定程度上的合理性。

二、河南省农业科技的投入状况

科技投入主要是人力资源、财力资源和物力资源，以下主要从这几个方面介绍。

（一）人力资源投入

农业科技人员，即农业企业研发人员，还包括高等院校和科研机构的农业研发人员，从工种上看，又分为技术研发人员和技术服务人员。

为促进科研水平的提升，河南省一直重视科研人员的投入。从表 7-3 中提供的数据可以看出，2010 年到 2019 年，河南省 R&D 活动从业人员数量一直在稳定攀升，10 年间增长了 105%；硕士学历以上人才增长速度更快，2010 年，仅 4 055 位博士参与科研活动，到 2019 年这个数据增长到 12 985 位，增长了 220%，硕士毕业人才虽增长速度不如博士人员，但也实现了 119%的增长。不容忽视的事实是，虽然 R&D 活动人员总数，以及硕士以上学历人员总数都在增加，但硕士以上学历人员所占比重却增长缓慢，2010 年比重为 14.12%、2015 年为 14.94%、2019 年为 16.45%，10 年间硕士人员比重仅增加 2.33%，高学历人员的不足对于尖端科技项目的攻破和科研团队活力的提升均有所不利。同时，与科研强省相比，不管是科研人员总数，还是高层次人才数量，河南省还存在较大的差距，如何吸引和留住高层次科研人才，也是以后河南省科研工作的要点。

表 7-3　2010—2019 年河南省 R&D 活动人员情况

年份	R&D 人员（个）	博士毕业（个）	硕士毕业（个）
2010	144 408	4 055	16 338
2011	167 386	4 762	17 460
2012	185 116	5 111	19 906

续上表

年份	R&D人员（个）	博士毕业（个）	硕士毕业（个）
2013	216 269	6 063	21 930
2014	232 105	6 533	22 470
2015	241 171	7 771	28 266
2016	249 876	8 792	29 240
2017	266 427	10 185	32 467
2018	256 175	10 161	32 440
2019	296 349	12 985	35 778

数据资料来源：河南省统计年鉴 2011—2020。

（二）财力资源投入

从统计年鉴公布数据看，河南省在科研活动经费支出方面逐渐在加大投资。2010 年，河南省有 R&D 活动的单位数是 1 555 个，R&D 经费内部支出 211 亿元。到 2019 年，河南省有 R&D 活动的单位数是 5 393 个，R&D 经费内部支出 793 亿元，增幅分别是 247%、275%，基本实现了同步稳定增长，这说明河南省在不断持续增加科研资金投入的同时，还在积极扩大有 R&D 活动的机构数量。科研机构数量的增长，以及科研经费的持续投入，对于河南省科技水平的提升以及经济发展都有重要作用，也必将提升农业科技含量和农业的高质量发展，如表 7-4 所示。

表 7-4　2010—2019 年河南省 R&D 活动经费支出情况

年份	有 R&D 活动单位数（个）	R&D 经费内部支出（万元）
2010	1 555	2 113 773
2011	1 585	2 644 922
2012	1 720	3 107 803
2013	2 051	3 553 486
2014	2 473	4 000 099
2015	2 850	4 350 430
2016	3 112	4 941 880
2017	4 112	5 820 538
2018	3 956	6 715 193
2019	5 393	7 930 369

数据资料来源：河南省统计年鉴 2011—2020。

（三）物力资源投入

据河南省全省国民经济和社会发展统计公报数据，截至 2019 年年底，河南省拥有国家级的企业技术中心 91 个、省级的企业技术中心 1 023 个；拥有国家级的工程实验室或研究中心 49 个、省级的工程实验室或研究中心 735 个；拥有国家级的重点实验室有 16 个、省级的重点实验室达 206 个。这些指标数据，从一定程度上反映了河南省在科学技术物力方面的投入情况。农业机械总动力，反映了农业机械化水平和农业科技装备水平，这里用农业机械总动力来衡量河南省在近 10 年间农业科技的物力资源水平，如图 7-3 所示。

2010 年到 2019 年，河南省农业机械总动力基本维持在 10 500 千瓦左右，除了 2015—2016 年出现了断崖式下降，从 11 710 万千瓦减少到 9 859 万千瓦。而这个断崖式下降是由于统计标准的变化，从 2015 年开始，农业机械总动力不再包括农用运输车和三轮运输车。那这样看，其实从 2010 年到 2019 年间，河南省农业机械总动力都是在缓慢增长过程中，这说明河南省农业机械化水平和物资设备维持在一个稳定增长的水平。

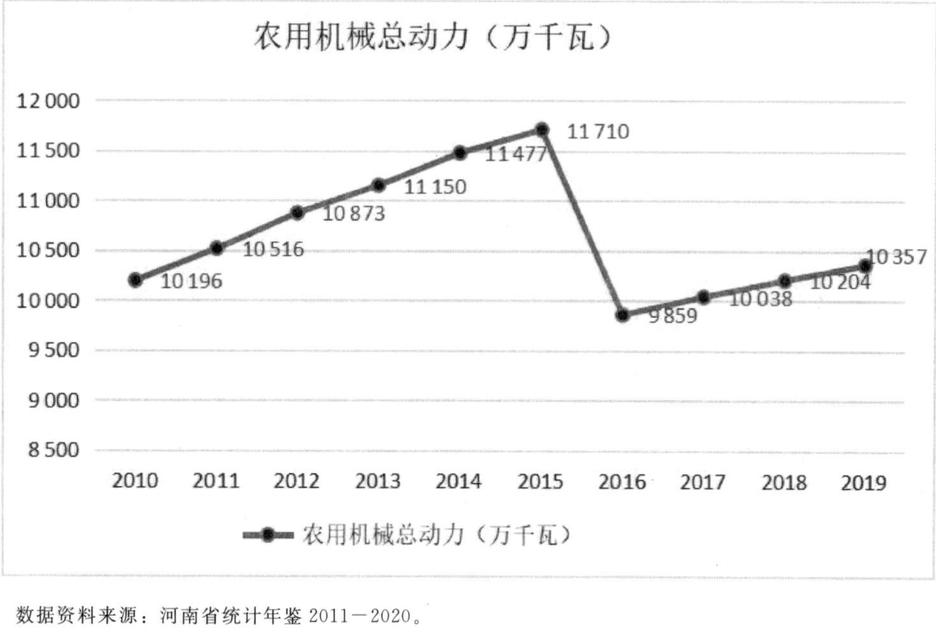

数据资料来源：河南省统计年鉴 2011—2020。

图 7-3　2010—2019 年河南省农业机械总动力

三、河南省农业科技的产出状况

农业科技的产出可以分为两个方面，一是科技研发的直接产出，比如科技论文发表数量、申请专利或授权专利数量、技术市场成交合同或成交额等；二是科技在农业的转化成果，即农业产量的提高，但农业科技对农业产量的专项作用很难统计，这里用农业产值作为农业科技转化后的间接成果。

（一）直接产出情况

2019 年河南省科技产出成果丰富，全年启动了 35 个省级重大科技专项，16 个项目获得国家科学技术奖、297 个项目及个人获得河南省科学技术奖。2019 年度全省共计申请专利 144 010 件，获得授权专利共计 86 247 件，有效发明专利共计 37 311 件，平均每万人口发明专利拥有量达 3.88 件。技术市场成交情况也有新突破，2019 年全省共签订有效技术合同 9 310 份，技术合同成交额达 234.07 亿元。

从历年统计年鉴数据看，2010 年到 2019 年，河南省专利授权数和技术市场成交额都实现了稳步增长，尤其是 2017 年到 2019 年，增速较快。2017 年到 2019 年，河南省专利授权数从 55 407 件增长到 86 247 件，增加了 55.66%；同样，技术市场成交额也极速增加，从 76.85 亿元增长到 234.07 亿元，增加值达 204.58%。如图 7-4 所示，从数据明显可以看出，河南省近几年科学技术的发展实现了突飞猛进，产出成果喜人。

数据资料来源：河南省统计年鉴 2011—2020。

图 7-4　2010—2019 年河南省科学技术产出情况（部分）

（二）间接产出情况

农业科技产出在农业生产中的转化使用，可以实现农业高质量发展，最直接的证据就是农业产值的增加。如图 7-5 所示，2010 年到 2019 年，河南省农、林、牧、渔业总产值从 5 619 亿元增长到 8 541 亿元，增加了 52%。对比河南省科学技术产出情况折线图，河南省农、林、牧、渔业产出与科技产出有一定同步关系。2010 到 2012 年，专利授权数和技术市场成交额增幅明显，对应的农、林、牧、渔业产值曲线也是斜度较大；2013 年到 2016 年，专利授权数和技术市场成交额增速平稳，对应的农、林、牧、渔业产值曲线也是趋于平缓；2017 年到 2018 年，专利授权数和技术市场成交额快速增长，对应的农、林、牧、渔业产值也是陡峭上升。

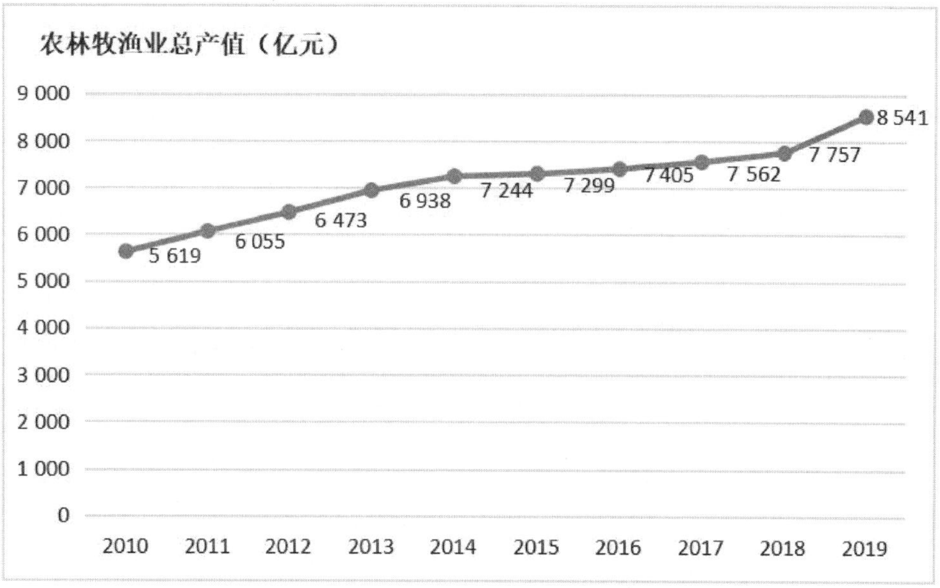

数据资料来源：河南省统计年鉴 2011—2020。

图 7-5　2010—2019 年河南省农、林、牧、渔业总产值

2017—2019 年，河南省十大优势特色农业总产值持续增长，占农、林、牧、渔业比重也在稳步增加。在十大优势特色农业中，蔬菜产值最高，2019 年产值高达 1 600.02 亿元，在农、林、牧、渔业中占比 18.7%；小麦产值排第二位，但占农、林、牧、渔业比重在逐年下降，这与河南省逐步发展特色种植业的政策不无相关；花卉产值一直处于落后，但 2019 年有大幅提升，产值达 158.85 亿元，占农、林、牧、渔业比重也从 2018 年的 0.2%提高到 2019 年的 1.9%。如表 7-5 所示，表中数据还呈现出一个事实情况，在河南省优势特色农业中，种植业贡献依然最大，产值最高；林牧渔业产值比重较小，需要加大投入力度，提升林牧渔业产业发展水平。

表 7-5　2017—2019 年河南省优势特色农业产值

品种	产值（亿元）			占农、林、牧、渔业的比重（%）		
	2017	2018	2019	2017	2018	2019
优势特色农业	3 978.56	4 343.37	4 994.14	52.6	56.0	58.5
小麦	838.25	789.02	827.13	11.1	10.2	9.7
花生	224.64	259.31	331.06	3.0	3.3	3.9
草畜	450.42	468.88	650.98	6.0	6.0	7.6
林果	400.69	465.78	423.67	5.3	6.0	5.0
蔬菜	1 388.37	1 378.21	1 600.02	18.4	17.8	18.7
花卉	30.69	19.25	158.85	0.4	0.2	1.9
茶叶	94.01	196.62	220.62	1.2	2.5	2.6
食用菌	330.59	353.19	349.61	4.4	4.6	4.1
中草药材	113.11	290.39	314.04	1.5	3.7	3.7
水产	107.79	122.71	118.16	1.4	1.6	1.4

数据资料来源：河南省统计年鉴 2018—2020。

第三节　河南省农业科技资源配置效率评价指标与模型构建

一、河南省农业科技资源配置效率评价指标体系设计原则

本节将从宏观角度分析河南省农业科技资源配置效率，即农业科技创新效率。通过第一节中关于相关文献的研究，农业科技资源配置效率评价将延续以往的研究，采取 DEA 模型，因此根据模型的需要，本节将从投入、产出两个角度设置效率评价指标体系。同时，考虑到农业生产的系统性和层次性，指标体系构建时要遵循以下原则。

（一）指标的选取要继承以往的研究

前期学者们关于模型构建和指标体系的确定在当时是具有科学性和合理性的，本文的研究并不是对以往研究的否定，而是对前期研究的继承和发展，因此，指标体系的确定要体现出对前期研究的继承。

（二）指标的选取要体现科学性

指标选取的科学性体现在三个方面，具体如下：

1. 指标要有全面性

农业科学技术的使用贯穿了农业生产的全过程，因此，指标选取时要尽量客观、全面反映农业生产中科技创新的应用。

2. 指标要有代表性

指标体系要在体现全面性的同时，还要兼顾代表性。指标体系的构建要符合实证的需求，河南省有 18 个省辖市，指标过多会给信息搜集和实证研究增添较大难度。

3. 指标要有可获取性

要考虑数据的可获得性。构建的指标体系，必须是在现有条件下课题组可以获取相关数据，否则，这一实证研究难以继续操作。

二、河南省农业科技资源配置效率评价指标体系的构建

（一）指标选取的参考对象

河南省农业科学资源配置效率指标体系的确定，是对纪浩（2020）和于越（2020）关于农业科技创新效率指标体系的继承和发展。

1. 纪浩的相关研究

纪浩在研究浙江省农业科技创新资源配置效率时，从“基础与建设性指标”“创新与发展性指标”和“经济与生态性指标”视角，构建了浙江省农业科技创新资源配置效率“投入/产出”指标体系，① 如表 7-6 所示。纪浩为体现浙江省科技创新驱动乡村振兴的突出成果，选取了较为创新性的指标，即“智慧化设备投资总额”“创新平台数量”和“新型肥料施肥量”，同时，为反映科技兴农中基础设施的重要性，将“农业从业人员数量”“农业机械总动力”以及“农业公共财政支出”作为“基础和建设性指标”。

① 纪浩．乡村振兴背景下农业科技创新资源配置效率研究［J］．科技促进发展，2020（08）：892－900.

表 7-6　纪浩所构建的效率评价指标体系

指标类型	指标名称
投入类	农业从业人员数量 农业机械总动力 农业公共财政支出总额 智慧化农业技术装备投资总额 百公里范围农业科技创新平台数量 生态农业新型肥料年施肥量
产出类	农业口径发明专利数量 农业技术市场成交额 农业生产总值 农村人均收入

2. 于越的相关研究

相比纪浩（2020）的指标体系，于越（2020）的相对简单，在考虑了河南省农业生产实际和指标可获得性的基础上，只选取了“农业科技活动经费”“农业科技活动人员”和“农业机械总动力”三个投入指标，“发表科技论文数”“技术合同成交额”和“农业总产值”三个产出指标，共计 6 个指标，作为河南省农业科技创新效率评价指标体系①，如表 7-7 所示。

表 7-7　于越所构建的效率评价指标体系

指标类型	指标名称
投入指标	农业科技活动经费 农业科技活动人员 农业机械总动力
产出指标	发表科技论文数 技术合同成交额 农业总产值

3. 二者比较分析

（1）从指标的关联度上看

于越（2020）构建的指标体系中，投入指标与农业科技的相关性较高，产出

① 于越．河南省农业科技创新效率评价研究［D］．郑州：河南工业大学，2020.

指标“发表科技论文数”和“技术合同成交额”与农业科技产出关联度相对较低。相反，纪浩（2020）构建的指标体系中，产出指标和农业科技产出贴合度高，投入指标中后三个指标具有创新性，也体现了浙江省农业科技投入的高水平，但“农业从业人员数量”和“农业公共财政支出”与农业科技投入关联度不高。

（2）从指标的可获取程度看

纪浩（2020）的指标数据在浙江省相对容易获取，但是投入类的三个创新性指标在河南省现有统计资料中难以获取，且难找到合适的替代数据。于越（2020）的“农业科技活动经费”和“农业科技活动人员”两个指标数据在河南省现有统计资料中没有专项统计，均采用的替代数据，即用科研活动经费和科技活动人员数分别乘以（农业产值/生产总值）比重所得。其他数据，则通过河南省统计年鉴获取。

（二）指标体系的确定

根据以上分析，本文在纪浩（2020）和于越（2020）的基础上修正了河南省农业科技资源配置效率指标体系。

在考虑数据指标的可获得性以及与农业科技相关性的基础上，修正的指标体系主要采用了于越（2020）的投入指标，去掉了纪浩（2020）的投入指标中设置的“农业从业人员数量”和“农业公共财政支出”这两个与农业科技关联度低的指标，以及“智慧化设备投资总额”“创新平台数量”和“新型肥料施肥量”这三个在河南省现有统计资料条件下难获取的指标。产出指标综合了两人的研究，保留“农业口径发明专利”“农业技术合同成交额”“发表科技论文数”和“农业总产值”四个产出指标，并作出相应调整。由于发明专利统计数据有“申请数量”“有效发明专利数”等指标，本文采用的是“有效发明专利数”；同时为体现指标数据与农业科技的关联度，将“发表科技论文数”调整为“发表农业科技论文数”。如表7-8所示，即为修正后的河南省农业科技资源配置效率指标体系，包括投入指标和产出指标两大项。

表7-8　河南省农业科技资源配置效率评价指标体系

指标类型	指标名称
投入指标	农业科技活动经费 农业科技活动人员 农业机械总动力

续上表

指标类型	指标名称
产出指标	农业口径有效发明专利 农业技术合同成交额发表农业科技论文数 农业总产值

（三）指标体系的释义

由于个别指标缺乏专项统计，会通过比重换算替代相应指标，但本节所有原始数据均来自河南省统计年鉴（2020）。

1. 投入指标

农业科技活动经费，反映的是农业科技投入的资金规模。R&D经费支出包括内部支出和外部支出，本文采用内部支出数据，具体包括政府资金、企业资金、境外资金和其他资金。由于各省辖市的农业科技活动经费缺少专项统计，故实证研究中用R&D内部经费支出×（农业总产值/生产总值）来替代。这里农业总产值，即统计年鉴中的农、林、牧、渔业产值，下同。

农业科技活动人员，反映的是农业科技投入的人力规模。R&D人员包括参加项目人员、管理和服务人员。与农业科技活动经费一样，农业科技活动人员在现有统计资料中难以获取，将用R&D人员×（农业总产值/生产总值）来替代。

农业机械总动力，既是反映一个地区农业科技投入水平的重要指标，也是反映当地农业生产科技水平的重要指标，因为农业科技含量的提升，很显著的表现就是农业机械化水平的提高。这一指标主要包括农业生产中运输、耕种、灌溉、农产品初加工及其他农业作业活动中机械动力的总和。

2. 产出指标

农业口径有效发明专利，是反映农业科技自主创新产出的重要表现。统计年鉴中可用来衡量发明专利产出的指标有专利申请数、专利授权数、有效发明专利数、专利所有权转让和许可数等，本章节用“有效发明专利数”作为初始指标数据。由于农业口径有效发明专利数同样难以获取，实证研究中将用有效发明专利数×（农业总产值/生产总值）来替代。

农业技术合同成交额，是反映农业科技成果转化的重要指标，折射出一个地区农业技术交易规模和流动情况。鉴于农业技术合同成交额数据获得较难，在实证研究中，用技术合同成交额×（农业总产值/生产总值）来替代。

发表农业科技论文数，也是反映农业科技产出的一个重要指标。由于在统计年鉴中同样缺乏专项统计，因此研究中将用发表科技论文数×（农业总产值/生产总值）来替代该指标。

农业总产值，可以从侧面反映农业科技对农业生产的贡献率，因为农业总产值的变化，可以在一定程度上说明科技投入对农业发展带来的经济效益。农业总产值包括农、林、牧、渔业产值和农林牧渔服务业产值，是二者之和。

三、河南省农业科技资源配置效率评价模型构建

（一）DEA－BCC 模型

在第五章中，从生产要素角度对河南省农业生产性服务发展效率进行评价时，亦采用了 DEA 模型。原因在于，DEA 模型不仅能够减少像灰色关联度模型中的无量纲化问题，而且能够有效处理多投入与多产出指标，并同时根据计算结果进行多个决策单元间的比较分析。根据对以往研究的梳理，可以明显发现，用 DEA 模型测量发展效率是主流研究方法，因此本文将接着延用 DEA 模型测算河南省农业科技资源配置效率。

由于第五章中，对 DEA 模型已经进行了相关介绍，这里只进行简要说明。DEA 模型包括基于规模报酬不变假设的产出导向模型（CCR）和基于规模报酬可变假设的投入导向模型（BCC），由于本章节研究的是农业科技资源在一定投入要素下的效率值，规模报酬可变，所以实证研究采用 DEA－BCC 模型，模型如下：

$$min\theta$$

$$s.t.\begin{cases}\sum_{j=1}^{n} X_j\lambda_j + S^- = \theta X_{jo} \\ \sum_{j=1}^{n} Y_j\lambda_j - S^+ = Y_{jo} \\ \lambda_j, S^-, S^+ \geqslant 0; j = 1, \ldots, n\end{cases}$$

式中 θ 表示决策单元（河南省 18 个省辖市）农业科技资源的效率值，X 和 Y 分别是决策单元的投入变量和产出变量，S^- 和 S^+ 则是投入资源和产出资源的松弛变量，λ 是权重指数。若 $\theta=1$，则该省辖市为 DEA 有效，若 $\theta<1$，则该省辖市为 DEA 无效。[①]

① 陈振，郑锐，李佩华．河南省农业科技创新效率评价与分析［J］．河南农业大学学报，2018（06）：465－469＋484.

（二）DEA－Malmquist 模型

DEA－BCC 模型只是对河南省各城市农业科技创新效率进行静态分析，为了更全面了解河南省农业科技资源利用情况，进一步采用 DEA－Malmquist 模型来呈现河南省农业科技资源配置效率的动态变化趋势。该模型可表示为：

$$tfpch = M_0^{t+1} = [\frac{D^t(X_0^{t+1},Y_0^{t+1})}{D^t(X_0^t,Y_0^t)} \times \frac{D^{t+1}(X_0^{t+1},Y_0^{t+1})}{D^{t+1}(X_0^t,Y_0^t)}]^{1/2} \qquad (1)$$

式中：X_0^t、X_0^{t+1} 表示第 t、t＋1 期的投入量，Y_0^t、Y_0^{t+1} 表示第 t、t＋1 期的产出量，D^t（X_0^t，Y_0^t）、D^{t+1}（X_0^{t+1}，Y_0^{t+1}）为第 t、t＋1 期的产出距离函数。$tfpch$ 为全要素生产率，当 $tfpch>1$，表示决策单元生产率提高；反之表示下降；$tfpch=1$ 表示生产率不变。

进一步分解为：

$$tfpch = M_0^{t+1} = \frac{D^{t+1}(X_0^{t+1},Y_0^{t+1})}{D^t(X_0^t,Y_0^t)} \times [\frac{D^t(X_0^t,Y_0^t)}{D^{t+1}(X_0^t,Y_0^t)D} \times \frac{D^t(X_0^{t+1},Y_0^{t+1})}{D^{t+1}(X_0^{t+1},Y_0^{t+1})D}]^{1/2}$$

$$= effch \times techch \quad (2)$$

（2）式中，$effch$ 为技术效率变动指数，可以进一步分解为纯技术效率（pech）和规模效率（sech）。当 $effch=1$ 时，表明决策单元处于生产效率前沿面。$techch$ 为技术进步变动指数，当 $techch>1$ 时，决策单元的技术有所进步；当 $techch<1$ 时，决策单元的技术没有进步。

第四节　河南省农业科技资源配置效率评价实证分析

本节内容以农业科技活动经费、农业科技活动人员和农业机械总动力作为投入指标，农业口径有效发明专利、农业技术合同成交额、发表农业科技论文数和农业总产值作为产出指标，首先以 2019 年河南省 18 个省辖市的截面数据为样本，利用 DEA－BCC 模型对河南省农业科技创新效率进行评价，并重点从横向上进行比较分析，以了解河南省不同地区农业科技水平的差异程度。随后以 2010－2019 年河南省省级层面时间序列数据为样本，采用 DEA－Malmquist 模型分析河南省农业科技创新效率，以在整体层面上把握河南省农业科技资源配置效率的动态变化趋势。

一、基于 DEA－BCC 模型的河南省 18 个省辖市农业科技资源配置效率静态分析

（一）河南省 18 个省辖市农业科技资源配置效率评价指标具体数据

1. 河南省 18 个省辖市农、林、牧、渔业产值，生产总值及比重

表 7-9　河南省 2019 年 18 个省辖市产值

城市	农、林、牧、渔业产值（亿元）	生产总值（亿元）	农、林、牧、渔业产值/生产总值
郑州	234.56	11 589.72	0.02
开封	601.95	2 364.14	0.25
洛阳	466.81	5 034.85	0.09
平顶山	330.12	2 372.64	0.14
安阳	367.39	2 229.29	0.16
鹤壁	121.00	988.69	0.12
新乡	428.76	2 918.18	0.15
焦作	280.84	2 761.11	0.10
濮阳	364.71	1 581.49	0.23
许昌	295.72	3 395.68	0.09
漯河	240.93	1 578.44	0.15
三门峡	245.67	1 443.82	0.17
南阳	1 012.15	3 814.98	0.27
商丘	771.37	2 911.20	0.26
信阳	945.51	2 758.47	0.34
周口	925.16	3 198.49	0.29
驻马店	867.14	2 742.06	0.32
济源	40.98	686.96	0.06

数据资料来源：河南省统计年鉴 2020。

这里之所以先介绍 18 个省辖市的产值数据，是因为农业科技资源的投入产出值在河南省统计年鉴中缺乏专项统计，所以相应数据是用各省辖市科学技术行业投入产出×（农、林、牧、渔业产值/生产总值）所得数值来替代。

从表 7-9 数据可以看出，河南省 18 个省辖市“农、林、牧、渔业产值/生产

总值”比值结果差异较大，郑州市仅为 0.02，信阳市高达 0.34，相差 16 倍之多，这也凸显出河南省不同地域农业对当地经济的贡献不同以及地域间经济发展重点的不同。很明显，开封、濮阳、南阳、商丘、信阳、周口以及驻马店等地区，农业在经济发展中占据了较重地位，郑州、洛阳、焦作和济源等地，则在制造业和高新技术产业等方面有显著成就。

2. 河南省 18 个省辖市农业科技投入指标具体数据

由于部分农业科技数据是用的代替数据，所以这里先介绍部分投入指标的初始数据。

表 7-10　河南省 2019 年 18 个省辖市科学技术行业相关数据

城市	科技活动内部支出经费（万元）	科技活动人员（人）
郑州	2 367 410	99 028
开封	241 332	9 872
洛阳	1 192 325	36 925
平顶山	382 818	14 919
安阳	295 297	8 799
鹤壁	76 144	4 716
新乡	625 568	23 934
焦作	459 095	17 039
濮阳	160 563	5 821
许昌	530 889	12 098
漯河	135 144	5 356
三门峡	197 464	5 564
南阳	409 881	18 596
商丘	274 261	10 157
信阳	157 825	7 103
周口	146 735	6 575
驻马店	141 641	6 112
济源	135 977	3 735

数据资料来源：河南省统计年鉴 2020。

这是河南省统计年鉴中所公布第 21 项科学技术行业 2019 年相关统计数据，表 7-10 中数据表明，郑州市和洛阳市在科技投入方面遥遥领先，财政和人力资源投入都远超其他省辖市。但这并不能说明这两个省辖市在农业科技方面的投入就领先其他地区，因为农业在这两个城市经济发展中，都不属于第一重要产业，这种情况可以从农、林、牧、渔业产值占生产总值的比重中看出，两个城市的相关比重仅为 0.02 和 0.09。因此需要对数据进行转换替代。

表 7-11　河南省 2019 年 18 个省辖市农业科技投入指标最终数据

城市	农业科技活动经费（万元）	农业科技活动人员（人）	农业机械总动力（万千瓦）
郑州	47 913	2 004	440
开封	61 447	2 514	591
洛阳	110 547	3 424	528
平顶山	53 264	2 076	406
安阳	48 665	1 450	507
鹤壁	9 319	577	234
新乡	91 913	3 517	778
焦作	46 696	1 733	254
濮阳	37 028	1 342	376
许昌	46 234	1 054	388
漯河	20 628	818	256
三门峡	33 599	947	121
南阳	108 745	4 934	1 462
商丘	72 670	2 691	866
信阳	54 097	2 435	679
周口	42 443	1 902	980
驻马店	44 792	1 933	1 418
济源	8 112	223	72

数据资料来源：河南省统计年鉴 2020。

数据转换后各省辖市投入指标数据发生较大变化，郑州不再是在农业科技方面投入最多的省辖市。洛阳、南阳和新乡等三个省辖市在农业科技经费投入上位列前三，且这三个省辖市的农业科技从业人员领先于其他地区；农业机械投入方面，南阳、驻马店和周口投入较大，遥遥领先其他省辖市。

从表 7-11 数据还可以看出，2019 年新乡农业产值在全省并不突出，但农业科技投入却整体靠前，在创新驱动农业发展战略引领下，新乡市对农业科技的重视度逐渐加大。

3. 河南省18个省辖市产出指标具体数据

同样，先介绍部分产出指标的初始数据。

表7-12 河南省2019年18个省辖市科学技术行业相关数据

城市	有效发明专利（件）	技术合同成交额（万元）	发表科技论文数（篇）
郑州	16 613	1 275 411	32 961
开封	995	15 284	3 645
洛阳	8 829	482 667	5 662
平顶山	2 027	57 093	2 082
安阳	1 700	20 445	1 875
鹤壁	502	5 250	373
新乡	4 500	179 638	5 720
焦作	2 855	149 691	3 107
濮阳	1 026	6 526	328
许昌	2 776	3 002	774
漯河	560	4 543	920
三门峡	536	5 771	954
南阳	2 874	82 110	1 885
商丘	1 092	963	1 781
信阳	640	11 118	1 700
周口	622	11 857	579
驻马店	586	19 569	1 000
济源	309	9 749	473

数据资料来源：河南省统计年鉴2020。

从表7-12中2019年18个省辖市科学技术行业的产出看，郑州和洛阳依旧在全省领先，这和它们的科技投入量分不开，也从侧面反映出这两个城市在高新科技行业领域成果显著。结合投入指标数据，值得一提的是，从南阳、商丘、信阳、周口和驻马店等几个粮食主产区来看，南阳市在科学技术方面的重视程度相对更高，周口、驻马店较为落后。

表 7-13　河南省 2019 年 18 个省辖市农业科技产出指标最终数据

城市	农业口径有效发明专利（件）	农业技术合同成交额（万元）	发表农业科技论文数（篇）	农业总产值（亿元）
郑州	336	25 813	667	234.56
开封	253	3 892	928	601.95
洛阳	819	44 751	525	466.81
平顶山	282	7 944	290	330.12
安阳	280	3 369	309	367.39
鹤壁	61	643	46	121.00
新乡	661	26 394	840	428.76
焦作	290	15 225	316	280.84
濮阳	237	1 505	76	364.71
许昌	242	261	67	295.72
漯河	85	693	140	240.93
三门峡	91	982	162	245.67
南阳	762	21 785	500	1 012.15
商丘	289	255	472	771.37
信阳	219	3 811	583	945.51
周口	180	3 430	167	925.16
驻马店	185	6 188	316	867.14
济源	18	582	28	40.98

数据资料来源：河南省统计年鉴 2020。

与投入指标情况相似，数据转换后各省辖市产出指标数据有较大调整。洛阳市农业产值虽处于中游水平，但农业科技产出较为突出，农业口径有效发明专利和农业技术合同成交额在全省范围内均处于第一位。新乡也不错，整体上稍次于洛阳市，这两个城市在科技推动农业发展方面做出了表率。南阳市的农业科技产出也排位靠前，这和它粮食主产区城市的地位相匹配，与洛阳、新乡和焦作相比，商丘、信阳、周口和驻马店等主粮食产区急需在农业科技方面加大投入，提升农业科技含量和农业生产效率。

（二）河南省各地市农业科技创新资源配置效率的静态分析结果

采用 DEAP2.1 软件对 2019 年河南省 18 个地市农业科技创新资源配置效率进行测算，结果如表 7-14 所示。2019 年河南省各市农业科技创新的综合效率、纯技术效率、规模效率的平均值分别为 0.947、0.980、0.967。

从综合效率来看，平顶山、新乡、漯河、商丘、济源综合效率不为 1，处于

DEA 无效状态，尤其是济源的综合效率值为 0.583，说明这 5 个城市农业科技创新资源并没有有效利用。然而，河南省其他 13 个城市都达到了 DEA 有效状态，可见这 13 个城市的农业科技创新资源获得充分利用，不需要对投入或产出进行调整。

仅通过综合效率并不能分析河南省各地市 DEA 无效的原因，需要将综合效率分解为纯技术效率和规模效率，进行进一步分析。从分解结果来看，新乡和济源的纯技术效率为 1，达到技术有效。可见，在一定的技术条件下，这些城市现有的管理模式能够充分发挥现有技术的潜能，在既定的投入下产出已经达到了最优，资源获得了最优配置。因此，新乡和济源的综合效率较低主要原因在于规模效率较低。平顶山、漯河、商丘的纯技术效率和规模效率的值都小于 1，可见这 3 个城市并没有有效利用科技创新基础和农业科技创新资源，从而导致没有充分发挥现有农业技术条件的潜能，使资源没有得到最优配置，并且，没有达到规模的最优状态。此外，新乡、商丘处于规模收益递减阶段，而平顶山、漯河、济源处于规模收益递增阶段，这些城市需要进一步调整农业科技创新投入规模，使其处于规模收益不变阶段。

表 7-14　2019 年河南省 18 地市农业科技创新资源配置效率

省辖市	综合效率	纯技术效率	规模效率	规模收益
郑州	1.000	1.000	1.000	—
开封	1.000	1.000	1.000	—
洛阳	1.000	1.000	1.000	—
平顶山	0.804	0.817	0.983	irs
安阳	1.000	1.000	1.000	—
鹤壁	1.000	1.000	1.000	—
新乡	0.998	1.000	0.998	drs
焦作	1.000	1.000	1.000	—
濮阳	1.000	1.000	1.000	—
许昌	1.000	1.000	1.000	—
漯河	0.837	0.944	0.887	irs
三门峡	1.000	1.000	1.000	—
南阳	1.000	1.000	1.000	—
商丘	0.827	0.872	0.948	drs
信阳	1.000	1.000	1.000	—
周口	1.000	1.000	1.000	—
驻马店	1.000	1.000	1.000	—
济源	0.583	1.000	0.583	irs
mean	0.947	0.980	0.967	

数据资料来源：河南省统计年鉴 2020。

表 7-15　2019 年河南省 DEA 非技术有效城市创新投入冗余率和产出不足率

省辖市	投入冗余率（%）			产出不足率（%）			
	农业科技活动经费	农业科技活动人员	农业机械总动力	农业口径有效发明专利	农业技术合同成交额	发表农业科技论文数	农业总产值
平顶山	0.000	5.41	0.000	0.000	88.02	0.000	0.000
漯河	0.000	0.000	0.000	0.000	95.36	0.000	0.000
商丘	11.45	0.000	15.71	0.000	3 964.71	0.000	0.000

数据资料来源：河南省统计年鉴 2020。

由表 7-15 可知，在既有的产出规模下，平顶山、商丘存在投入冗余。平顶山农业科技活动人员的投入冗余率为 5.41%，商丘的农业科技活动经费和农业机械总动力的投入冗余率分别达到 11.45%、15.71%，这意味着农业科技活动经费和农业机械总动力没有获得充分利用。在现有的投入规模下，平顶山、漯河、商丘的农业创新活动产出率也存在不足，主要集中于农业技术合同成交额严重不足，说明这三个城市的农业技术市场发展较慢，农业科技创新能力不足。

二、基于 DEA－Malmquist 模型的河南省农业科技资源配置效率动态分析

（一）河南省农业科技资源配置效率评价指标具体数据

基于河南省统计年鉴中缺乏对农业科技方面的具体数据统计，结合河南省农、林、牧、渔业产值占生产总值的比重进行数据转换。转换后的最终投入产出数据如表 7-16。

表 7-16　河南省 2010—2019 年农业科技创新投入和产出数据

年份	产出指标				投入指标		
	农、林、牧、渔业产值（亿元）	农业口径有效发明专利（件）	农业技术合同成交额（万元）	发表农业科技论文数（篇）	农业科技活动经费（万元）	农业科技活动人员（人）	农业机械总动力（万千瓦）
2010	5 619.70	4 103	6.75	13 646	524 332.80	35 821.18	10 196
2011	6 055.54	4 431	8.92	13 824	608 557.53	38 513.05	10 516
2012	6 473.70	5 998	8.93	13 560	694 670.25	41 377.97	10 873
2013	6 938.25	6 467	8.83	12 571	779 419.09	47 436.29	11 150
2014	7 244.34	6 991	8.55	12 345	838 128.08	48 632.23	11 477
2015	7 299.58	9 402	8.87	12 459	856 332.28	47 471.75	11 710
2016	7 405.42	9 042	10.80	11 092	909 249.62	45 974.34	9 859

续上表

年份	产出指标				投入指标		
	农、林、牧、渔业产值（亿元）	农业口径有效发明专利（件）	农业技术合同成交额（万元）	发表农业科技论文数（篇）	农业科技活动经费（万元）	农业科技活动人员（人）	农业机械总动力（万千瓦）
2017	7 562.53	9 348	12.97	9 708	981 998.26	44 949.60	10 038
2018	7 757.94	12 789	23.19	9 842	1 043 258.75	39 798.83	10 204
2019	8 541.77	13 577	36.85	10 362	1 248 440.60	46 652.83	10 357

数据资料来源：河南省统计年鉴 2011—2020。

（二）河南省农业科技资源配置效率的动态分析结果

表 7-17　2010—2019 年河南省农业科技全要素创新效率变动指数及其分解

年份	技术效率变化指数 effch	技术进步变化指数 techch	纯技术效率变化指数 pech	规模效率变化指数 sech	全要素生产率 tfp
2010—2011	1.000	1.058	1.000	1.000	1.058
2011—2012	1.000	1.061	1.000	1.000	1.061
2012—2013	1.000	0.922	1.000	1.000	0.922
2013—2014	1.000	0.974	1.000	1.000	0.974
2014—2015	1.000	1.166	1.000	1.000	1.166
2015—2016	1.000	1.101	1.000	1.000	1.101
2016—2017	1.000	0.998	1.000	1.000	0.998
2017—2018	1.000	1.388	1.000	1.000	1.388
2018—2019	1.000	1.174	1.000	1.000	1.174
均值	1.000	1.086	1.000	1.000	1.086

根据表 7-17，从全要素生产率来看，2011—2019 年全要素生产效率 TFP 一直处于波动状态，2012—2013 年、2013—2014 年、2016—2017 年间的全要素生产效率小于 1，农业科技资源投入和产出处于生产可能性边界之内，其余期间的生产是有效率的，均值为 1.086，表明在 2011—2019 年期间河南省科技创新的各种投入资源得到了有效利用。通过 Malmquist 指数分解，可以发现，各地市纯技术效率和规模效率均为 1，可见历年来河南省总技术效率达到有效，在既定的资源投入下农业科技创新获得最大的产出。并且，河南省农业科技创新全要素生产效率的变化主要来源于技术进步的变化，仍有 3 年时间处于负增长状态。因此，技术进步是促进河南省农业科技创新效率提高的重要驱动力，要不断促进河南省农业技术水平的提高。并且，各期间纯技术效率和规模效率都为 1，说明河南省

农业科技达到了技术和规模有效，即在目前河南省农业科技的技术水平上，对投入资源进行了有效的利用，并且发展中表现出一定的规模经济效益。

第五节　河南省农业科技资源优化配置的对策

根据第四节的分析，从 2010—2019 年河南省农业科技全要素创新效率变化结果中，可以发现技术是影响全要素生产效率的关键因素。并且，从 2019 年河南省 18 个地市农业科技创新资源配置效率可以看出，各地市综合效率、纯技术效率、规模效率差距较大。基于此，本节根据河南省实际情况，提出提高河南省农业科技创新效率的措施。

一、健全农业产学研合作机制

河南省农业科技创新参与主体包括高等院校、科研机构、农业企业、地方政府等，但是农业科技创新成果主要来源于农业科研机构，其他创新主体存在创新能力不强、资金不足、基础设施不完善等问题。因此，要促进农业科技创新主体的合作，产生协同效应。具体来看，一方面，不断融入国际市场，依托“一带一路”政策、跨国农业合作论坛等，引导和促进龙头农业企业、农业高校、科研机构，与中亚五国等国家在农业领域开展产学研合作，形成资源优势互补；另一方面，结合河南省县级农业科研机构的实际情况，引导县级农业科研机构向农业推广服务机构转型；并且，依托河南省国家和省农业科技创新平台，结合河南农业大学、信阳农林学院等高校的农业研究优势，集聚不同学科、不同专业的科研力量和资源，使各参与主体在人力、设备、实验基地等方面实现优势互补，协同解决较难的问题。

二、采取差异化战略，缩小各城市差距

目前河南省 18 个地市农业科技创新效率存在一定的差距。政府应该根据各地市农业科技创新投入和产出的实际情况，结合地市的资源优势进行准确定位，提出差异化的发展政策。具体来看：

一是郑州、开封、洛阳等城市的综合效率达到 DEA 有效，这些城市只需在原有农业科技发展基础上积极促进农业科技创新成果的推广和商业化工作。

二是平顶山、漯河、商丘的农业科技创新的技术效率和规模效率都没有达到

有效，且存在农业科技活动经费、农业机械总动力、农业科技活动人员的投入冗余和农业技术合同成交额的产出不足，应根据生产的实际情况，减少这些要素的投入，地方政府要不断优化创新要素投入结构，提高创新投入要素质量，提高农业科技创新资源的配置效率，汲取其他地区成功的农业科技创新管理经验，改善现有管理模式，充分发挥现有技术的潜能。

三是新乡、济源农业科技创新的技术效率达到有效，但是规模效率不足，且济源处于规模报酬递增阶段，需提高生产规模，即保证一定的耕地面积，积极加快推进农村土地流转，促进经营大户和农业企业提高经营规模，实现规模经营。

三、健全人才引进和激励机制

（一）以政策加快人才引进

河南省应设立农业科技人才引进专项基金，根据河南省人才短缺情况，通过优厚的报酬和研究平台吸引国内外农业科技研发人才和农业管理人才，尤其是平顶山、漯河、商丘的农业科技创新的技术效率没有达到最优，需要积极引进和培养农业管理人才，充分发挥技术的作用，从而促进河南省技术不断进步。并且，政府应解除人才身份、体制障碍，促使农业科技人才在农业科研机构、农业高校和企业之间交流、合作。为了引进基层农业科技人员，政府应将权力下放，促进各区县根据人才需求情况制定人才引进计划，并为了保持工作的相对稳定性，应规定相应的最低服务年限。

（二）完善基层农业科技人员的培养体系

增加农业科技人员的培育基金，制定定向培训计划，对现有基层农业科技人员实施持续分批的专业化培训，促进对新品种和新技术的应用。定期组织农业技术人员为农民提供种植等技术指导服务，以及对农业经营大户的管理、电商平台应用等方面的培训。

（三）健全人才激励制度

一方面，完善农业科技工作人员住房等基础性物质生活保障，优化农业科技人才的薪酬结构，提供良好的工作环境，建立公平的绩效考评体系，消除科技人才的不满意。并且，为其配偶就业进行合理安排，帮助解决人事关系调动等问题，为高层次农业科技人才解决子女的上学问题。

另一方面，对于高技术人才，要为其提供良好的发展机会和科研条件，促进其满足尊重和自我实现的需要，提高满意度。并且，建立人才交流和深造机制，积极鼓励和支持农业科技人员参与省际、国际交流和继续深造，提升自身能力。

第四篇

科技创新支撑河南省农业供给侧改革的路径

第八章　基本方向：产业融合持续助力河南省农业与农业生产性服务业融合发展

基于河南省农业生产性服务业目前的发展现状和研究现状，以及外部环境的发展变化，本著作经过研究认为，未来河南省农业生产性服务业的发展道路将是这样的：继续推进农业与农业生产性服务业融合发展是基本方向；创新驱动农业生产性服务业发展，利用“互联网＋”创新农业生产性服务业发展路径，是适应外部环境变化，进行改革的必然选择；大力发展智慧农业，推进农业物联网、大数据等应用，是未来河南省农业生产性服务业发展的高级阶段。

本部分，将对产业融合这一基本方向进行探讨。

第一节　产业融合及对农业的作用机理

如前文所述，农业供给侧改革的目的是转变农业供给体系的质量和结构，要实现这一目标，转变目前的农业生产经营方式是必然的，而农村一二三产业融合正是转变传统农业生产方式的重要途径。

农业生产实践和学者们的研究都证明，一二三产业融合发展的短板是农业与服务业融合不足，深层次来讲，是农业生产性服务业发展滞后所造成的。所以，未来很长一段时间，持续加强农业生产性服务业的发展，推动服务业与农业深层次融合发展，延长农业产业链，仍然是河南省农业生产性服务业发展的主要方向。

一、产业融合的内涵

产业融合理论，最早开始于 1713 年英国威廉·德汉对光线汇聚与发散的研究，后来这一理论扩展到了生物学、气象学等众多领域。产业融合相关概念的提出，则是出现在工业革命后计算机及网络技术的蓬勃发展中。1985 年，英国学者赛哈尔将产业融合的概念界定为“某种技术范式在不同产业中扩散与创新的结果”，到了 90 年代，产业融合的研究开始扩展与深入，产业融合的形式从产业渗透、产业边界的融合到产品间的融合、市场间的融合，从产品整合到市场融合，产业融合的行业也从最初的电子通讯业、计算机行业扩展到了金融业、旅游业、文化传媒业等。①

由于对产业融合的研究由来已久，目前国内外学者们对其内涵已经达成基本共识。认为产业融合是指不同产业间，或者同一产业不同行业间通过相互渗透、相互交叉，从而融为一体，最终形成一种新型产业的动态过程。其形成过程如图8-1所示，黑色阴影部分，就表示原来独立两个产业——产业A与产业B，融合发展所形成的新产业。

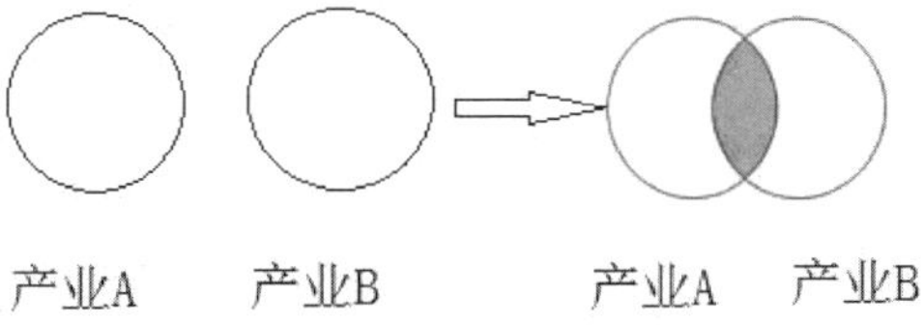

图8-1　产业融合过程

二、产业融合的类型

由于产业融合发生的领域范围广、融合的形式多样，所以划分标准不同，就形成不同类型的产业融合模式。在这里，主要介绍按以下几种标准划分的产业融合类型。

（一）按照产业融合的产业跨度划分

首先，按照产业融合是否跨越产业边界（即产业融合是发生在不同产业之间，还是发生在同一产业间的不同行业之间），将产业融合分为产业间融合和产业内部融合。

1. 产业间融合

可以根据融合所跨越的产业类型，具体再分为“1＋2”模式、“1＋3”模式、“2＋3”模式、“1＋2＋3”模式。其中，数字“1”“2”“3”分别指代第一产业、第二产业、第三产业。如第一产业农业与第三产业服务业的融合，产生了农业生产性服务业，具体如：农业与服务业中交通运输业融合发展为农业配送服务业，与服务业中的旅游业、餐饮业融合发展为集采摘、观光、餐饮为一体的生态农业；农业与第二产业制造业的融合，推动了农产品加工业的出现与发展。

① 薛金霞，曹冲．国内外关于产业融合理论的研究综述［J］．新西部，2019（10）：73－74＋90.

2. 产业内部融合

可以根据融合所发生的产业类型，分为“1＋1”模式、“2＋2”模式、“3＋3”模式。以第一产业为例，种植业与养殖业可以融合发展，将养殖业产生的粪便替代化肥作为种植业的肥料，实现资源化利用，还能解决养殖户处理副产品的难题，发展种养循环的新格局。

（二）按照产业融合的内容划分

按产业融合内容是发生在“供给”和“需求”哪一侧，可以把产业融合分为：供给侧的融合和需求侧的融合。通常，需求融合是起因，供给融合是满足需求融合的表现结果。

1. 供给侧的融合

具体表现为技术融合、产品融合、渠道融合等几个方面。

技术融合，如信息技术、生物传感技术等在农业领域的融合应用，为农业提供检测预警技术；产品融合，如将餐饮、农业种植、科普项目、户外拓展项目等在一个农业产业园中展示，形成了休闲型的综合农业生态园；渠道融合，主要是通过线上渠道与线下渠道的融合，帮助企业实现传统销售渠道与现代销售渠道并存，以达到拓展销售渠道、增强营销能力的目的，如苏宁的O2O模式。

2. 需求侧的融合

有两种情况，一种是将不同人群的需求融合，另一种是将同一消费群体的不同需求融合。

比如，龙湖地产为满足不同年龄层对居住的需求，推出全年龄层适配板块，产品设计覆盖儿童游戏空间、成人空间和老年人健体中心。在龙湖，满足不同人群需求的起因，表现出的就是不同产品的融合。再比如，集通信功能、娱乐功能与学习功能为一体的现代智能手机，就是为了满足人们不同需求而不断更新换代。

（三）按照产业融合的程度划分

由于产业性质或产业融合发展进程不同，产业融合表现出高度融合、中度融合和低度融合等不同程度，甚至有些产业间融合度为0。内蒙古五原县的三产融合示范区，由光伏发电、特色种植、文化旅游、流通加工等功能区组成，该园区已列入国家级的农业科技园区，实现了农业与制造业和服务业的高度融合。

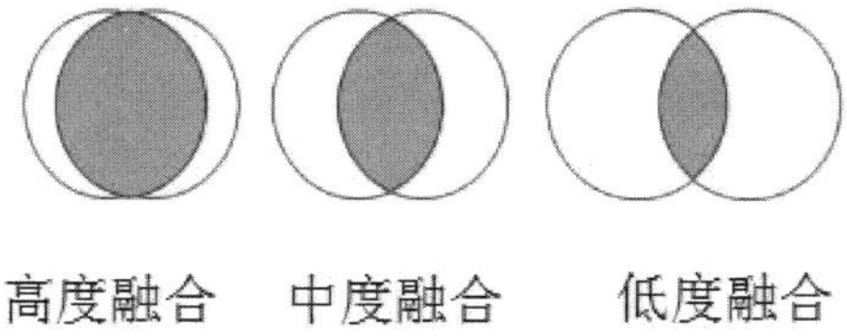

图 8-2 不同程度的产业融合

三、产业融合对农业产业的作用机理

（一）宏观层面

1. 农业产业结构优化升级

产业融合的前提，是不同产业之间出现了共同的技术基础，即产业融合一般首先发生技术的融合，这必将引起产品特征和市场需求的变化，社会资源将在产业间更合理的配置，产业结构更加优化。

河南省农业经营主体多数是家庭农产、农民合作社等，由于资源及实力的限制，虽然不会最先获得农业新技术进行融合发展，不过一旦行业变革，他们的反应速度却比较快。在传统农业向现代农业转变过程中，有机农产品培育技术在市场需求下得到了大力推广，河南省也催生出大批采摘园，随着采摘市场的扩大，为了满足人们对于出游的多方面需求，集采摘、餐饮、观光、科普等于一体的休闲农业应运而生，即农业＋旅游产业链形成。

2. 农业产业竞争格局变化

产业融合导致新产品和新需求出现，原来的农业产业链条被打破，农业经营户无论在数量、实力还是在市场份额方面都发生了较大变化，新的竞争格局出现。

以河南信阳本地茶叶市场为例，大小茶叶种植农户与销售商户不计其数，市场过度竞争，加上受茶叶市场大环境的影响，诸如 80 后 90 后中有喝茶习惯的人群数量不乐观，这使得信阳茶叶市场前景堪忧，转型升级成为众多茶企发展的突破口，于是出现茶业与其他产业融合发展的模式。信阳佛灵山生态茶叶公司走多元加工生产之路，颇有成效，拓展了茶产业链条；还有很多茶企，纷纷效仿当地龙头茶企——文新茶叶的“互联网＋茶叶”销售模式，让茶叶插上互联网的翅膀，进行了线上线下渠道整合，除主营茶叶种植外，线上还通过网页宣传茶博园、茶艺园、茶叶加工厂等，线下则开展制茶、茶岛观光旅游、品茶、鉴茶等业务，做成茶业与互联网、旅游融合发展。信阳市茶产业与相关产业的融合发展，不仅让生产更贴近市场需求，也改变了信阳茶业的竞争格局，推进茶产业良性发展。

（二）微观层面

1. 对企业间竞合关系的影响

产业融合的结果是出现了新型产业，如农业金融业、农业信息业、农村电子商务等，也会随之改变原有企业间的竞争合作关系。

一方面，新产业的出现会吸引企业的加入，可能是原有农业经营者拓展新业务而进入，也可能是新进入者，企业的增多势必加剧市场竞争；另一方面，规模小、层次低等现状会阻碍小农户、农民合作社等转型升级的意愿，为了避免被市场淘汰的悲剧，与其他农业经营主体进行合作是提升竞争力的选择，在合作中将产生某种程度的融合。

产业融合中产生的这种复杂的企业竞争合作行为，将进一步影响市场结构的变化、政府市场管制政策的调整，以及农业经营主体自身发展战略的选择等。

2. 对农业经营主体自身的影响

（1）影响农业经营主体发展战略的设计

首先，产业融合过程是一种混沌状态，农业经营主体面临的环境更加不确定，很难准确预判农业产业未来的发展趋势，因此发展战略的设计需要更有弹性，这也提高了对农业经营者的要求。

其次，产业融合中农业主体间合作的意愿越来越凸显，供应链管理思想被推崇，农业经营主体在制定战略时，要考虑供应链各节点企业的经营目标，或者和供应链合作伙伴共同制定企业战略。

（2）促使农业经营主体改变经营和创新模式

产业融合发展中，农业与其他产业间的合作与互惠发展成为常态，只靠单一企业的优化是很难实现价值最大化的，农业经营主体抱团取暖或农业产业链条化发展，在影响经营主体经营战略的同时，也将改变其经营模式，从单体经营模式变成协作式的经营模式。

协作式的发展模式将影响企业的创新方向和模式，协作式发展对农业营销和管理提出新要求，营销创新和管理创新也将是农业经营主体创新的主要内容；协作式发展，有利于创新联盟的建立，不仅可以降低风险，还可以共享创新成果。

（3）拓展融资渠道

伴随着产业发展，经营主体融资需求增加，金融业由此开发调节资金运动的各种金融产品，农业生产性服务业中的物流业与金融业共生的物流金融，就是在这种背景下产生的。

物流金融，是物流供应链中核心企业与金融机构联合起来为有资金需求的物流企业提供资金融通、结算、保险等金融业务，是物流业与金融业融合发展的表现，可以降低物流企业融资成本、拓展其融资渠道。在政策指引下，各大银行虽然均针对小微企业提供专项贷款业务，但是金融业推出的具有行业特色的金融产品，能针对产业特点有效为企业提供资金服务，比如物流金融可以解决质押贷款业务中的质押物仓储与监管难的问题，而质押物贷款对企业来说更加灵活。物流金融的发展，有利于解决农业与物流业融合发展中对资金的需求，有利于推动农业与物流业、金融业的融合发展。①

第二节　河南省农业与农业生产性服务业融合发展现状

第六章已经进行了具体的实证分析，这里只对河南省农业与农业生产性服务业融合发展情况进行总结。

一、河南省总体层面视角

（一）整体层面

从第六章第二节实证结果可知，河南省农业生产性服务业与农业融合发展的平均水平处于中等程度，并且农业生产性服务业各子系统与农业融合发展程度不一。农业配送服务、农业信息服务能够较好地促进农业发展，与农业灰色关联度均在 0.8—0.9 之间；农业金融业在促进农业发展方面的作用还没有充分发挥出来，与农业灰色关联度仅为 0.631 8，在未来发展中，加快推进金融业对农业发展的支持力度，将是河南省农业生产性服务业发展的一个主要方向。

（二）具体指标层面

值得注意的是，农业配送服务与农业信息服务虽与农业融合度较高，但都存在子指标对农业发展促进力度不够的情况。

农业配送服务中的子指标“农业投递线路长度”与农业的灰色关联度仅为 0.544 6，让农户从“生产＋配送”的双重角色中脱离出来，专业经营农业生产，市场化农业配送服务，才能更好地拓展农产品销售渠道；而农业信息服务中的子

---

① 王亚丹、杨蓓蓓．产业融合背景下小微企业与区域经济协调发展研究［J］．桂林航天工业学院学报，2019（01）：95—100.

指标“互联网用户”与农业的灰色关联度也不高，为 0.537 8，这说明互联网的普及对农业发展的促进作用不明显，网络信息渠道利用率低，这可能与农民获取农业信息的习惯、互联网使用技巧不足等相关。

二、省辖市局部层面视角

（一）郑州市

1. 整体层面

郑州市农业生产性服务业与农业融合度总体水平较高，相对均衡。郑州市的农业配送服务、农业科技服务以及农业营销服务业中的批发零售业对农业发展促进作用显著，关联度分别为 0.883 1、0.842 6 和 0.849 8；金融业对农业的推动作用高于河南省平均水平达 0.791 2，但租赁与商贸业对农业发展的影响却低于预期，为 0.697 5，但高于河南省平均水平。这与郑州市的省会城市地位及发展定位不无相关。

2. 具体指标层面

与农业融合度较低的指标有：农业配送服务中的“客运量”，与农业的灰色关联度为 0.546 7，郑州作为中部地区交通枢纽，公路、铁路客运量非常大，但多是作为中转客运量，对农业发展的带动作用不明显；农业营销服务中的“社会消费品乡村零售总额”，与其他城市的高关联表现不同，郑州市这一指标与农业的灰色关联度很低，仅为 0.590 3，这可能与郑州市农村土地流转多，多数农民并不从事农业生产，因此农村居民消费与农业生产关联小有关。

（二）洛阳市

1. 整体层面

洛阳市农业生产性服务业与农业融合度低于河南省总体水平，农业配送服务即交通运输与邮电业与农业融合度高，达 0.971 3，但是农业信息服务（0.598 7）、农业金融服务（0.571 5）以及农业营销服务中的租赁与商贸业（0.578 8）与农业融合度不理想，如括号中数据显示，均低于 0.6，没有明显起到促进农业发展的作用。

2. 具体指标层面

以上与农业融合度低的服务业主要在这些子指标的融合度上表现不足：农业

信息服务的“互联网用户”“行业固定资产投资”和“从业人数”与农业的灰色关联度分别为0.523 3、0.513 9和0.508 1，这说明一方面农户对互联网利用率低，另一方面信息服务业涉足农业领域较少；农业金融服务中的“贷款年底余额”与农业融合度也较低，为0.587 8，表明银行机构在农业贷款方面的支持力度不够；农业营销服务中的“批发零售业固定资产投资”、租赁与商贸业的“从业人员数”和“固定资产投资”与农业的灰色关联度也都在0.58以下，数据表明，营销服务中对农村农业的固定资产投资没有显著促进农业发展，结合2008—2017年洛阳市该领域子指标投资额数据，应该是在农业销售过程中对基础设施利用力度不够。

（三）漯河市

1. 整体层面

漯河市农业生产性服务业与农业融合水平较低，但相对均衡，表现突出的基本没有，融合度在0.52—0.74之间。与农业融合度最高的，反而是在郑州市和洛阳市表现不够理想的租赁和商贸业，为0.738 5；农业配送服务在促进农业发展方面表现不佳，关联度仅为0.598 3，同样融合度低的还有农业科技服务，与农业灰色关联度为0.523 2。

2. 具体指标层面

农业信息服务增加值与农业融合度虽然在0.7以上，但实证选取的子指标与农业的融合情况不佳，“企业法人数”“从业人数”和“互联网用户”与农业的灰色关联度分别为0.547 5、0.528 8和0.519 7，这说明信息服务在农业领域的倾斜度不够，且农户对互联网信息的利用也不理想；与洛阳市情况相似，营销服务业中与农村农业相关的固定资产投资较少，批发零售业与租赁商贸业的固定资产投资与农业关联度分别为0.547 7和0.506 7，结合2008—2017年该领域投资额数据，说明漯河市营销服务存在对农村农业固定资产投资较少、重视力度不够的问题。

（四）信阳市

1. 整体层面

信阳市农业生产性服务业与农业融合情况好于漯河市，且各行业差距不太大。农业信息服务、农业营销服务中的批发零售业对农业起到了较好的促进作用，与农业的灰色关联度均在0.82左右；农业配送服务与农业融合度不够理想，仅为0.707 1，这可能与信阳的地形相关，以丘陵山地为主，农村交通的不便以及仅靠农户力量拓展销售渠道，不利于农业发展；农业科技服务也没有对农业发展起到明显促进作用，关联度仅为 0.587 1，需要加大对农业科技的投入。

2. 具体指标层面

与漯河市情况相似，农业信息服务虽然与农业融合度较高，但实证中的子指标与农业关联度却不理想，这可能与选取的指标相关，但从“从业人数”“互联网用户”与农业关联度低的情况，也能发现与漯河市类似的问题，信息行业对农业领域提供的服务还有待增长，且农户没有很好地将互联网信息利用起来；农业配送服务中的“农村投递线路长度”与农业关联度也仅为 0.548 9，这或许存在“整体层面”所提到的问题，信阳农村多在山区，且农户多又承担配送功能，这不利于农产品市场开拓，所以即使农村交通线路长，但由于信阳农村多在信阳东部山区，偏离城市，其促进农业发展的作用还未完全发挥。

第三节　河南省农业与农业生产性服务业有效融合的途径

一、现代农业与农业生产性服务业有效融合的主要特征

（一）有高转化率的农业科研体系

随着国家对于科技的重视，我国目前农业科研成果数量不断攀升，但是，科研成果的转化率却不高，仅为欧美农业发达国家的一半，农业科研对农业发展贡献不足。发展农业科研，除需要当地农业科学研究院与农业大学、农业科技企业等形成科研联盟，打破单打独斗的局面，更重要的是做好农技推广服务，将农业技术贯彻到农业生产实践中，健全农业科研体系，做到农业成果的“研发——推广——应用”环环相扣。

（二）有科学的农业服务推广体系

拥有蓬勃发展的农业服务推广体系，才能使得农业科研、农业教育、农业信息、农机与维修等行业成果与农业生产实践有效衔接，保障农业生产性服务在实践中得以应用，促进农业服务业成果转化为农业生产力，推动现代农业发展。

（三）有先进的农业信息服务体系

在互联网和智能手机普及的背景下，发达的信息服务与农业的有效融合，不

仅能促进行业信息的传播，提高农业生产性服务成果的推广效率，更能为农业经营户带来及时有效的市场供求信息，为农业生产与市场需求对接提供途径。

（四）有完善的农业市场服务体系

完善农业市场服务体系可以从以下入手：优化政策环境，加强各项优惠政策与项目规划建设，为农业市场发展营造良好氛围；加快建设现代物流体系，促进农产品快速流通；改造升级乡村农贸市场，建立规模化、集约化的农产品市场等。发达的农业市场服务体系，能保障农业生产及时准确地满足市场的需求，提高农产品市场的运行效率，发挥农业市场的主导作用。①

（五）有健全的农业服务管理体系

农业服务部门承担着农业生产性服务业新技术新成果的推广工作，以及行业法律法规的宣传工作和行政执法职能。建立健全系统化的农业服务组织与平台，可以有效推动现代农业与生产性服务业的有序发展，以及二者的有效融合。

二、推动河南省农业与农业生产性服务业融合发展的原则

（一）因地制宜原则

通过实证分析，可以发现郑州市、洛阳市的农业配送服务与农业融合度高，交通运输业对农业发展起到了显著推动作用；但是漯河市和信阳市的交通运输业和农业的关联度却不高，对农业发展的促进作用不明显。可以看出，同一行业在不同地区与农业的融合情况各不相同。

在河南省，每个省辖市由于各自的地域特征，农业生产性服务业与农业融合发展情况各异，虽然说二者有效融合的基本特征是要有各种完善的农业生产服务体系，但目前各地区融合程度各异，每个省辖市又有鲜明的发展特征，根据各省辖市的具体情况，制定科学有序的产业融合政策及方法，才有利于解决每个地区的实际问题。

（二）均衡发展原则

从省级层面看，河南省各种农业生产性服务业与农业融合度参差不齐，即使是具体到每个省辖市，情况也一样，意味着农业生产性服务业各细分行业间发展不均衡；另外，整体层面上看，各省辖市农业生产性服务业与农业融合情况也是

---

① 张慧琴，周章婧．大庆现代农业与服务业融合发展路径及机制研究［J］．大庆社会科学，2016（04）：60－62.

优劣有别，4个代表性的省辖市，漯河市和信阳市融合度较弱，郑州市和洛阳市相对较好，这说明河南省农业生产性服务业区域发展不均衡。

均衡发展原则，体现在两个方面：一是河南省各地区农业生产性服务业要均衡发展；二是各地区农业生产性服务业的各细分行业要均衡发展。只有各地区、各细分行业均衡发展，不厚此薄彼，农业生产性服务业才能在河南省范围内得到全面发展，才能在推动现代农业发展进程中发挥应有的作用。

（三）特色发展原则

特色发展，就是通过农业生产性服务业与农业的融合发展，将当地现有的优势转化成当地的农业经济发展特色，能在河南省内具有比较优势。

每个省辖市都有自己的比较优势，如郑州市作为省会城市，在交通运输、科学研究和金融业方面有着相对较高的优势，通过与农业融合发展，可以转变成农业生产力和竞争力，创新郑州市都市农业经营模式；在信阳市，在农业种植方面有全国闻名的信阳毛尖，充分发挥当地交通运输、销售服务、金融业等的作用，为信阳毛尖品牌建设与营销渠道拓展提供支持，农业生产性服务业与信阳毛尖的联动发展，能够帮助信阳市形成农业种植优势。

三、河南省农业与农业生产性服务业有效融合的途径

（一）完善农业服务业

通过前述内容可知，河南省农业生产性服务业，在地域上和细分行业内均存在发展水平低、发展不均衡的问题，因此完善农业服务业体系，是实现河南省农业和农业生产性服务业有效融合的基本要求。

首先，要实现均衡发展，弥补当地农业生产性服务业中的短板问题。建立健全当地农业科研体系、农业服务推广体系、农业信息服务体系、农业市场服务体系和农业服务管理体系，及时解决各地区农业生产性服务业中的短板问题，实现全面发展，才能够为农业发展提供全面且完善的服务。

其次，要能够充分发挥各省辖市的发展优势，凸显特色。以郑州市为例，可以充分发挥当地的科技产业优势，依托河南省农业科学院、郑州市各农业科研机构以及河南农业大学，建设郑州市农业科技研发中心和推广中心，将当地的科技优势转化为农业生产力，形成农业发展特色。

（二）延伸农业产业链

延伸农业产业链，可以实现农业和农业服务业深度融合。根据产业链的不同长度，可将延伸的农业产业链分为短产业链、中长产业链和长产业链。

首先，可以先从加强农业与农业生产性服务业各细分行业的融合出发，发展短农业产业链，即大力发展“农业＋科技”“农业＋信息”“农业＋配送”“农业＋营销”“农业＋金融”等。

其次，可以基于充分发挥当地服务业优势或带动服务业短板模块的发展，将2—3个农业生产性服务业细分行业与农业充分结合，发展中长农业产业链。如“农业＋科技＋旅游”，发展“科普＋休闲”农业。以漯河市源汇区阴阳赵镇的沙澧春天生态园为例，将市场面向周边有短途休闲需求的市民和漯河市内中小学，致力于“科技＋旅游”业务的开发。在科技服务方面，有先进农业品种展示平台、农业科技培训平台和农业科普教育推广平台；在旅游市场方面，积极打造花园式园区，对周边市民开展农业观光、采摘、婚纱摄影、户外拓展、餐饮等休闲活动，尽力满足人们各种休闲需求。①

最后，可以将农业供产销环节与农业信息、金融、科技等充分融合，发展智慧型农业供应链，形成长农业产业链。比如，郑州市可以将其重点发展的信息产业，与交通运输、批发零售这两个优势产业和农业进行整合，借助信息技术构建具有智慧型采购、生产、销售、配送等多种功能的农产品供应链协同平台。

（三）加强支撑条件

1. 加强政策支撑

首先，要强化相关政策落地速度。《关于推进农村一二三产业融合发展的指导意见》，国务院印发时间在2015年12月，河南省公布实施意见时，则已经到了2016年12月。这样，到2020年实现农村产业融合总体水平明显提高的任务，在时间上就比较紧迫。

其次，要在政策下达的文件中对相关部门的统筹协调工作给予体现。农业工作通常不是农业农村厅一个部门的事情，也不是一个部门能够完成的事情，需要发展改革委、科技厅、商务厅、林业厅、文化和旅游厅以及粮食储备局等配合完成，在政策文件中对于各相关部门的责任进行合理分配，有利于政策的落地实施。

2. 加强复合型人才支撑

延伸农业产业链，也就是农业与农业生产性服务业融合发展过程中，对复合型人才的需求量将大大增加，即对人才知识背景要求提高，要兼具服务业和农业知识背景。同时，农业产业链科技含量不断提高，对农业人才的知识要求也大幅

---

① 王亚丹．河南省农村“双创”中产业融合发展的效益及问题分析——以漯河市阴阳赵镇为例［J］．洛阳师范学院学报，2018（05）：50—53.

提高。河南省可以从以下方面解决人才需求问题：一是充分发挥省内高校尤其是农业大学的作用，根据社会需求及时调整相关专业人才培养方案，注重学生复合型知识的学习和复合型能力的培养；二是加强交流与合作，引进和输出并行。及时引进优秀农业人才和先进农业管理经验，同时有计划地将企业员工送出培训，两项措施并行提升农业从业人员素质。

3. 加强金融保险支撑

加大金融支持力度，扩大农业担保物范围。简化涉农贷款流程和手续，让农户可以快速申请到涉农贷款；支持农民可将土地经营权、房屋等作为农业贷款抵押物向银行机构进行贷款；农业贷款的期限，可根据种植物周期进行调整。

加强农业经营风险意识，增大保险覆盖范围。要提升农业产业链企业及农户的保险意识，搭建宣传平台，定期向经营者讲解保险相关知识，扩大农产品保险范围，降低企业及农户经营风险；构建政府、产业链企业以及保险机构共同参与的保险保障体系，减轻产业链保险成本。

第九章　必然选择：用“互联网＋”创新河南省农业生产性服务业发展路径

产业融合是河南省农业供给侧改革的基本方向，利用互联网、大数据、物联网等先进信息技术转型升级，则是河南省农业供给侧改革和农业生产性服务业未来发展的必然趋势。

随着“互联网＋”的发展，其对各行业产生了变革性影响，内部需要和外部环境的变化让农业生产性服务业呈现出新型发展特征，创新农业生产性服务业发展路径，有利于推动河南省农业供给侧改革，提高农业生产对环境的适应性。

第一节　互联网对农业生产性服务业发展的影响

一、农业发展的四个阶段

纵观全球农业的发展过程，农业发展可以划分为如下四个阶段：[①]

（一）第一个阶段：农业发展的手工阶段

时间跨度基本从 1 万年前的新石器时代农业萌芽开始，到 18 世纪工业革命之前。农业生产方式较为原生态，主要依靠人力劳动，加以牲畜和工具辅助完成。这一时期农作物抵御自然灾害的能力很差，农作物产量低，人们基本靠天吃饭。农业生态环境间还未形成稳定、有序的生态系统，同时农业商品化基本还未出现。

（二）第二个阶段：农业发展的机械化阶段

时间跨度是从 18 世纪到 19 世纪中期，即第一次工业革命及其应用期间。工

---

① 李奇峰，李洁．“互联网＋”现代农业知识读本［M］．中国农业出版社，2018 年 12 月．

业革命让机器代替了传统的手工劳动，农业生产受工业革命成果的影响，也从手工劳作转变成了机械化生产。并且，植物杂交育种技术在农业种植中受到普遍应用，化肥与农药也得到大量适用。在这一时期，农业生产效率和产量大大提高，生产机械化、品种良种化和农业化学化成为农业生产的显著特征。

（三）第三个阶段：农业发展的科学化阶段

时间跨度大致是从 19 世纪下半叶到 20 世纪末，即从第二次工业革命到 20 世纪末，这期间包含了第三次工业革命。尤其是第三次工业革命带来的生物技术、计算机的发明和应用等对农业发展产生了深刻影响。基因重组技术让新物种的出现成为可能，生物技术变革也带来了新型肥料和农药的生产，使得农业肥料和农药更加环保、高效；计算机等信息技术的发展，形成了各种“人一机控制系统”，农业生产更加自动化、高效化，也让规模化农业生产成为趋势。在这一时期，农业不断朝着生产科学化、资源集约化、经营产业化和农产品商业化发展。

（四）第四个阶段：农业发展的信息化阶段

时间是 21 世纪以来。物联网、5G 等移动通信新技术、大数据等新信息技术的日新月异，推动了互联网＋各行业的发展。农业方面出现了互联网＋农业大数据、互联网＋农业信息服务、互联网＋农业种植业、互联网＋农产品质量安全，以及互联网＋农产品电子商务等新形式、新业态。通过信息技术的运用，农业产前规划更加合理科学，农业生产管理更加精细，资源利用程度更高，农业产后流通更加高效并形成农产品质量的可追溯机制，智慧农业开始成为农业发达地区的发展新方向。农业生产的信息化、智能化、环保化成为这一阶段的主要特征。

以信息技术融入农业现代化发展，实现我国农业生产的智能化、农业经营的网络化、农业管理的科学化以及农业服务的社会化，促进三农发展，是我国今后农业转型升级的根本出路，也是我国农业发展的必然趋势。

二、互联网对农业生产性服务业发展的影响

（一）互联网环境下农业生产性服务业展现新特征

1. 农业生产性服务业自身增值能力提高

随着互联网在农业生产性服务业中的应用与渗透，农业生产性服务业原有的发展模式已表现出不适。互联网自身具有传播速度快、传播成本低的特征，再结合物联网、大数据等的应用，让农业生产性服务业逐步向节约化、精准化和智慧化方向发展，人力、物力的投入大幅缩减，增值能力得到提高。

以农产品配送服务为例，农产品配送服务是指农产品从产地到消费者手中，这个过程中所进行的流通加工、包装、储存、运输和配送等一系列物流环节。如何选择农产品物流配送中心、合理规划农产品配送线路和配送模式，一直是农产品流通服务的经营难题。通过互联网、物联网、GPS和GIS等信息技术的应用，可以及时感知农产品信息、传递农产品配送需求信息，通过计算机软件智能处理和优化决策，可以科学解决农产品物流配送中心的选址以及运输车辆的线路规划及调度问题，帮助农产品配送服务向精准化、智能化发展，在提升农产品配送服务水平的同时也降低了服务成本。

2. 农业生产性服务业与其他产业实现深度融合

一方面，互联网在农业生产性服务业中的应用与融合，促使农业生产性服务业各细分行业的发展形态发生变革，如前所述，更加精准化、智能化的农产品配送服务快速发展。

另一方面，互联网的渗透应用，加快了农业生产性服务业向相关行业的融合与渗透，促进经济快速发展。互联网的普及，推动了农村电子商务与快递业的崛起，农户不仅从互联网平台获取更多农业生产经营信息及供求信息，还拓展了农产品销售渠道，互联网推动了农村电子商务、快递业与农产品营销的深度融合发展，实现了农民增收以及农村经济的快速发展。

3. 农业服务成本降低

从农业服务提供方来说，互联网规模化、零成本的传播方式，能够实现农业信息的低成本传播，农业经营者只需要借助互联网终端设备，就可以随时接收农产品供求信息、物流信息，还可以享受农业技术远程培训、专家在线咨询等服务，大大节省了提供线下服务时的各种成本与费用；同时，像农业科研机构研发的农情检测系统、农业气象灾害预警系统等农业信息系统，借助互联网，就可以向农业经营者免费推广，节省了服务成本。

从农业服务接收方来说，借助互联网可以及时有效地享受到农业政务信息、农业市场信息、农业技术远程培训，以及农业专家免费咨询服务等，不仅可以有效解决农业服务供求双方的信息不对称问题，降低农业服务需求方的购买风险和交易成本，农业经营户还能通过主动搜寻获取精准的农业服务，提高服务效率。同时“互联网＋”农业技术服务，给予农村农业从业人员更多免费学习平台，最终有利于提高农业从业人员素质。

（二）互联网催生农业服务业新业态

互联网在农业生产性服务业中的渗透与发展，催生了农业生产性服务业的新业态。马晨、李瑾（2018）认为，中国农业发展的不同时代对农业生产性服务业的发展需求也不同，因此，随着农业从原始农业，发展到机械化农业，再到现在的现代化农业，农业生产性服务业也表现出不同的发展形态，在这种研究思路之下，将农业生产性服务业分成了三大类具体13种产业，如表9-1所示。在互联网影响下，现代农业生产性服务业衍伸出农业信息服务业、农村电子商务产业以及农村休闲旅游业。

表9-1 互联网背景下农业服务业新分类①

分类	相关农业服务业	备注
传统农业服务业	良种服务业	与农业生产相关
	农业用水服务业	
	农技服务业	
	动植物疫病防控服务业	
新兴农业服务业	农资生产经营服务业	与农业经营相关
	农机经营服务业	
	农产品流通服务业	
	农产品质量安全监管服务业	
	农业中介和咨询服务业	
	农村金融服务业	
现代农业服务业	农业信息化服务业	与“互联网”等信息技术相关
	农产品电子商务服务业	
	农村休闲旅游服务业	

第二节 “互联网+”背景下河南省农业生产性服务业创新发展的实施路径

一、“互联网+”背景下农业生产性服务业创新发展的动力

“互联网+”背景下，农业生产性服务业的创新发展是“内在驱动力”和“外部环境”共同刺激的作用结果。

① 马晨，李瑾．“互联网 +”时代我国现代农业服务业的新内涵、新特征及动力机制研究［J］．科技管理研究，2018（02）：196—202.

（一）内在需求

互联网背景下，农业生产性服务业创新发展的内在动力主要表现为农业生产性服务提供者的需求和农业生产性服务业转型升级的需求。

1. 农业生产性服务提供者的需求

现阶段，政府、农业相关企业、农业科研机构、农村合作社等作为农业生产性服务业的提供者，还面临着服务意识弱、服务效率低、监督管理困难、资源未得到优化配置、规模效应不明显、科研成本高、科研成果转化效率低、抗风险能力差等问题，迫切需要转变经营方式解决经营难题。互联网的普及，加上物联网、大数据技术等的应用，能够明显提高农业信息服务水平，将农业经营户和农业市场需求与农业生产性服务业提供者的供给实现快速、低成本的对接，提升农业服务效率与效益。因此，互联网的应用，会刺激农业服务提供者产生创新驱动力。

2. 农业生产性服务业转型升级的需求

在我国经济快速发展和居民生活水平不断提高的影响下，国内居民消费结构与消费层次明显提高，相应的，对服务业的需求也越来越高，农户在生产经营中对农业服务业的需求和要求也越来越高。农业生产性服务业也面临着需求变革，与农业相关的金融、科研、营销、信息等领域创新不足的问题凸显，互联网等信息技术的快速发展，给农业生产性服务业发展插上腾飞的翅膀，给农业生产性服务业的创新发展引导了方向。

（二）外在推动

信息技术的变革、相关农业政策的颁布及农业发展环境的优化，形成了农业生产性服务业发展的外在驱动力，推动其创新发展。

1. 现代信息技术的发展

互联网、物联网以及大数据等现代信息技术的快速革新发展，不仅是改变着居民的消费习惯，更是对各行各业产生了巨大冲击，推动着各种产业逐步从传统模式向现代模式转变。

现代信息技术给农业生产性服务业的发展插上了腾飞的翅膀，比如借助互联网的农业信息化服务，可以消除供求双方的信息不对等；农村电子商务的快速发展，使得农产品营销渠道拓展并且更加方便快捷，还极大降低了农产品交易成本；“互联网＋农业”的应用实践，让原来的单一环节——只进行农产品生产，延伸到加工、销售、物流、旅游观光等环节，延长了农业产业链。在这种情形之下，现代信息技术在农业生产性服务业中的应用显得必要和迫切，是其创新发展的主推动力。

2. 相关农业政策的出台

2016年1月，国务院办公厅发布《关于推进农村一二三产业融合发展的指导意见》。为加快转变我国农业发展方式，探索特色农业现代化发展道路，指导意见中明确提出要实施“互联网＋现代农业”行动，大力发展农业新业态，推进大数据、云计算等信息技术在农业生产经营、管理及农业服务中的应用。

2017年8月，农经发〔2017〕6号文件专门针对加快农业生产性服务业发展提出指导意见，意见中专门提到要创新农业生产性服务业发展方式，“推动信息化和生产性服务业融合发展”，将农业生产性服务业作为广大农村创新创业的重要领域。

3. 农业发展环境的优化

近几年，农村农业发展环境变化明显，城乡统筹发展促进了农村土地集约化和规模化发展；农村一二三产业融合，延伸了农业产业链，尤其是服务业与农业的融合发展以及新技术、新业态的应用推广，推动了农业的现代化发展；近几年，在加快农业供给侧改革，以及农业生产性服务业的政策指导及改革浪潮下，更是将农业生产性服务业创新发展推向深入。

二、“互联网＋”背景下河南省农业生产性服务业创新发展的路径

“互联网＋”背景下，河南省农业生产性服务业创新发展可遵循这样的路径：首先，利用互联网和产业融合思维，创新服务内容；其次，利用互联网等网络信息技术，创建新型服务平台，创新服务模式，如图9-1所示。

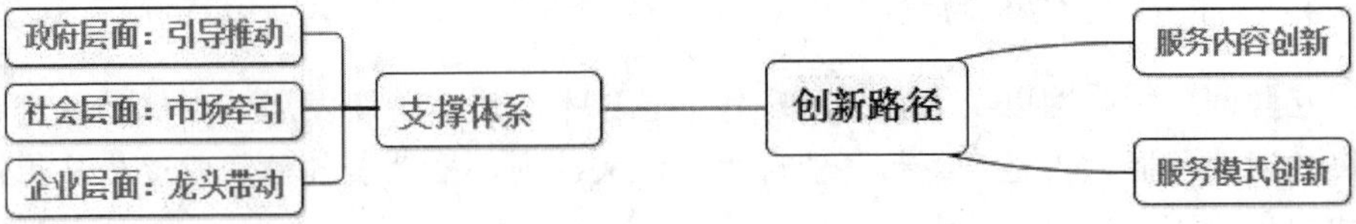

图9-1　河南省农业生产性服务业创新路径

（一）创新服务内容

利用互联网，将多种服务内容整合到一个平台上，实现多产业深度融合发

展，延长服务链，又可以借助网络信息技术，发展新型服务内容。比如，在农业信息平台上，可以将农产品供求信息、农机服务、农技培训教育、农业金融服务进行有效整合，让农业服务供需方在一个平台上完成多种农业服务。另外，如农机服务，借助互联网平台，将闲散的农机设备在平台上进行共享，让农机服务商和有需求的农户实现对接；还可以利用 GPS、GIS 技术定位农村零担货运市场，为车主和货主提供农村配送信息服务，创新农机服务内容。

（二）创新服务模式

农业生产性服务业的服务模式，总体思路是 O2O 模式，线上线下共同推进。互联网背景下，服务模式的创新主要是线上模式的创新，有了互联网等信息技术，可以充分挖掘农业大数据，通过互联网技术平台建立农业数据共享互通机制，实现农业生产性服务业服务模式创新，这里介绍两种典型服务模式。

1. 平台服务模式

农业生产性服务业提供者，可以以农户需求为出发点，汇集各方资源，创建用户黏度较高的农业信息服务平台，以顺畅对接农户需求，实现农业生产性服务的平台化服务。以金种子育种云平台为例，通过物联网、大数据等信息技术与育种技术的融合，在该平台上提供性状数据采集服务、田间视频监控服务、生长环境信息采集服务，以及数据管理与分析服务等，为隆平高科、山东圣丰种业、天津市水稻研究所、华中农业大学等实现了科研育种和商业育种，是一个较为成功的农业育种信息服务平台。

2. 产业融合服务模式

产业融合服务模式是指在互联网背景下，通过延长产业链思维，促进互联网与农业生产性服务业各细分行业进行全面深度融合，以融合发展促进农业生产性服务业的创新发展，同时实现农业生产性服务业市场要素优化配置的服务模式。以“互联网+农业金融服务”为例，2015 年 3 月全国两会首次提出互联网金融，7 月十部委联合发布关于促进互联网金融健康发展的指导意见，在政策的指导下涌现出一大批互联网金融服务平台。这些平台以互联网信息技术为支撑，在网络平台上实现移动支付、众筹、大数据金融和质押物创新等业务板块，创新了存贷款、信用担保等传统农业金融服务。①

---

① 李瑾，郭美荣．互联网环境下农业服务业的创新发展［J］．华南农业大学学报（社会科学版），2018（02）：11－21.

三、“互联网＋”背景下河南省农业生产性服务业创新发展的支撑体系

为更好保障河南省农业生产性服务业健康发展，在“互联网＋”背景下，实现服务内容和服务模式的新发展，政府、社会及企业自身都应该发挥各自应有的职能和作用，支持农业生产性服务业创新发展。

（一）政府层面

政府要在当地农业生产性服务业的创新发展中充分发挥引导和推动作用。

首先，各地政府要基于本地农业发展实情，制定适合当地发展的“互联网＋农业生产性服务业”发展方案和具体措施，在制定方案时还要兼顾各部门的协调与配合。

其次，为推动发展措施的落实，政府应该对农业生产性服务的提供者在财政上给予补贴、资金上给予支持、税收上给予优惠，从多种角度支持河南省农业生产性服务业的创新发展。

最后，物联网等现代信息技术的快速发展给大数据挖掘提供可能，政府要充分利用农业和农村大数据，为农产品的种植和流通提供各种服务信息，更好地帮助农民增收和农业发展。

（二）社会层面

社会要充分发挥市场对农业生产性服务业的引导作用。

利用市场经济的运行机制，将城市中闲置的人才、资金和技术等资源合理配置到农村市场，同时将城市经济中优秀的服务理念融入农村经济发展中，带动农村市场农业生产性服务业的信息化、智慧化、集约化发展。

此外，要加快农村电子商务的发展，利用互联网、大数据和物联网等现代信息技术，将电子商务平台与农产品营销、农村观光旅游等行业结合发展，致力于开发出能促进农村经济发展的电子商务产业及农业生产性服务业。①

（三）企业层面

企业层面要充分发挥行业龙头企业对农业生产性服务业创新发展的示范和带动作用。在农业服务行业，经营主体存在着小而散的特征，多数服务提供者的发展需要龙头企业的牵引和带动。

首先，龙头企业要带动产业链上企业进行组织创新，以提高专业化服务的能

---

① 阙芳菲．“互联网＋”背景下湘西州现代农业与服务业融合发展思考［J］．智库时代，2018（46）：3＋11.

力。要调查和对接农业服务市场需求，对企业自身进行制度创新、技术创新和经营模式创新，以逐渐加强农业企业、农村合作社等农业服务提供者的组织化程度，同时通过农技教育与培训，提高农业生产性服务业从业人员及农民的素质，形成专业化服务需求与供给的可能。

其次，要帮助培育和壮大各类农业生产性服务经营主体，让它们逐步成为农村服务供应体系中的市场主体。

最后，在政府不断推动扩大互联网在农村的覆盖范围、加快农村信息化进程的同时，龙头企业应该为社会提供更多互联网及电子商务的便民服务、培训服务等内容，帮助提高农业信息服务水平。

第三节　互联网＋农业生产性服务业的主要实施形式

一、互联网＋新型农业经营主体

河南省大部分农业经营主体还是典型的“小散弱”，农业经营主体的局限性不利于农业产业整体素质和农业竞争力的提升。充分利用现代信息技术，加大对农业经营主体信息化方面的培训和引导，推进新型农业经营主体的培育。可以通过提升农业经营主体素质和经营理念，来实现对农业市场信息、农业生产要素和农业各种资源的科学化管理和运用，以提高河南省农业生产经营管理的智能化、产业化、标准化和集约化水平，从而提升河南省的农业现代化水平和农业可持续发展能力。

利用“互联网＋”培育新型农业经营主体，常见的方式有：

（一）智能手机应用培训

2015 年，农业部为提升农民信息化能力，颁布了开展农民手机应用技能培训的通知，河南省可以将这一政策彻底落实到位，就目前来说，笔者所经常居住的漯河市和信阳市周边村庄并未大力开展这一培训措施。培训内容可包括智能手机操作方法和涉农应用软件或网址使用技能科普。通过培训，旨在让农民掌握作物种植技术以及动植物病虫害防治技术，提高农业生产科技含量；保证农民掌握通过电子商务平台采购农用物资和销售农产品的方法，实现产销对接，拓展销售渠道；还可以通过网络平台享受在线农业技术教育、农业贷款保险、政务电子办理等公共服务。通过智能手机应用知识的培训，提高河南省农业经营主体的信息化能力，从而促进河南省新型农业经营主体的培育。

（二）提高科技特派员的信息化能力

截至2021年，我国科技特派员制度已经推行22年，科技特派员服务农村、服务农业，提高他们的信息化能力，能够更好地进行创新创业服务，推进科技特派员制度的长效发展。在“互联网＋”背景下，科技特派员首先要有信息化意识，其次要掌握农田环境检测、水肥一体化、农田大数据等农业信息技术的基本知识和基本操作，此外，还要能够熟练运用互联网搜索工具，可以在网络上获取农业生产所需的需求和供给信息。

二、互联网＋农田基础设施

利用互联网、5G移动通信技术、大数据和云计算等新一代信息技术，实现农田基本建设的信息化，是河南省农业信息化的基础支撑，同时可以实现河南省农田基本建设和科学性的管理。

（一）农田灌溉信息化

农田灌溉信息化包括两个层面：农业灌区灌溉信息化和园区灌溉信息化。灌溉信息化系统一般包括水利环境检测系统、水利调度系统、水利运行控制系统等。灌区灌溉信息化，主要是为实现农业灌区科学合理的配水、用水功能，为灌区朝向现代化管理发展提供先进的技术支持；园区灌溉的信息化，主要是为现代化的花卉园、果园、菜园以及农业园区等服务，解决园区内农作物的灌溉问题，一般对园区的水利条件要求较高。

（二）自动监测站——农田气象和土壤墒情监测站

利用信息技术发展农田自动观测，是我国现代化农业建设中的重要工作，也是河南省今后发展现代农业和智慧农业的必备技术。

农田气象监测站，是建立在田间地头的气象站，有多个子系统，包括：田间小气候观测系统、农田环境检测系统、土壤湿度检测系统、作物长势监测系统以及设施设备的管理控制系统等，图9-2为农田小型气象监测系统。通过移动通信技术，将农田气象监测站采集到的气象数据、土壤数据、作物数据等传输给气象中心站，进行农业数据分析，保障科学的农业生产。

图 9-2　农田小型气象监测系统

土壤墒情检测，是利用物联网技术，通过土壤温湿度传感器，远程实时在线采集不同深度、不同位置的土壤墒情数据，以实现土壤墒情自动预报、灌溉智能决策以及灌溉设备的远程控制功能，图 9-3 就是一个简单的土壤墒情测试仪。

图 9-3　土壤墒情检测仪

三、互联网＋农业电子商务

农业电子商务，就是在网络上买卖农产品，以及种子、化肥农药等农用物资。在“互联网＋”背景下发展农业电子商务，要有几个方面的支撑：

（一）要培育农业电子商务经营主体

政府可通过与电子商务企业、培训教育机构合作，对农业经营主体或负责人开展电子商务平台使用知识、农产品和农用物资供求信息获取，以及网络营销策略与技巧等电商经营知识培训，培养大量满足河南省开展农村电子商务需求的电子商务人才。

（二）创造良好的基础环境

发展河南省农业电子商务，已经具备了经济环境，目前电子商务已经是市场营销的发展趋势，农村居民使用网络购物的人群也越来越多；截至2019年底，河南省移动电话使用人数达到9 841万人，互联网用户超1.1亿人，互联网的高普及率保障了河南省开展农业电子商务的基本条件；微信支付和支付宝支付使用人数庞大，电子支付技术在全球领先，为河南省发展农业电子商务提供了电子支付环境。

但是，河南省还需要在其他方面进行完善，要有保障农业电子商务有序发展的行业标准体系和政策法规；农村物流虽然随着快递行业覆盖面的扩大已经有了快速发展，但是冷链物流在农村的发展还比较滞后，很难将新鲜的农产品通过电子商务渠道送到全国各地消费者手中。因此，要发展河南省农业电子商务，还需要在政策法律环境和物流环境方面进行改善，才能推进农业电子商务的健康发展。

四、互联网+农业大数据

农业大数据，是将大数据技术运用到农业生产实践中，涵盖了农业生产、农业资源环境、农产品质量安全、农产品市场信息、农作物病虫害、农业科技创新等领域的数据挖掘和可视化呈现。通过互联网，建立农业大数据的共享云平台，可以降低决策部门或单位的信息搜集成本，并为其农业生产决策提供可靠支撑。

（一）农业生产资料大数据的应用

对于农业经营主体来说，在互联网时代，农户可以通过互联网查询有意向购买种子的销售主体、包装物信息、试验基地等相关信息，并通过种子可追溯查询平台判断种子的品质，降低了以往靠种植经验判断种子品质的风险。

对于农资经营企业来说，可以根据气象监测、土壤墒情、播种面积、农作物病虫害、水利条件等大数据，做好农资生产和销售预测，按需调配，避免生产过剩或市场短缺情况的发生。

（二）农业资源环境大数据的应用

农业资源环境大数据，主要是农业资源环境监测所获取的农业用地数据、水资源数据、气候数据和生物数据等，通过对这些监测到的数据进行分析，可以对农业自然灾害进行提前预警，并对农作物的最佳耕种时机进行预测。

以河南省漯河市为例，6 月份 13 天阴天，10 天晴天，7 天雨天，且雨水天多为小雨和局部地区有雨，所以整个六月农作物相对比较缺水，不利于秋季作物生长。而进入到 7 月中上旬，雨水增多，多地进入汛期，若能做好准确天气预报，就可以让农户合理利用雨水资源，减少不必要的灌溉成本。

（三）农机大数据的应用

通过汇总政府部门发放的农机购置补贴数据、农机制造企业和农机经销企业的销售数据以及售后服务数据，并将这些数据在云平台上进行共享，农机经营企业构建出某个地区农机销售的时间序列数据和图示，就可以根据以往的销售数据预测出下一年的销售量和农机器具的需求量。

（四）农作物病虫害大数据的应用

农作物病虫害的发生具有很大不确定性，不管是产生的地点、传播的途径，还是危害的作物种类，都是随机性的。但是农作物病虫害的发生与土壤成分变化、气候温度湿度变化有很大关联，农业部门可以根据以往病虫害发生时的土壤、气候数据构建农业病虫害的智能诊断平台，根据获取的农业生产大数据，对农作物病虫害进行科学预测，以便做好病虫害预防，减少农药的施用量，在促进绿色农业发展的同时，提高农产品质量。①

---

①　李奇峰，李洁．“互联网＋”现代农业知识读本［M］．中国农业出版社，2018 年 12 月．

第十章　高级阶段：以智慧农业推进河南省农业和农业生产性服务业高质量发展

首颗农业专项研究卫星——“国智恒好年景中原金水一号”的发射成功，体现了河南省对物联网、大数据等先进信息技术在农业生产领域应用的重视，智慧农业将是河南省农业发展的必然方向，引领河南省农业朝向高质量和高水平层次发展，是农业供给侧改革发展的理想阶段。

第一节　河南省发展智慧农业的必要性

一、智慧农业与农业生产性服务业的关系

（一）二者在概念上有从属性

1. 农业生产性服务业

如前文所述，2017 年 8 月，三部门联合印发的《关于加快发展农业生产性服务业的指导意见》中对农业生产性服务业的定义给予了明确，即贯穿在农业产前、产中、产后各作业环节，帮助完成农业生产作业的社会化服务。根据 OECD 数据库对农业生产性服务业的分类，本书在第六章实证分析中，将农业生产性服务业子指标（细分行业）框定为：交通运输与邮电业，信息传输、软件和信息技术服务业，金融保险服务业，批发与零售业，租赁与商贸业，农业科技服务业。

2. 智慧农业

智慧农业是一种集成应用互联网技术、物联网技术、3S 技术（遥感技术 RS、地理信息系统 GIS 和全球定位系统 GPS）、数字音频和视频技术以及无线通

信技术，结合专家智慧，充分应用现代信息技术以实现农业远程可视化、智能化、数字化的管理过程。[①]

从智慧农业的定义可知，智慧农业是现代信息技术在农业生产中的应用管理，是农业信息服务业的实践结果，这样看，智慧农业在概念范畴上从属于农业生产性服务业。

（二）二者在发展上相互促进

1. 农业生产性服务业是现代农业和智慧农业发展的重要支撑

随着农业生产性服务业的发展，农业规模生产能力不断增强，提高了农户、农产品加工企业以及农民合作社等农业经营主体的整体能力，扩展了农业生产性服务范围。特别是农业生产性服务组织的发展，已经渗透到农业生产全过程，并与农产品市场、物流、金融等紧密结合，不仅提高了农产品生产效率，还强化了农业生产与农产品市场对接，缩短了农产品物流环节，为延伸农业产业链、创新农业生产方式、培育农村经济新业态提供支撑，有利于农业向高质量发展方式转变，是我国发展现代农业的重要支撑。

农业生产性服务业的高质量发展，需要吸纳现代信息技术，智慧农业正是物联网、3S 技术、无线通信技术等在农业生产中的集成应用过程，农业生产性服务业的发展尤其是农业信息技术的发展为我国智慧农业发展提供重要支撑，给我国农业带来新的经济增长点。

2. 智慧农业引领新型农业生产性服务业的发展

物联网、3S 技术、大数据等现代信息技术可以应用在农业生产前的农资供应和农技服务中、农业生产中的远程诊断和灾害预警中以及农业生产后的营销与配送服务中，智慧农业应用范围广泛。从时间上看，智慧农业可以贯穿在农业产前、产中和产后整个生产周期；从服务的功效上看，智慧农业可以覆盖农业生产作业服务的各个领域，从营销服务到配送服务、从金融保险服务到农机农技服务。

河南省作为农业大省，距离建设成农业强省还有一定差距，建设现代化农业是发展高质量农业的必经之路。智慧农业是我国农业现代化发展的趋势，给现代农业发展插上了先进科技的腾飞翅膀。发展智慧农业不仅引领现代农业发展，更给农业生产性服务业的发展树立了标杆和典范，带动农业配送、农业营销、农业科技、农业金融保险等各类农业生产性服务业的发展。

---

① 韩秀艳，孙涛．我国智慧农业发展路径设计及其优化策略研究［J］．陕西农业科学，2016（12）：98—102.

二、河南省农业生产性服务业发展智慧农业的必要性

（一）智慧农业有利于加快河南省现代农业发展

智慧农业将智能设备、互联网、大数据、物联网等技术运用到农业生产经营各种领域，如农业的生产、农业的管理、农产品的流通与销售、农村事务的管理等，有助于推动河南省实现农业管理的信息化、农业生产的现代化、农产品流通与销售的现代化以及农业经营组织与管理的现代化，为河南省在农业增产、农民增收和农村振兴方面提供了重要支撑。因此，以智慧农业为引领发展农业生产性服务业，不仅是河南省发展现代农业的主要趋势，也是一种重要路径。

（二）智慧农业可改善河南省农产品成本收益低的状况

1. 河南省农产品成本收益低

从表格 10－1 中可以看出，河南省平均每亩小麦在产量高于全国平均水平的情况下，净利润却比全国平均水平低 17.72 元，同样，每亩玉米的净利润也低于全国平均水平。深入分析，发现河南省农产品生产中存在这样两个问题，导致农产品成本收益低：一是从《全国农产品成本收益资料汇编》数据可知，河南省每亩粮食产值中副产品产值低于全国平均水平，粮食总产值主要是依靠主要农产品产值，典型的“主强副弱”；二是由于河南省人口数量庞大，人均可耕地较少，土地成本远高于全国平均水平。

表 10-1　2017 年小麦玉米成本收益情况

地区 农作物	产量 （公斤）	产值	总成本			净利润 （元）	成本利润 率（%）
			总计 （元）	生产成本 （元）	土地成本 （元）		
全国小麦	423.54	1 013.74	1 007.64	800.52	207.12	6.10	0.61
河南小麦	476.15	1 073.88	1 085.50	792.51	292.99	－11.62	－1.32
全国玉米	501.53	850.69	1 026.48	816.18	210.30	－175.79	－17.13
河南玉米	479.47	797.62	986.53	697.42	289.11	－188.91	－19.15

数据资料来源：《全国农产品成本收益资料汇编》2018。

2. 智慧农业可以提高农业生产效益

智慧农业，能够从投入、产出两方面实现农业生产效益的提高。

一是在农作物种植中，可利用农业大数据，有针对性地对农作物种植进行科

学指导，精准高效地在农技部门和农户之间进行种植交流与培训，提高农业种植水平。

二是通过智慧农业，还可以对农作物种植环境实施动态监测、智能控制生产要素的投入数量与频次，可达到生产要素优化配置、节省人力物力成本的目的。

三是智慧农业的运用，有利于及时根据市场大数据调整农作物种植结构，主副农产品合理搭配生产；同时，还不断促进农产品科技含量的增加，可以实现农作物产量和农产品品质的双重提升。

第二节 河南省智慧农业的发展现状

一、河南省智慧农业的基本发展情况

河南省智慧农业的发展还处于起步和实验阶段。2015 年，河南省智慧农业工程技术研究中心批准组建，专门从事农业和农村信息化工程技术的研究开发，主攻三大方向：农业大数据研究、“天空地”一体化农业遥感技术研究和农业智慧管理决策技术研究。同时，该中心也是河南省重要的智慧农业实验基地。2016 年，在河南省广播电视学校成功举办“智慧农业前沿技术师资培训班”，为河南省智慧农业推广奠定了基础。近几年，河南省实施了一系列提升农村信息化水平的措施，如“宽带中原”以及“村村通”工程等举措，改善了河南省农村信息化水平低的情况，为后来河南省智慧农业的发展提供了硬件支撑。

2017 年 2 月，中央一号文件重点指出要科技创新，推进智慧农业工程。在中央政策的引导与推动下，河南省智慧农业开始发力，并取得一定成效。

二、河南省智慧农业的典型成果

（一）智慧种植与管理

遥感技术、大数据分析以及 5G 技术的运用，可以指导农业种植，及时实现农业灾情预警以及监测农作物长势。

1. 智慧种植

遥感技术和 5G 技术实现种植技术智能化。土壤温湿度传感器及智能气象站的运用，可以实现土壤墒情、养分、酸碱度以及气象信息的远程线上采集，实现

旱涝预报、灌溉智能决策及自动灌溉等功效，最终在农作物种植上实现精准施肥、合理灌溉的目的。

遥感技术和5G技术还能实现种植过程公开化。通过图像数据上传，消费者可实时观看农作物种植过程，如生长情况、施肥施药情况，透明公开，让消费者对农产品放心。

除此之外，河南省农业遥感展示系统，能够清晰展示农作物种植分布情况，将各种农作物种植结构与种植面积数字化呈现；还能够提前预测农作物市场供给，为农产品收购提供市场行情预测并指引商家做好收购准备。

2. 智慧管理

河南省农业遥感技术，可以及时预报农业灾情。原来的旱涝检测，需要大量科研人员进行土壤采集，再层层上报，数据时效差、信息传递成本也高。运用农业遥感检测技术，检测范围大，监测数据客观准确，可为农业部门制定抗旱救灾决策提供及时有效的信息。同时，河南省农业遥感展示系统还能清晰展示各地农作物病虫害分布图、冻害分布图等，为灾情治理提供决策依据。

河南省农业遥感技术，可以监测农作物长势。通过遥感数据，可以及时知道农作物缺少什么、遇到什么灾害，及时解决。还能结合气象灾害数据，对当年农作物产量数据作出预测，指导全省农作物种植结构的合理调整。

（二）智慧储粮

1. 兴隆粮库智能管理

我国粮食库存主要包括：政府粮食储备、政策性粮食以及企业周转库存。其中，政府粮食储备包括中央储备粮、地方储备粮（省市县三级）和成品粮油储备。中央储备粮和地方储备粮分别是保障国家粮食安全的“压舱石”和“第一道防线”。

河南郑州兴隆粮库隶属于郑州市粮食和物资储备局，是河南省仓储智能化首家试点单位。整个库区所有的粮仓通过“智能化粮库综合管理系统”APP可实现3D展示，粮食品种、数量、等级、入库时间以及温湿度等数据清晰有序呈现。如果粮仓发生移动，报警系统会自动预警，通过短信息告知保管员。

2. 兴隆粮库智慧存储的功效

兴隆粮库的智慧存储可直接节省人力成本，智能系统的运用不需要过多人工操作。以粮库的智能通风系统为例，通过大数据分析，如果显示空气湿度高，那么系统会自动关闭打开的窗户，以平衡空气湿度；智慧存储能够实现绿色储粮，智能氮气气调系统能够通过调节粮仓中氮气和氧气的比例，达到有效杀死虫害的目的，从而解决过去用磷化铝杀虫而产生化学药剂残留的问题；智慧存储还能降低粮食损耗，普通农户粮食存储一年损耗可达18%，兴隆粮库智能管理之下4年只有0.5%，损耗大大降低，保障了国家粮食安全。

三、智慧农业发展中存在的问题

在中央文件的引导下，河南省在稳步推进智慧农业的进程中取得了一些成效，但总体来看，还处于智慧农业的起步和摸索阶段，还有较多问题和因素制约着其发展。

（一）政策引导需要加强

河南省智慧农业的发展尚在摸索阶段，政策引导显得尤为重要，河南省在这方面的引导做得不够到位。

一是部分地区农业部门对智慧农业的理解还仅限于农村电子商务的推进。如郑州市中牟县农委在2017年召开智慧农业推进会时，主抓的是农产品电商平台建设，以及农村电子商务与扶贫工作的对接，对智慧农业的理解与推进停留在农产品销售领域。

二是政府官方对智慧农业的发展与推进没有出台明确的政策。从2017年中央提出要发展智慧农业工程以后，各地都在响应号召推进智慧农业的发展，但由于缺乏明确的指引，各地智慧农业的推进参差不齐。直到2020年4月16日，河南省人民政府出台了《关于加快推进农业信息化和数字乡村建设的实施意见》，对于如何加快“信息技术与农业深度融合”“用数字化引领乡村发展”，推动智慧农业发展，给出了政策意见和责任分配。其中提出，要加快现代信息技术与产业、生产管理和经营服务的融合，构建智能化生产管理模式、智慧农牧场，充分利用信息网络平台提供农业生产性服务。

（二）基础设施建设不足

智慧农业并不仅仅是普及农村互联网、推进农村电子商务的发展，重点在于实现农业的智能化生产与经营管理，解决这些需要物联网、大数据、云计算等关键技术，而这些技术不管是研发还是购买，都需要高额费用，再加上基础设施建设费用和后期使用过程中的维护成本，一般农业企业难以承担，需要政府和财政部门的政策倾斜与支持。因此，河南省智慧农业发展较缓，很大一部分原因就在于基础设施不到位，再去深究原因，或许是由于智慧农业的发展规划还未明朗。

（三）高素质信息人才匮乏

在河南本土，河南农业大学、信阳农林学院、河南农业职业学院、农业科研院所等院校和科研机构，可以为河南省培养农业专业人才，河南省本科及以下农业专业人才数量不少，但是硕博等高层次人才培养薄弱。并且多数大专院校毕业的学生，又不大愿意与农田打交道，县级及乡镇农技人才引进难，留住也难，更多毕业生愿意进入到城市或国有企业。因此河南省作为农业大省，农业专业技术人才既缺乏、结构也不合理。智慧农业工程的推行，需要大量高素质既懂信息技术又懂农业知识的复合型人才，河南省在高层次农业人才培养上任重道远。

第三节 河南省以智慧农业引领现代农业和农业生产性服务业发展的对策

发展智慧农业，是河南省实施乡村振兴战略和推动农业高质量发展的主要支撑，智慧农业的推进，则是一项庞大而复杂的系统工程。在河南省，一方面要在战略上稳抓“互联网＋现代农业”的大方向，推进信息基础设施和信息平台建设，通过建设一些智慧农业示范基地，引领全省智慧农业建设；另一方面，不要只喊口号，要将措施具体化，加速现代信息技术与农业生产、管理、经营的融合，推动智慧农业发展。

一、河南省以智慧农业引领现代农业和农业生产性服务业发展的综合措施

（一）加快信息基础设施和平台建设

发展智慧农业，必须要有互联网、物联网、移动通信技术及大数据技术等信息技术及设施做支撑。

首先，要在河南省通信管理局和省委网信办的支持下，加快实现农村高速光纤网络的全覆盖。大力推进宽带、移动通信、智能手机、电脑等信息基础设施在农村地区的普及，通过进一步对农村信息资费实行优惠措施，提高互联网在农村的普及率和使用率。

其次，加快物联网在河南省农业生产中的应用。大力开发和推广北斗卫星导航系统以及遥感技术在农业生产经营中的应用，同时推动5G技术在农村的覆盖与应用，通过“天空地”全方位农业信息采集和监测，实现对河南省农业农村管理的数据化和可视化，为智慧农业发展提供基础支撑。

再次，要健全信息服务平台。一是要通过加快农业大数据平台建设，健全河南省农业农村信息的发布系统。系统化管理农业生产经营数据、农业管理数据和

农产品流通数据的发布，各省辖市通过系统共享信息，减少重复性信息的搜集及整理工作；二是划分好部门职责、打破行政界限，推动各级政府、各部门间信息化服务平台的整合。实现各地区、各部门信息系统与河南省政务服务平台的对接，实现资源共享、信息互通、业务协作，简化农业政务办事流程及手续。

（二）加强智慧农业示范基地建设

河南省的智慧农业还在起步阶段，通过建立智能化生产模式示范基地，可以对当地智慧农业发展起到带头示范作用。在河南省鹤壁市，拥有中国智慧农业互动体验中心，主要承担着农业科技研发、展示和展览任务，是一个辐射全省的智能化农业示范基地，也为社会输出了大量农业信息化人才。

河南省应该在智慧农业互动体验中心的引领下，在省农业农村厅的大力支持下，加大物联网、大数据等现代信息技术在农业生产经营中的应用，依托农业产业园、农业龙头企业等，建设各种农作物智能生产管理模式的示范基地，让农户切实感受到智慧农业的优势，提高农业经营主体对智慧农业的理解力和接受力，促进智慧农业加快发展步伐。

二、河南省以智慧农业引领现代农业生产性服务业发展的具体措施

（一）构建特色型的农业产业

借助农村信息化和数字化的发展，河南省可以构建一批特色农业产业，提升河南省农业产业竞争力。在农村一二三产业融合的推动下，河南省乡村旅游业整体得到大力发展，都市生态农业、乡村休闲观光农业等新型农业产业涌现，并得到消费者青睐。河南省农村信息化的发展，不仅在这些新型产业中催生了农业科技的展示与展览，还改变了这些产业的商业经营模式与传播速度，大批农业产业园开始加入公众号、电商平台等推广模式中。信息技术的应用，可以帮助河南省实现这些新型产业的规范化服务及网络化管理，同时河南省农村电子商务的普及，能够提升新型农业产业经营效益，有利于推动特色农业产业的发展。

（二）实施智能化的农业生产管理

加速现代信息技术和农业生产管理的深度融合，通过实施精准化农业生产作业，推动农业生产管理的智能化发展。

1. 实施农作物生产全过程检测体系

对农作物实施生产过程检测，可以实现生产管理的智能化、精准化，以提高河南省现代农业生产管理水平。河南省可以在目前实施的高标准粮田建设工程的

基础上，选择信息基础建设条件好的粮田作为示范点，通过农业遥感技术、GIS、移动通信技术等，建立粮田农作物种植全程的智能监测系统，实现病虫害远程监控与诊断、旱涝参数远程感知与节水灌溉等精准化生产作业，提高农作物种植过程的实时监测与预警能力。

2. 实施农产品追溯体系

河南省可以利用互联网，建立一个完善的农产品质量安全追溯服务平台，以推动发展绿色农业，打造河南省优质农业品牌。支持有实力的农业经营主体采用先进信息技术，使用一物一码追溯体系，实现农产品从生产、加工到仓储、包装，再到运输和销售各环节的信息互通和精细化管理，并在发展中不断扩大河南省农产品追溯体系的覆盖面。

（三）提供数字化的农业经营服务

1. 创新互联网营销模式

智能化的农业生产要有创新型的商业模式才能与之相匹配，在传统电商模式的基础上，借助大数据和网络直播平台进行创新。具体做法可以参照这样的思路：首先，运用大数据进行市场定位。将互联网思维引入到农产品销售中，同时借助大数据分析各电商平台该类农产品销售数据、消费者购买后的评价、购买用户分布地域、购买人群的行为特征等，可以帮助农业经营户充分了解农产品在消费者心目中的印象及消费者的行为特征，以在市场上进行精准定位；其次，创新销售平台。随着抖音、快手等直播平台的风靡，品牌商们通过直播平台带货成为新型网络营销方式，新冠肺炎疫情导致停工停产期间，多地区已经开始借助网络直播平台扩大农产品销路。

河南省漯河市在辣椒直销的情况下，积极引入互联网和大数据思维，通过漯河市大数据运营有限公司的分析得知，辣椒购买人群与抖音平台用户重合度高，顺利找到目标客户。通过与抖音官方制作“辣椒红了”助农销售计划，通过农户在产地“直播带货”的互联网营销模式，销售效果明显，有效解决了漯河市临颍县辣椒滞销的难题，实现了产业和文化双输出的良好效果。

在新型互联网商业模式的影响下，河南省在 2020 年 4 月 25 日举办了“文旅助农”直播大会，邀请省内 24 个市县领导进行卖货直播，助力河南省电商扶贫和旅游扶贫。

2. 提供其他数字化农业生产性服务

首先，职业农民培训方式和培训内容的信息化。一方面，借助互联网平台，可以改变专家进入乡间地头指导种植的传统模式，借助互联网和大数据，精确获取农户的需求，将指导课程及时送到农户手中，或者以远程方式进行耕种指导；另一方面，智慧农业的发展，离不开农户的参与，农户必须理解智慧农业的内涵与技术。河南省需要创建农户现代信息技术培训计划，让农户能更快理解和参与智慧农业的发展。

其次，农业生产性服务内容的数字化。借助互联网与大数据，可以实现农业生产性服务业的数字化发展。有了信息化网络平台，可以将农产品供求信息、农资与农机供求信息、农业气象资讯、病虫害防治方法等在网络平台上进行整合和发布，发展农业数字化服务。

最后，通过物流信息系统的建立，可以在信息平台上共享农产品供给方、需求方以及物流公司的信息，有利于农产品物流和农产品客户关系管理。农业服务数字化，不仅可以推动河南省农业生产性服务的一体化发展，更有利于降低服务成本，改变河南省传统的粗放式农业生产方式，打造河南省的智慧农业发展道路。

图书在版编目（CIP）数据

科技创新支撑河南省农业供给侧改革研究 / 王亚丹，杨蓓蓓著. -- 湘潭 : 湘潭大学出版社，2023.6
ISBN 978-7-5687-1196-8

Ⅰ. ①科… Ⅱ. ①王… ②杨… Ⅲ. ①技术革新－作用－农业改革－研究－河南 Ⅳ. ①F327.61

中国国家版本馆 CIP 数据核字（2023）第 139628 号

科技创新支撑河南省农业供给侧改革研究

KEJI CHUANGXIN ZHICHENG HENANSHENG NONGYE GONGJICE GAIGE YANJIU

王亚丹 杨蓓蓓 著

责任编辑：丁立松
封面设计：张丽莉
出版发行：湘潭大学出版社
社　　址：湖南省湘潭大学工程训练大楼
电　　话：0731-58298960 0731-58298966（传真）
邮　　编：411105
网　　址：http://press.xtu.edu.cn/
印　　刷：长沙市鑫宇印务有限公司
经　　销：湖南省新华书店
开　　本：710 mm×1000 mm 1/16
印　　张：14.5
字　　数：308 千字
版　　次：2023 年 6 月第 1 版
印　　次：2023 年 6 月第 1 次印刷
书　　号：ISBN 978-7-5687-1196-8
定　　价：58.00 元